CAREY NIEUWHOF
EISBERG VORAUS!

Carey Nieuwhof

EISBERG VORAUS!

7 Herausforderungen, die uns kalt erwischen, obwohl sie zu erwarten waren

Francke

Über den Autor:
Carey Nieuwhof ist verheiratet, hat zwei erwachsene Söhne und lebt nördlich von Toronto/Kanada. Der frühere Anwalt ist Pastor und Gründer der Connexus Kirche in Barrie, Ontario. Er beschäftigt sich nicht nur in seinen Büchern mit dem Thema Frühungsrollen, sondern schreibt darüber auch in seinem Blog und spricht auf Konferenzen. Er produziert zudem einen Podcast, in dem er wöchentlich mit unterschiedlichen Gästen über Themen rund um (kirchliche) Führungsthemen spricht.

FSC www.fsc.org
MIX
Papier aus verantwortungsvollen Quellen
FSC® C083411

Alle Bibelzitate entstammen »Hoffnung für alle«,
revidierte Fassung von 2015, entnommen aus bibleserver.com.

Bibliografische Information der Deutschen Nationalbibliothek
Die Deutsche Nationalbibliothek verzeichnet diese Publikation in der Deutschen Nationalbibliografie; detaillierte bibliografische Daten sind im Internet über http://dnb.dnb.de abrufbar.

ISBN 978-3-96362-235-9

Originally published in English under the title
Didn't See it Coming:
Overcoming the Seven Greatest Challenges That No One Expects and Everyone Experiences
This translation published by arrangement with WaterBrook, an imprint of Random House, a division of Penguin Random House LLC

35037 Marburg an der Lahn
Deutsch von Anja Findeisen-MacKenzie
Umschlagbilder: © iStockphoto.com / greyj; Mlenny; redtea
Umschlaggestaltung: Francke-Buch GmbH
Satz: Francke-Buchhandlung GmbH
Druck und Bindung: CIP books GmbH, Leck

www.francke-buch.de

INHALT

Für meine Frau Toni
Schon als ich dich das erste Mal traf, wusste ich, dass etwas ganz Wunderbares in dir steckte. Ich ahnte nur nicht, dass es so unerschöpflich, so reich und so tiefgründig sein konnte – und das für so lange Zeit. Ganz zu schweigen von dem Spaß, den es bringt. Und wenn man bedenkt, dass wir gerade erst begonnen haben.

Und für meine Eltern Marten und Marja
Eure beständige Ermutigung und Unterstützung, euer Glaube und eure Liebe ermutigen und inspirieren mich unaufhörlich. Immer weist ihr den Weg zur Hoffnung und zu Jesus.

EINFÜHRUNG

Überraschung

Keiner, der gerade Mitte zwanzig ist, nimmt sich vor, später mal ein Pessimist zu werden oder eine gähnende innere Leere zu verspüren. Bei mir war es jedenfalls nicht so. Ich kenne auch keine motivierten Berufseinsteiger, die vor ihrem vierzigsten Geburtstag in die Bedeutungslosigkeit versinken oder auf moralische Abwege geraten wollen. Ich kann mir niemanden vorstellen – egal wie alt, ob Mann oder Frau –, der es darauf anlegt, dass seine persönlichen Beziehungen in die Brüche gehen, nur weil der eigene Hochmut so schwer wiegt oder es an grundlegender emotionaler Intelligenz mangelt.

Sie haben den Eisberg einfach nicht kommen sehen.

Und doch passiert genau das jeden Tag bei Menschen, die wir kennen. Die uns wichtig sind. Die wir lieben. Ja, es könnte sogar sein, dass es Ihnen gerade passiert, obwohl Sie es selbst gar nicht merken. Denn genau so beginnt ja alles.

Die Zusammenbrüche geschehen überraschend. So war es auch bei mir. Und ich habe erlebt, wie die unerwarteten Probleme, mit denen wir uns in diesem Buch beschäftigen werden, viele wirklich gute Menschen in die Knie gezwungen haben.

Sie haben den Eisberg einfach nicht kommen sehen.

Diese Menschen haben die Klippe des Burn-outs nicht bemerkt, bevor sie hinunterstürzten.

Ihnen war nicht klar, dass sie und ihr Partner sich entfremdet hatten und praktisch keine Verbindung mehr zwischen ihnen bestand.

Sie wussten nicht, dass sie bei dem faulen Kompromiss, den sie beruflich eingingen, eine Grenze überschritten hatten und dass es kein Zurück mehr gab.

Sie haben nicht wahrgenommen, dass ihr eloquenter Stil und ihre glorreichen Einsichten sich längst abgenutzt hatten und für andere unerträglich geworden waren.

Sie haben nicht geahnt, welche Leere sie empfinden würden, nachdem all ihre Träume wahr geworden waren.

Sie haben es einfach nicht kommen sehen. Wie die meisten von uns.

Darum möchte ich mich in diesem Buch mit der Frage beschäftigen: Hätten diese Personen es vielleicht doch ahnen können? Und können Sie es?

Alarmsignale

Stellen wir uns doch einmal ein paar schwierige und sehr persönliche Fragen: Müssen wir immer wieder unliebsame Überraschungen erleben? Oder gibt es vielleicht vorher schon Alarmzeichen? Können wir diese entdecken und uns damit eine Menge Kummer, Verlust und Schmerz ersparen?

Wenn uns eine problematische Zeit bevorsteht – können wir dann noch rechtzeitig herausfinden, dass wir uns gerade in eine falsche Richtung bewegen, bevor es zu spät ist? Gibt es Vorzeichen, nach denen wir Ausschau halten sollten, damit wir die Probleme vermeiden, in die so viele Menschen ahnungslos hineinstolpern? Müsste ich nicht eigentlich wissen, dass ich bei der Weltmeisterschaft der Pessimisten als Top-Favorit gehandelt werde? Gibt es Hinweise, dass ich einmal zu der 45 Jahre alten Führungskraft werde, der niemand mehr zuhört? Bin ich auf dem besten Weg, unfassbar erfolgreich zu werden und mich gleichzeitig schrecklich leer zu fühlen?

Es gibt eine Erklärung dafür, wie die meisten Leute in solche unerwünschten Situationen geraten: Sie missachten die Warnschilder. Sie sehen es nicht kommen. Die gute Nachricht aber ist: Das muss nicht so sein. Wir können es durchaus kommen sehen. Dieses Buch richtet sich an diejenigen, die gern die Alarmsignale für ein bevorstehendes großes Problem in ihrem Leben wahrnehmen wollen, bevor es zu spät ist.

Als ich anfangs auf Konferenzen einige der Gedanken entfaltete, aus denen dann dieses Buch entstand, dachte ich, ich würde mich an Menschen ab vierzig wenden. Das erste Mal sprach ich über Pessimismus vor über tausend Führungskräften in Atlanta. Ich sagte zu meinen Zuhörern, dass alle, die zwischen zwanzig und vierzig seien, meine Ausführungen wohl eher für spätere Zeiten abspeichern würden. Und dann war ich natürlich ziemlich geschockt (und traurig), als nach der Veranstaltung eine lange Schlange von Zuhörern in den Zwanzigern auf mich zukam, die mir – manche mit Tränen in den Augen – mitteilten, dass dies alles bereits jetzt ihr Problem sei. Ich war darüber tief erschüttert und erkannte, dass vieles von dem, womit sich dieses Buch beschäftigt, sich bereits wie eine Epidemie unter uns ausgebreitet hat.

> **Dieses Buch richtet sich an diejenigen, die gern die Alarmsignale für ein bevorstehendes Problem in ihrem Leben warhnehmen wollen, bevor es zu spät ist.**

Also begann ich das Wesentliche meiner Botschaft noch einmal zu überdenken. Inzwischen glaube ich, dass die Warnzeichen, die wir in diesem Buch kennenlernen werden, für uns alle gelten, egal wo wir uns auf unserem Lebensweg befinden. Sie sind, wenn wir sie erkennen und befolgen, ein Geschenk Gottes, um uns vor dem selbst verursachten Kummer zu bewahren, der heutzutage so viele Menschen prägt.

In manchen Kapiteln werden Sie vielleicht das Gefühl haben, dass hier Ihr Leben erzählt wird. Das mag Furcht einflößend sein, aber ich bete trotzdem dafür, dass dies für Sie zu einem hoffnungsvollen Zeichen wird. Ich wäre gern für Sie wie ein Freund, der in Ihr Wohnzimmer kommt und ein Licht im Dunkeln anzündet, der Ihnen den Weg zu einem erfüllten und sinnvollen Leben zeigt, der Ihnen hilft, Unwetter vorherzusehen und die richtigen Strategien zum Schutz davor zu entwickeln. Selbst wenn Sie sich im Moment noch nicht in einem echten Krisenmodus befinden, werden die in diesem Buch dargelegten Schritte Sie vor weitreichenden Problemen, Enttäuschungen und Kummer bewahren.

Und wenn ich gar nicht so religiös bin?

Sie werden nicht lange brauchen, um herauszufinden, dass dieses Buch aus christlicher Sicht geschrieben ist. Das hat einen guten Grund: Ich bin Pastor und, was noch wichtiger ist, ich versuche nach bestem Wissen und Gewissen nach den Lehren von Jesus zu leben. Durch viele Höhen und Tiefen in meinem eigenen Leben habe ich gelernt, dass er die umfassendste Antwort auf unsere tiefsten Sehnsüchte ist. Er ist die Hoffnung für diese Welt. Sie mögen vielleicht anderer Meinung sein, dennoch möchte ich Sie bitten, mir zuzuhören. Sie können hier mehr Hilfe bekommen, als Sie für möglich halten, egal welche religiösen Überzeugungen Sie haben.

Bevor ich Pastor wurde, war ich Rechtsanwalt (mehr dazu später). Ich habe also nicht mein ganzes Leben in einer frommen Blase verbracht. Wenn Sie sich selbst nicht für einen religiösen Menschen halten, bin ich trotzdem froh, dass Sie dieses Buch lesen. Ebenso, wenn Sie zwar religiös, aber nicht unbedingt Christ sind. Was ich während meiner kurzen Tätigkeit als Rechtsanwalt erlebt habe, hat in mir eine dauerhafte Zuneigung zu Menschen geweckt, die nicht so viel – oder gar nichts – mit Kirche oder Christsein am Hut haben.

Tatsächlich habe ich als Pastor mehr als zwei Jahrzehnte damit verbracht, eine Gemeinde aufzubauen, die auch gern von Menschen besucht wird, die keine Kirchgänger sind. Ich hatte das Vorrecht, im Lauf der Jahre Tausende von Gottesdienstbesuchern dort begrüßen zu dürfen, die nie gedacht hätten, dass sie einmal eine Kirche betreten würden. Und zu ihrer eigenen Überraschung gefiel es vielen dort recht gut. Nicht wenige von ihnen fanden sogar eine Beziehung zu Jesus.

Ich hoffe, dass auch dieses Buch einen solchen Geist verströmt. Vielleicht haben Sie es von einem guten Freund oder einer Freundin geschenkt bekommen oder Sie haben es sich gekauft, weil jemand es Ihnen empfohlen hat. Also kann ich nur sagen: Willkommen! Ich freue mich, dass Sie da sind.

Ich bin sicher, Sie werden herausfinden, dass wir alle mit denselben Problemen zu kämpfen haben, ganz einfach deshalb, weil wir alle Menschen sind. Christen können genauso zu Pessimisten werden wie Leute, die sich selbst nicht als Christen bezeichnen würden.

Ich habe mich bemüht, in diesem Buch einen Tonfall zu finden, der sowohl diejenigen anspricht, die skeptisch gegenüber dem christlichen Glauben sind, als auch diejenigen, die Jesus leidenschaftlich nachfolgen. Folglich könnte es passieren, dass es den Christen nicht christlich genug ist und den anderen zu fromm. Wenn das der Fall ist, dann habe ich wohl den Nagel auf den Kopf getroffen.

Sie werden herausfinden, dass wir alle mit denselben Problemen zu kämpfen haben.

Ich hoffe, dass Sie hier Gedanken finden, die zutiefst biblisch fundiert sind und dennoch nicht »anpredigend« wirken, die klar in einen christlichen Rahmen eingebettet und trotzdem äußerst praktisch und lebensnah sind. Denn so sollte authentisches Christsein aussehen. Sie werden also in manchen Kapiteln ein bisschen mehr Biblisches antreffen. In anderen weniger. In jedem Fall hoffe ich aber, dass das Gelesene Ihnen hilft, in den Sinn des Lebens an seiner tiefsten Stelle einzutauchen. Statt Sie von einem Gespräch mit Gott abzuhalten, möge es Sie zu einem solchen anregen.

Ein wenig Hoffnung

Egal aus welchem Grund Sie dieses Buch zur Hand genommen haben - ich bete darum, dass es Ihnen hilft zu erkennen, dass Sie einen Gott haben und auch Freunde, die sich nicht von Ihnen abgewandt haben. Ich hoffe außerdem, dass Sie Menschen um sich haben, die zu Ihnen halten, selbst wenn Sie sich von ihnen abgewandt haben. Denn genau das passiert oft, wenn man sich in einer der Situationen befindet, die in diesem Buch beschrieben werden: Wir verlieren die Hoffnung. Aber wir sollten erkennen, dass es Menschen gibt, die genau wissen, wie wir sind, und sich dennoch entscheiden, bei uns zu bleiben. Ja, genau - sie kennen uns und halten trotzdem zu uns.

Wenn so etwas bei Ihnen geschieht, dann soll Sie das auf eine größere Realität hinweisen: Es gibt einen Gott, der zu Ihnen hält und der seinen Sohn gesandt hat - nicht nur um zu sterben, sondern auch um zu leben, damit Sie das wahre Leben finden können. Das ist meine Hoffnung für dieses Buch: dass es Sie auf das Leben hinweist, das so vielen entgeht. Die Bibel erzählt uns von einem Weg der Weisheit, einem Weg, den Gott für uns bereitet hat und den ich selbst mindestens genauso oft verfehlt, wie ich ihn gefunden habe. Wenn Sie genau hinhören und darauf achtgeben, wie Gott wirkt und wie das Leben gut funktioniert, dann können Sie einen besseren Weg finden.

Pessimismus, faule Kompromisse, Beziehungs- und Bedeutungsverlust, Hochmut, Burn-out und Leere - nichts von dem muss das Ende Ihrer Geschichte sein. Sie können es kommen sehen. Sie merken, wenn es auf Sie zukommt. Und wenn Sie es beim Namen nennen, es wirklich wahrnehmen, dann verliert dies alles viel von seinem Schrecken und auch von seiner Macht.

Wenn Sie die sieben größten Herausforderungen kommen sehen, führen Sie am Ende das Leben, das Sie sich immer erhofft haben und das so vielen Menschen entgleitet.

Teil I
PESSIMISMUS

1

Ein glücklicher Anwalt ist schwer zu finden

Wie Pessimismus die Hoffnung auslöscht

Sie hätten nie gedacht, dass Sie einmal als Pessimist enden würden, oder? Schließlich haben Sie nicht im Jahrbuch Ihres Abschlussjahrgangs neben Ihrem Foto den Eintrag hinterlassen: »Ich hoffe, dass ich spätestens mit vierzig Jahren das Leben satthabe und von der ganzen Menschheit enttäuscht bin. Ich hoffe auch, dass mein Pessimismus meiner Familie schadet und mich zu einem unausstehlichen Kollegen macht. Alles Gute!«

Als junger Jurastudent versprühte ich Optimismus und wusste, wie man die Welt wieder in Ordung bingt.

Wenn Sie das geschrieben hätten, dann hätte sicherlich irgendjemand darauf bestanden, dass Sie eine Therapie machen, und zwar sofort. Aber das war natürlich nicht Ihr Text. Sie waren optimistisch, hoffnungsvoll. Und mit Anfang zwanzig, nachdem Sie das Joch Ihrer Eltern abgeschüttelt hatten, waren Sie *idealistisch*. Sie wussten, wie man die Welt zu einem besseren Ort macht, und waren ganz versessen darauf, es zu tun.

Das ist auch meine Geschichte. Als junger Jurastudent,

der mitten in Toronto arbeitete, versprühte ich Optimismus und wusste, wie man die Welt wieder in Ordnung bringt. Ich wollte mich auf Verfassungsrecht spezialisieren und noch vor meinem dreißigsten Geburtstag meinen ersten Fall vor dem Obersten Gerichtshof von Kanada verhandeln. Ich entdeckte, dass man mit einer positiven Einstellung und einer gesunden Arbeitsmoral sogar eine Kanzlei mitten in der Großstadt verändern kann. Ich war frisch verheiratet und wurde noch während meines ersten Berufsjahres Vater. Ich wollte gern erfolgreich sein und trotzdem nicht die vielen Stunden Sklavenarbeit leisten, für die junge Anwälte berüchtigt waren: jeden Abend im Büro verbringen und die meisten Wochenenden noch dazu. Es gab in der Stadt sogar Kanzleien, die Liegen bereitstellten und Köche engagierten, damit ihre Angestellten nicht nach Hause gehen oder das Büro verlassen mussten. So wollte ich aber nicht enden.

Also strengte ich mich an. Ich war morgens um sieben im Büro, arbeitete ohne Mittagspause durch und schlich mich um fünf Uhr nachmittags wieder aus der Tür, wenn niemand mich sah, damit ich nach Hause zu meiner Frau Toni und unserem kleinen Sohn konnte. Den ganzen Tag über bemühte ich mich darum, äußerst produktiv zu sein und Erfolge zu erzielen, über die unsere Klienten (und meine Vorgesetzten) sich freuen konnten.

Tatsächlich gelang mir das alles. Mit meinem Idealismus nahm ich rasch alle Hürden. Ich schaffte es nicht nur, die unmöglichen Arbeitszeiten zu vermeiden, die für Anwälte so typisch sind, ich verdiente sogar Geld für unsere Firma – was von einem Studenten nicht unbedingt erwartet wurde. Und so machten mir die Partner der Kanzlei nach meinem Praktikum ein Jobangebot.

Allerdings stellte ich bald fest, dass mein Idealismus als aufstrebender Anwalt durch etwas beeinträchtigt wurde, das ich überall um mich herum bemerkte: Ich war von lauter Anwälten umgeben, die nicht glücklich waren. Ja, viele von denen, die noch nicht einmal vierzig waren, fühlten sich geradezu miserabel. Ich erinnere mich noch gut an einen Freitag, als ein Anwalt, der etwa Mitte dreißig war, in die Kanzlei kam und mit einem Lotterieschein herumwedelte. »Seht ihr das?«, rief er. »Wenn ich gewinne, dann seht ihr mich nie wieder.«

Das Seltsame daran war, dass ihm die Kanzlei gehörte (und er jedes Jahr riesige Summen verdiente). Es ist nie ein gutes Zeichen, wenn der Eigentümer einer gut gehenden Firma sich einen Lotterieschein kauft und auf den Jackpot hofft, um alles hinter sich lassen zu können.

Ich sagte immer wieder zu meinen Mitabsolventen: »Wenn ihr in dieser Stadt einen glücklichen Anwalt finden könnt, dann gebe ich euch eine Million Dollar.« Ich wusste, dass ich diese Wette nie verlieren würde, denn keiner von uns konnte einen solchen Anwalt finden.

Nagende Enttäuschung

Wie kann es sein, dass Menschen, die scheinbar alles besitzen, so schnell desillusioniert sind und alles satthaben? Die Kombination von eleganten Bürotürmen, Luxuskarossen, maßgeschneiderten Anzügen und teuren Restaurantbesuchen, gepaart mit einer chronischen Unzufriedenheit, überrascht mich auch heute noch. Aber wieso eigentlich?

Denn Jesus hat uns ja schon gesagt, es sei durchaus möglich, ja sogar *sehr wahrscheinlich,* dass wir die ganze Welt gewinnen und dabei unsere Seele verlieren. Das verstehe ich durchaus. Doch ich beobachtete bei den Menschen um mich herum in ihrem Kampf um den Erfolg viel mehr als nur ein Glücksdefizit. Ich nahm etwas viel Tieferes und Durchdringenderes wahr: Pessimismus. Oft fragte ich mich: *Wie wird man innerhalb weniger Jahre vom Idealisten zum Pessimisten?*

Wie wird man innerhalb weniger Jahre vom Idealisten zum Pessimisten?

Es ist nicht unwahrscheinlich, dass Sie so etwas in Ihrer Umgebung auch schon beobachtet haben:

- Ihre Freundin, deren Herz zu oft gebrochen wurde, ist jetzt der Überzeugung, dass man den Männern nicht über den Weg trauen kann.
- Ihr einst optimistischer WG-Mitbewohner, der inzwischen Investmentbanker ist, meint, alle seine Kollegen würden sich selbst bereichern, weshalb er es jetzt auch tut.
- Ihr Schwager, Polizist von Beruf, hat schon zu viel erlebt, um noch an das Gute im Menschen zu glauben.
- Selbst Ihre Teamkollegin in der Firma verwirft jede Idee, die Sie vorbringen, und führt sofort zahlreiche Gründe an, warum Ihre Strategie zum Scheitern verurteilt ist.

Die Menschen, mit denen wir zusammen sind, können uns ganz schön deprimieren. Doch mindestens so erschreckend wie das, was wir *um uns herum* wahrnehmen, ist das, was wir *in uns selbst* spüren. Pessimismus ist nicht nur eine Erfahrung, die andere machen – er kann auch in uns wachsen. Je nachdem, was wir erlebt haben, variiert der Ablauf ein wenig, aber bei den meisten Menschen sieht es ungefähr so aus: Der Optimismus, den wir als Teenager oder mit Anfang zwanzig verspüren, weicht dem Realismus, wenn wir in den Dreißigern sind. Freunde, die bis über beide Ohren verliebt waren, haben sich bis dahin wieder getrennt; unsere einst enthusiastischen Arbeitskollegen hassen mittlerweile ihren Job; und viele unserer vermeintlich soliden Freundschaften haben sich in Luft aufgelöst.

Wohin aber führt uns der Realismus, wenn wir in den Dreißigern sind? Das kommt ganz darauf an. Wenn wir ihn nicht in seine Schranken weisen, kann er uns in den Abgrund des Pessimismus stürzen.

Treibsand voraus

Ich weiß noch, wie es war, als ich das erste Mal dieses deprimierende Gefühl von Pessimismus in mir wachsen spürte. Ich war damals Anfang dreißig. Und seltsamerweise geschah es während meiner Tätigkeit als Pastor, dass diese zutiefst skeptische Haltung in meinem Herzen Wurzeln schlug – und nicht während ich als Rechtsanwalt arbeitete. Ich hatte mein Jurastudium zur Hälfte abgeschlossen, als ich den Eindruck bekam, dass Gottes Weg mich in den Dienst als Pastor führte. Ich war in einem christlichen Elternhaus aufgewachsen. In der Pubertät hatte ich mich eher vom Glauben abgewandt, aber mit Anfang zwanzig fand ich wieder zurück und übergab mein Leben neu Jesus Christus. Dennoch blieb die juristische Laufbahn weiterhin mein Ziel. Ich hätte mir zu dem Zeitpunkt nie träumen lassen, dass ich diese einmal aufgeben würde, um Prediger zu werden oder einen Dienst in einer Gemeinde zu übernehmen. Aber so ist es nun einmal, wenn man sich zu etwas berufen fühlt: Man wird in eine neue Richtung gelenkt und in ein unerwartetes Abenteuer geschickt.

Als ich Gottes Berufung zum Pastor verspürte, brauchte ich noch ein paar Jahre, um herauszufinden, was das genau für mich bedeutete. In der Zwischenzeit beendete ich mein Jurastudium und absolvierte den gefürchteten Vorbereitungskurs für das Staatsexamen. Nachdem ich dieses bestanden hatte und als Rechtsanwalt zugelassen war, schockierte ich alle in meinem Familien- und Bekanntenkreis (auch mich selbst) damit, dass ich meiner Berufung folgte, alles hinter mir ließ und ein Theologiestudium aufnahm.

Weil ich mir nicht sicher war, wie es weitergehen sollte, beschloss ich nach der Hälfte des Theologiestudiums, zum ersten Mal in den Gemeindedienst hineinzuschnuppern. Ich zog mit meiner Frau und unserem kleinen Sohn nach Oro-Medonte, einer kleinen Stadt, etwa eine Stunde nördlich von Toronto, und begann meinen Dienst genau dort, wo ich heute noch lebe. Meine Aufgabe bestand darin, mich um drei kleine Gemeinden zu kümmern, die in über vierzig Jahren weder einen hauptberuflichen Pastor angestellt hatten noch sonst in irgendeiner Weise gewachsen waren. Sie nannten mich ihren »Studentenpfarrer«. Das bedeutete nicht, dass ich Studierende unterrichtete, sondern dass ich in diesen Gemeinden als leitender Pastor arbeitete, während ich selbst noch studierte. Es bedeutete auch, dass ich nur die Hälfte von dem bekam, was man einem »richtigen« Pastor als Gehalt gezahlt hätte. Dennoch klang das Ganze in meinen Ohren nach einer Berufung.

Die Gemeinden waren winzig. In der einen kamen sonntagmorgens durchschnittlich nur sechs Leute zum Gottesdienst. Als meine Frau, mein Sohn und ich dazustießen, wuchs die Gemeinde über Nacht um fünfzig Prozent. Das war einfach sensationell. In der zweiten Gemeinde kamen sonntags meistens etwa vierzehn Besucher. Und die »Megakirche« unter den dreien verzeichnete einen Gottesdienstbesuch von dreiundzwanzig.

Wenn man in so kleinen Gemeinden Pastor ist, dann besteht der eigene Dienst überwiegend aus Beziehungsarbeit. Man besucht die Leute und bringt sich für sie ein, während man gleichzeitig versucht, ihnen eine größere Vision und eine bessere Strategie zu vermitteln, mit denen sie ihre Mission verwirklichen können. Selbst als Hunderte von Menschen zu unseren Gemeinden dazukamen, gab ich immer noch mein Bestes, um gute Beziehungen zu ihnen allen aufrechtzuerhalten. In den ersten zehn Jahren meines Dienstes ging ich jeden Tag in den Häusern ein und aus. Es war ungeheuer aufregend zu sehen, wie allmählich immer mehr neue Leute zur Gemeinde dazukamen.

Ich erinnere mich noch gut, wie eines Sonntagmorgens ein Paar zur Tür hereinkam, das ich hier Roger und Mary nennen will. Es dauerte nicht lange, bis ich merkte, dass die beiden richtig große Probleme hatten. Sie besaßen nicht viel Geld. Ihr kleines Auto blieb ständig liegen. In praktisch allen Bereichen ihres Lebens schlitterten sie von einer Krise in die nächste.

Obwohl ich mittlerweile gut ausgelastet war, weil ich Gemeinden mit Hunderten von Mitgliedern zu leiten hatte, beschloss ich, den beiden zu helfen, wo immer ich konnte. Zwar hatte unsere Gemeinde nur ein kleines Budget, aber wir schafften es trotzdem, Roger und Mary Lebensmittel und Gutscheine zukommen zu lassen. Wir gaben ihnen Geld für Benzin und sorgten dafür, dass ihr Auto fahrtüchtig blieb. Regelmäßig besuchte ich die beiden in ihrer Wohnung am Südende der Stadt (eine zwanzigminütige Fahrt hin und zurück), um mit ihnen zu beten, sie zu ermutigen und ihnen auf alle erdenkliche Weise zu helfen.

Ihnen zu helfen kam mir manchmal so vor, als würde ich versuchen, den Ozean mit einem Löffel zu leeren.

Roger und Mary fanden immer neue Gründe, uns um Hilfe anzuflehen. Ihre Anrufe wurden häufiger und oft fuhr ich noch spätabends zu ihnen, um sie durch die nächste Krise zu begleiten. Mit allem Einsatz betete ich für ihre Familie und setzte mich auf vielfältige Weise für sie ein. Es ist nicht übertrieben, wenn ich sage, dass ich in den ersten zehn Jahren meines Dienstes mit keiner Familie so viel Zeit verbrachte wie mit ihnen.

Inzwischen waren die drei kleinen Gemeinden schnell gewachsen. Immer mehr Menschen waren dazugekommen und das bedeutete, dass es für mich schwieriger wurde, die einzelnen so oft zu besuchen wie früher. Es waren einfach zu viele. Doch selbst in dieser neuen Situation forderten Roger und Mary weiter meine Aufmerksamkeit. Sie waren arm und ich wusste, dass Gott sich besonders der Armen annimmt. Doch inmitten all dessen bemerkte ich bei dem Paar auch eine wachsende Undankbarkeit und immer neue Probleme. Ihnen zu helfen kam mir manchmal so vor, als würde ich versuchen, den Ozean mit einem Löffel zu leeren. Dennoch war ich entschlossen, ihnen weiter zu dienen und ihnen Gottes Gnade zu zeigen.

Nach einiger Zeit brachten Roger und Mary ihre zweijährige Nichte regelmäßig mit zum Gottesdienst mit. Sie war ein tolles Kind, aber Disziplin war keine große Stärke dieser Familie. Eines Sonntags rannte die Kleine während des gesamten Gottesdienstes auf dem Mittelgang der Kirche hin und her und verärgerte damit viele Gemeindeglieder.

Das Thema kam auf die Tagesordnung einer Gemeindevorstandssitzung. Einige Mitglieder des Gremiums bestanden darauf, dass gegen diese Störung des Gottesdienstes etwas unternommen werden musste. Ich jedoch setzte mich für Rogers und Marys Familie ein und sagte dem Vorstand, ich hätte lieber eine Kirche voller unartiger Kinder als eine Kirche voller gut erzogener Senioren. Glücklicherweise war das Thema damit erledigt und ich teilte Roger und Mary mit, es gäbe hier kein Problem mehr.

Doch selbst nachdem diese Kontroverse gelöst war, schien das Paar sich in unserer wachsenden Gemeinde immer weniger wohlzufühlen. Eines Sonntags schließlich packte Roger seine Nichte bei der Hand, marschierte aus der Kirche und sagte so laut, dass alle es hören konnten: »Das hier ist nicht mehr unser Platz. Wir sind euch doch völlig egal! Wir gehen!«

Verdutzt folgte ich ihm und fragte, was denn passiert sei.

»Ihr macht einfach nicht genug für uns«, entgegnete er.

Das verschlug mir die Sprache. *Im Ernst? Wir tun nicht genug für euch? Das soll wohl ein Witz sein!*

Seine Worte trafen mein kleines, aber stets wachsendes Pastorenherz und schnitten eine tiefe Wunde hinein.

»Roger«, brachte ich schließlich hervor, »das macht mich wirklich tieftraurig. Es ist bestimmt nicht übertrieben, wenn ich sage, dass ich in meinem bisherigen Dienst als Pastor mit niemandem persönlich so viel Zeit verbracht habe wie mit dir und deiner Familie. Und nicht nur ich. Unsere ganze Gemeinde hat viele Opfer gebracht, um euch immer und immer wieder zu helfen.«

Doch meine Worte schienen nicht zu ihm durchzudringen. Er beharrte darauf, unsere Bemühungen würden nicht ausreichen und in Wirklichkeit seien er und seine Familie uns, damit meinte er mich, doch ganz egal. Er behauptete, unsere Gemeinde hätte ihn und seine Familie im Stich gelassen, als es ihnen am schlechtesten ging.

Ich wusste nicht, was ich noch tun sollte, um die Situation zu retten. Roger und Mary wollten es offenbar nicht, sondern verließen unsere Gemeinde endgültig.

Das Abrutschen in den Pessimismus beginnt

Ich war schockiert. Und wütend. Und tief verletzt. Ich konnte das, was passiert war, einfach nicht einordnen.

In diesem Augenblick spürte ich, wie eine Woge des Pessimismus in mir aufstieg. Es war, als ob eine innere Stimme sagte: *Es ist zwecklos. Alles, was du investiert hast, war eine totale Verschwendung von Zeit und Kraft. Und weißt du was? Wenn der dir das angetan hat, dann werden andere es auch tun. Also setz dich nicht mehr so ein wie bisher. Investiere nicht mehr so viel in andere. Opfere dich nicht mehr so auf. Die Leute nutzen dich ja doch nur aus und am Ende stoßen sie dich weg. Es hat keinen Sinn.*

Damals hatte ich noch nicht begriffen, wie wichtig es war, Grenzen zu setzen. Außerdem war ich noch nicht so geschult darin, mögliche psychische Störungen bei Menschen zu erkennen. Ich versuchte aufrichtig zu helfen und am Ende hatte ich mir gründlich die Finger verbrannt.

So fängt der Pessimismus an. Er macht sich nicht deshalb breit, weil uns alles egal ist, sondern weil wir uns so intensiv einsetzen. Pessimismus beginnt, weil wir unser Herz in etwas investiert haben und kaum etwas dabei herausgekommen ist. Oder vielleicht ist etwas herausgekommen, aber es war das Gegenteil von dem, was wir erwartet hatten. Wir haben uns verliebt, doch die Beziehung zerbricht. Wir haben uns mit aller Kraft in unserem Job engagiert, nur um am Ende zu erfahren, dass wir entlassen werden. Wir waren ganz und gar für unsere Mutter da, und nun wirft sie uns vor, wir seien für sie eine riesige Enttäuschung.

Pessimismus beginnt, weil wir unser Herz in etwas investiert haben und kaum etwas dabei herausgekommen ist.

Und dann fragen wir uns unwillkürlich: *Was soll's?*

Die meisten Pessimisten sind einmal optimistisch gewesen. Man sollte es nicht für möglich halten, aber es gab tatsächlich eine Zeit, in der sie hoffnungsvoll, enthusiastisch, ja sogar fröhlich gewesen sind. Etwas im Menschen möchte hoffen, möchte daran glauben, dass die Dinge besser werden. Fast jeder beginnt sein Leben mit einer positiven Perspektive.

Aber was geschieht dann? Wie wird aus einem positiv eingestellten Menschen jemand, der alles so negativ sieht? Mindestens drei Dinge geschehen im Innern eines Menschen, bis er zum Pessimisten wird.

1. Wir wissen zu viel

Man könnte meinen, dass Wissen etwas Gutes ist. Aber seltsamerweise bereitet es uns nicht selten Kummer. König Salomo, den wir später noch kennenlernen, war für seine Weisheit berühmt. Doch er sah das Ganze so: »Je größer die Weisheit, desto größer der Kummer; und wer sein Wissen vermehrt, der vermehrt auch seinen Schmerz.« Das klingt nicht gerade inspirierend. Der Vers mag nicht gerade für eine Glückwunschkarte zum Geburtstag geeignet sein, aber die Einsicht, die er vermittelt, ist durchaus hilfreich.

Manchmal kann Nichtwissen nämlich geradezu ein Segen sein. Wenn ich nicht gewusst hätte, dass Menschen wie Roger und Mary enttäuscht waren, nachdem sich eine ganze Gemeinschaft so intensiv für sie eingesetzt hatte, wäre es mir leichtgefallen – ja, es wäre fast automatisch geschehen –, dass ich mich weiterhin für andere engagiert hätte. Doch jetzt, wo ich sozusagen ein gebranntes Kind war, begann ich bedürftige Menschen misstrauischer zu betrachten. Würden sie auch so mit mir umspringen? Würden sie auch einfach weggehen?

Die Wahrscheinlichkeit ist groß, dass auch Sie schon mit Menschen wie Roger und Mary zu tun hatten. Vertrauen fällt schwerer, weil Sie zu viel wissen. Wenn andere Ihnen nicht schon ein Dutzend Mal das Herz gebrochen hätten, würde es Ihnen leichter fallen, eine neue Beziehung einzugehen. Wenn Ihr Geschäftspartner Sie nicht betrogen und die Firma ruiniert hätte, wären Sie möglicherweise immer noch Unternehmer. Wenn Ihre Nachbarn nicht so schwierig gewesen wären, hätten Sie vielleicht nie einen Zaun errichtet.

Aber jetzt haben Sie all diese Erfahrungen schon gemacht. Sie haben Liebeskummer, Verrat und üble Nachrede erlebt. Sie wissen, wie es ist, wenn andere Sie im Stich lassen. Ihnen ist klar geworden, dass man manchen Leuten nicht trauen kann. Sie wissen, dass Liebe wehtun kann. Sie haben erkannt, dass andere untreu und egoistisch sind. Sie mussten feststellen, dass nicht jeder erfolgreich ist, selbst wenn er die besten Absichten hat und sich große Mühe gibt. Je länger Sie leben, desto mehr Erfahrung und Wissen sammeln Sie. Und deswegen ist Pessimismus mit zunehmendem Alter häufiger anzutreffen.

Warum bringt König Salomo mehr Wissen mit mehr Kummer in Verbindung? Weil das Leben so ist.

Ich möchte Sie ja nicht deprimieren, aber seien wir ehrlich: Das Leben ist nicht einfach; es ist ein Kampf voller Enttäuschungen und Rückschläge. Schauen Sie sich nur lange genug um und Sie werden überall Kummer entdecken. Sie sehen menschliche Schwächen und Fehler, Intrigen und Manipulation. Sie erkennen die Machtspielchen und egoistischen Schachzüge, die einen so großen Teil der menschlichen Existenz ausmachen.

Das Leben ist nicht einfach; es ist ein Kampf voller Enttäuschungen und Rückschläge.

Das Buch Prediger ist der Leitfaden eines Pessimisten zum Verständnis der Welt. Mit dem Erfolg stellt sich eine zermürbende Leere ein. Und ein Leben mit fehlerhaften Menschen hinterlässt ein Gefühl der Verzweiflung und Zerbrochenheit in uns.

Doch keine Sorge: Es gibt Hoffnung. Wir müssen an dieser Stelle nur noch ein wenig länger ausharren, um zu verstehen, warum so viele Pessimisten mit ihrem Leben so zu kämpfen haben. Wissen bringt Kummer. Wir sehen das Leben, wie es wirklich ist, und es ist … mangelhaft.

2. Wir projizieren Erfahrungen aus der Vergangenheit auf die Zukunft

Der Pessimismus wächst über sein Anfangsstadium hinaus,

wenn wir beginnen, uns vor künftigen Verletzungen zu schützen. Wenn wir uns ein- oder zweimal die Finger verbrannt haben, wollen wir nicht zu den Idioten gehören, die sich auch ein drittes Mal verbrennen. Also beginnen wir unser Herz zu schützen. Wir errichten einen Zaun um unsere Seele.

Doch was als Selbstschutz begann, verwandelt sich bald in etwas viel Heimtückischeres. Wir haben allmählich alles satt. Wir bilden uns ein, ein bisschen klüger geworden zu sein, doch bei näherer Betrachtung sieht die Sache anders aus. Was wir errungen haben, ist nicht Klugheit, sondern vielmehr Furcht und Schmerz, die um unser Herz herum Schwielen bilden.

Klug, wie wir sind, beginnen wir nach Mustern Ausschau zu halten. Und zu unserer Überraschung entdecken wir tatsächlich welche. Viele Menschen sind nicht vertrauenswürdig. Deshalb besteht die Lösung vielleicht nicht darin, die Firma zu wechseln, weil die Leute in der anderen Firma auch keinen glücklichen Eindruck machen. Und wir sehen, wie der Schmerz der Enttäuschung sich in vielen Ehen unserer Freunde ebenso breitmacht wie in unserer.

Je älter wir werden und je mehr Erfahrungen wir sammeln, desto besser gelingt es uns, solche Muster auszumachen. Ganz allmählich tun wir das, was viele Pessimisten instinktiv tun: Wir projizieren das Scheitern in der Vergangenheit auf die Zukunft. Wir lernen ein neues Paar kennen und haben gleich den Verdacht, dass sie uns genauso ausnutzen werden wie Roger und Mary. Also kommt man ihnen sicherheitshalber nicht allzu nahe. Wir bekommen eine neue Chefin und gehen davon aus, dass sie vielleicht genauso unfair und arrogant ist wie unser früherer Chef. Jemand wird unserem Team zugewiesen und wir sind sicher, dass es nur eine Frage der Zeit ist, bis er alles vermasselt. Unsere Cousine heiratet und wir fragen uns, wie lange es wohl dauert, bis das frisch vermählte Paar ernsthafte Probleme hat.

Wir sehen die Menschen nicht mehr so, wie sie sind. Und wir betrachten bestimmte Situationen auch nicht mehr so, wie sie sein könnten. Wir sehen nur noch die potenzielle Gefahr. Der

Schmerz der Vergangenheit wird zum zukünftigen Schmerz, wenn wir es zulassen. Also lassen wir es erst gar nicht zu.

Das war auch bei mir so. Denn es waren nicht nur Roger und Mary, die mir Kummer bereiteten. Es gab auch noch andere, darunter Freunde von uns. Tatsächlich wurde meine pessimistischste Phase (als ich Anfang dreißig war) durch eine Reihe von Ereignissen verursacht, die nur wenige Jahre auseinanderlagen.

Roger und Mary waren nicht die Einzigen, die weggingen. Als wir ein paar radikale Neuerungen in unseren Gemeinden einführten, kehrten uns noch mehr Menschen den Rücken. Männer und Frauen, von denen ich gedacht hatte, dass sie ein Leben lang an Bord bleiben würden, wandten sich von uns ab. Obwohl unsere Gemeinden mehr neue Leute aufnahmen, als sie Mitglieder verloren, milderte das nicht die Enttäuschung, die ich empfand.

Während der ersten Jahre unseres Dienstes platzte eine ganze Reihe enger Freundschaften. Es waren Freunde, mit denen man eigentlich sein Leben verbringt: Konzerte, gemeinsame Mahlzeiten, Ferien. Ich war zwar ihr Pastor und sie besuchten unsere Gemeinde, aber trotzdem pflegten wir eine intensive Freundschaft. Doch aus unerfindlichen Gründen kamen diese Freunde innerhalb eines Jahres nicht mehr in unsere Gemeinde und waren kurze Zeit später auch nicht mehr unsere Freunde.

Vorsicht und Misstrauen verwandeln sich in Wut und Verbitterung.

Das tat weh. Zutiefst. Und ich weiß auch heute noch nicht so genau, warum das alles zerbrach. Versuche, die Sache wieder ins Lot zu bringen, scheiterten. Ich weiß zwar, dass auch ich meinen Teil zu dieser schmerzhaften Situation beigetragen habe, aber es ist dennoch alles ein wenig rätselhaft und nebulös. Und diese Erfahrung führte dazu, dass ich (zumindest eine Zeit lang) den Weg des Pessimisten einschlug.

Vielleicht ist Ihnen auch Ähnliches passiert. Irgendwann zehrt einen diese skeptische Einstellung aus. Vorsicht und Misstrauen verwandeln sich in Wut und Verbitterung.

3. Wir hören auf zu vertrauen, zu hoffen und zu glauben

Nachdem diese Freundschaften zerbrochen waren, sagte ich zu Toni: »Ich brauche keine Freunde mehr. Wirklich. Sich auf Freundschaften einzulassen war keine gute Idee. Ich komme auch allein zurecht.« Hört sich dumm an, ich weiß. Doch aus diesen Worten sprach mein Schmerz. Und damals ergab das für mich durchaus einen Sinn. Ja, diese Strategie erschien mir sicherer als das Risiko, das eine neue Freundschaft mit sich bringen würde. Es ist ja meistens nicht der erste Kummer, der uns das Herz für immer bricht. Bei mir hatte es auch vorher schon ein paar Freundschaften gegeben, die im Lauf der Jahre eingeschlafen waren. Und so fragte ich mich irgendwann, ob es sich überhaupt lohnte, sich auf andere Menschen einzulassen. Manchmal überlegte ich sogar, ob ich irgendeinen fatalen Charakterfehler hatte, der alle Freundschaften zerstörte.

Das Problem mit der Verallgemeinerung – der Übertragung einer Situation auf *alle* anderen Situationen – besteht in Folgendem: Der Tod des Vertrauens, der Hoffnung und des Glaubens ist wie ein Virus, das alles infiziert. Wir meinen uns vor der Zukunft zu schützen. Dabei wirkt sich unsere veränderte Haltung auch auf die Gegenwart aus. Die Menschen, die uns im Hier und Jetzt am wichtigsten sind, leiden darunter. Denn als Pessimist projizieren wir unser neues Misstrauen auf alles und jeden. Unsere gegenwärtigen Beziehungen kommen zum Stillstand oder machen Rückschritte. Unser Rückzug betrifft nicht nur die Zukunft, sondern auch die Gegenwart.

Wir werden gleichgültig gegenüber den Menschen, die wir am meisten lieben, sogar gegenüber unserem Ehepartner und den Kindern. Wir sehen selbst in den Situationen, die uns früher mit Freude erfüllt haben, ein schlechtes Ende voraus. Unser Job erregt in uns Widerwillen. Wir haben keine Lust, den Neuen kennenzulernen, denn wir wissen ja schon im Voraus, wie er ist. Und die Projekte und Ziele, die uns bisher motiviert und begeistert haben, können das plötzlich nicht mehr.

Noch viel mehr beunruhigen sollte uns jedoch, dass sich der Pessimismus auch auf unsere Beziehung zu Gott auswirkt.

Wenn wir anderen Menschen gegenüber unser Herz verschließen, dann verschließen wir es auch vor Gott. Wir vertrauen weniger und zweifeln mehr. Wenn wir die Bibel lesen, würden wir fast alle Verheißungen dort am liebsten mit einer kritischen Anmerkung versehen und uns einreden, dass sie für uns nicht gelten. Selbst unser Gebet verkümmert. Denn was nützt es überhaupt? Wir haben das Gefühl, für Dinge zu beten, die sowieso nicht eintreffen werden, also wozu die ganze Mühe?

Es ist eine Entwicklung, die uns immer mehr in die Enge treibt: Wir haben unsere Erfahrungen gemacht, übertragen die Vergangenheit in die Zukunft und ersticken schließlich Vertrauen, Hoffnung und Glaube. Wenn dieser Prozess einsetzt, dann haben wir die unverwechselbaren Zutaten für eine pessimistische Lebenseinstellung. Und ganz egal ob wir dreiundzwanzig oder dreiundsechzig sind: Es ist traurig – und unnötig –, wenn wir so unser Leben führen.

Warum ist das überhaupt wichtig?

Ist Ihnen schon einmal aufgefallen, dass es relativ wenige »ausgeglichene« Senioren gibt? Sie kennen das bestimmt: Wenn wir zwischen zwanzig und vierzig sind, dann haben wir gute und schlechte Tage. Es gibt Höhen und Tiefen, aber auf lange Sicht gependelt sich alles wieder ein. Allerdings scheint dieses Muster zu verschwinden, wenn Menschen ein bestimmtes Alter erreichen.

Es ist, als ob man ab einem gewissen Alter mit einem Magneten von der Mittellinie weggezogen wird und entweder auf der Seite des Glücks oder der Seite des Elends landet.

Die meisten älteren Menschen, die ich kenne, sind auf der einen oder der anderen Seite der Mittellinie gelandet. Sie sind entweder glücklich und dankbar oder verbittert und unzufrieden. Es ist, als ob man ab einem gewissen Alter mit einem Magneten von der Mittellinie weggezogen wird und entweder auf der Seite des Glücks oder der Seite des Elends landet. Das Gefühl »Ich habe heute einen schlechten Tag«, das wir in jüngeren Jahren manchmal hatten, verwandelt sich für manche Menschen in ein »Ich habe ein schlechtes Leben«, wenn sie siebzig sind. Warum ist das so?

Meine Theorie hierzu lautet: Mit zunehmendem Alter werden wir mehr so, wie wir bereits sind. So wie unser Körper etwas unbeweglicher wird, ist auch unsere Persönlichkeit dann weniger flexibel. Es ist, als würde in uns ein Krieg um die Hoffnung stattfinden – und entweder gewinnt der Pessimismus oder er verliert. Doch wir werden nicht nur ein bisschen pessimistisch oder ein bisschen hoffnungsvoll. Die Würfel sind gefallen, der Beton härtet aus.

Als ich in den Vierzigern war, spürte ich diese Dynamik sehr stark. Es war, als würde ein Krieg um meine Seele toben. Allmählich begann ich zu verstehen, warum manche Menschen pessimistisch, lustlos und hartherzig werden. All das war auch in mir angelegt. Die Hoffnung war noch nicht gestorben, aber der Pessimismus drohte sie auszulöschen. Ich erkannte, dass es einfach war, die Verzweiflung siegen zu lassen. Ja, ich merkte sogar: Wenn ich nichts unternahm, würde der Pessimismus *auf jeden Fall* die Oberhand gewinnen.

Aber wir haben immer noch die Wahl, ob wir pessimistisch werden oder nicht. Als Pessimist wird man nicht geboren, sondern dazu wird man gemacht. Doch nicht das Leben macht uns dazu, sondern wir selbst.

Das ist allerdings nicht immer eine *bewusste* Entscheidung. Doch überlegen wir einmal, was hier auf dem Spiel steht. Pessimisten verändern niemals die Welt. Sie erzählen uns nur, warum die Welt sich nicht ändern kann. Darüber wissen sie alles. Und ich wusste, dass ich auch so enden würde, wenn ich meinen Kurs nicht änderte.

Wenn Sie selbst schon pessimistische Züge an sich erkennen, dann ist dies nicht passiert, weil Ihr Herz verschlossen war, sondern weil es einmal offen war. Es ist passiert, weil der Idealist in Ihnen idealistisch war. Und dann kam das Leben. All die

Verletzungen. Und jetzt stehen Sie vor der Entscheidung. Was werden Sie tun?

Ein Pessimist wird natürlich sagen, dass man da gar nichts tun kann. Er meint, sein Zustand sei ganz normal, schließlich habe er sich im Leben schon viel zu oft die Finger verbrannt. Es ist nicht schwierig, all den Philosophen zuzustimmen, die zu dem Schluss kommen, das Leben sei »ein einsames, kümmerliches, rohes und kurz dauerndes« oder jenen oder die feststellen, die Hölle, das seien die anderen.

Leider bleiben nur allzu viele bei dieser Aussage stehen. Dabei ist Pessimismus nichts Unvermeidliches. Und selbst wenn wir dazu tendieren, muss es ja nicht für immer so bleiben. Es gibt einen Weg zurück. Es ist ein Weg für Tapfere und für solche, die sich danach sehnen, wieder hoffen zu können. Es gibt ein Gegenmittel gegen den Pessimismus. Die Frage ist nur: Wollen Sie es anwenden?

2

Dem Pessimismus den Garaus machen

Wie wir die Hoffnung zurückgewinnen

Eines Nachmittags vor ein paar Jahren zappte ich durch die Fernsehkanäle, bis ich auf einen Hochschullehrer stieß, der gerade ein Interview gab. Es war ein beeindruckendes Erlebnis für mich. Dieser Mann war ein Professor, wie er im Buch steht: Tweed-Jacke, Fliege und Nickelbrille. Mit funkelnden Augen saß er aufrecht auf seinem Stuhl. Er hatte einen fast singenden Tonfall und sagte Sätze wie: »Wir haben herausgefunden, dass ...« und: »Die aktuellen Theorien besagen ...« Was mir aber am meisten auffiel, war sein Alter; er war ungefähr achtzig. *Achtzig*. Ich weiß noch, wie ich dachte: *Was auch immer nötig ist, damit man mit achtzig noch so frisch und lebendig daherkommt – ich werde es tun.* In mir tobte zu der Zeit der Kampf gegen den Pessimismus und es war klar, dass der alte Professor diesen Kampf nicht verloren hatte.

Der Pessimismus kann sehr grausam sein. Als ich selbst am Tiefpunkt angelangt war, starb in mir die Hoffnung darauf, dass die Zukunft besser sein könnte als die Vergangenheit, dass es das nächste Mal anders sein würde und mein Herz wieder mitfühlen könnte. Die Hoffnung ist das ultimative Gegenmittel gegen den Pessimismus. Und zufällig ist sie auch die Grundlage des christlichen Glaubens. Das Prinzip Hoffnung zieht sich wie ein roter Faden durch die ganze Bibel und bildet das Zentrum dessen, was wir das Evangelium nennen (wörtlich: »die gute Botschaft«).

Die Hoffnung ist das ultimative Gegenmittel gegen Pessimismus.

Manche Menschen haben Probleme mit der Bibel und dem christlichen Glauben und stellen sich die Frage: Wie kann das Christentum auf Hoffnung gegründet sein, wenn so vieles von seiner Geschichte mit Gewalt, Unterdrückung und trostlosen Verhältnissen zu tun hat? Haben Sie die Bibel schon einmal gelesen? Sie enthält jede Menge Tragödien, traumatische Erlebnisse und Verrat. Man müsste meinen, dass man beim Durchblättern eher pessimistischer wird statt optimistischer.

Als einer meiner Söhne noch klein war, war seine Lieblingsgeschichte in der Bibel die von Simson und Delila. Ich wurde allmählich nervös, als er mich Abend für Abend erneut bat, sie ihm vorzulesen. Immerhin kommt in dieser Geschichte fast kein erlösender Gedanke vor. Gott gibt einem Mann außergewöhnliche Körperkraft und dieser Mann verliebt sich Hals über Kopf, vergeudet törichterweise seine Begabung, verrät das Geheimnis seiner Stärke und lügt dabei die ganze Zeit wie gedruckt. Dann verlässt er diese Welt mit einem Riesenknall und tötet dabei Tausende von Menschen und sich selbst in einer spektakulären Demonstration seiner Kraft, wobei er einen ganzen Tempel zum Einsturz bringt. Und es gibt für niemanden ein Happy End.

Jahrelang habe ich mich daran gestört, dass die Bibel so viel über Gewalt berichtet. Manchmal stört es mich auch heute noch. Aber ich habe dadurch auch etwas viel Tieferes begriffen, das ich durch mein hygienisch sauberes, von der Kultur der Mittelklasse im 21. Jahrhundert geprägtes westliches Gedankengut hindurch vielleicht sonst nicht erkannt hätte: Gott versteht unsere Welt. Er weiß, wie brutal wir oft sind und wie schrecklich die menschliche Natur sein kann. Er sieht, wie gewaltsam wir miteinander und mit uns selbst umgehen. Er sieht unsere Grausamkeit. Ohne sein Eingreifen in den Ablauf der menschlichen Geschichte wäre das Leben tatsächlich einsam, kümmerlich, roh und kurz.

Anstatt unserer Unmenschlichkeit das letzte Wort zu überlassen, kam Gott durch Jesus als Mensch in dieses Chaos und überwand den Hass durch Liebe. Wir schleuderten Jesus das Schlimmste entgegen, was Menschen einander antun können: Hass, Misshandlung, Spott, Ablehnung und den Tod. Aber Gott verwandelte dies alles in Leben, für *uns*, für die ganze Menschheit, gerade auch für diejenigen, die seinen Sohn getötet hatten.

Die Pessimisten dachten, sie hätten an jenem letzten Donnerstag im Leben von Jesus wieder einmal recht behalten. Sie meinten, sie hätten an Karfreitag das letzte Wort und behielten die Oberhand. Es schien, als hätte die Verzweiflung gewonnen. Das dachten sogar die Jünger von Jesus. Sie gingen wieder nach Hause, zurück zu ihren Fischerbooten. Niemand sah den Sonntag kommen. Niemand sah, wie die Hoffnung sich erhob, wie die Liebe aus der Asche des Hasses wiederauferstand. Niemand rechnete damit, dass Jesus wieder zurückkommen würde.

Der bemerkenswerte Teil des christlichen Glaubens ist nicht, dass wir einen Retter haben, der kam, um uns zu befreien, sondern dass wir einen Retter haben, der uns so sieht, wie wir wirklich sind, und uns trotzdem liebt. Jesus sah dem Hass ins Gesicht und begegnete ihm mit Liebe. Er stellte sich der Verzweiflung entgegen und machte ihr klar, dass sie nicht gewinnen würde.

Ein zentraler Gedanke des christlichen Glaubens ist, dass Jesus *meinen* Hass sieht und ihm mit Liebe begegnet. Er sieht *meine* Verzweiflung und setzt ihr die Hoffnung entgegen. Er sieht *meine* Zweifel und wirft mir den Glauben immer wieder in hohem Bogen zu. Unter der beharrlichen Hoffnung des Evangeliums schmilzt der Pessimismus.

Unsere Vergangenheit ist nicht unsere Zukunft. Nicht wenn Jesus ins Spiel kommt.

Die Verbitterung kann dem unnachgiebigen Ansturm der Liebe nicht standhalten.

Die Hoffnung kann nicht sterben, wenn sie durch ein leeres Grab ihre Kraft erhält.

Von allen Menschen auf der Erde sollten die Christen am wenigsten pessimistisch sein. Denn immerhin liefert das Evangelium uns die besten Gründe zu hoffen. Wir klammern uns nicht einfach an eine intellektuelle These oder Behauptung. Unsere Hoffnung gründet sich nicht auf eine Emotion oder einen Eindruck. Sie lebt in einer Person, die den Tod selbst überwunden hat und uns so tief liebt, dass sie buchstäblich durch die Hölle geht, um uns zu retten. Also, warum sind wir denn so mutlos?

Weil die Hoffnung fest in der Auferstehung verankert ist, darum besitzt sie eine so große Widerstandskraft. Sie kann Tausende von Rogers und Marys ertragen. Sie übersteht ein Dutzend frustrierende Jobs. Sie kann zehntausend gebrochene Herzen verwinden. Wenn Sie den Pessimismus loswerden wollen, dann vertrauen Sie wieder. Hoffen Sie wieder. Glauben Sie wieder. Das ist die Hoffnung, die wir in Jesus Christus finden. Und sie ist es, die den Pessimismus letztendlich besiegt.

Und jetzt ein kleiner Trick

So wahr die Hoffnung auf Christus ist, kann sie doch in den Mühlen des Alltags leicht in Vergessenheit geraten. Mir geht es jedenfalls so, wenn ich dann wieder genervt die Augen verdrehe und mein Herz verhärte. Und wenn das Evangelium die Antwort auf den in uns aufsteigenden Pessimismus sein soll, ist das dann nicht so, als ob wir sagen würden, Jesus sei die Antwort auf alle Fragen? Na ja, letztendlich denke ich schon, dass Jesus die Antwort ist, aber manchmal sollte man eine solche Aussage mit mehr Details unterfüttern. Also: *In welcher Hinsicht* ist Jesus die Antwort? *Wie* bekämpfe ich den Pessimismus an solchen Tagen, an denen Entmutigung und Verzweiflung wieder an meine Tür klopfen? Das bringt mich auf einen kleinen Trick, den ich mir angeeignet habe für die Zeiten, in denen ich gegen den schleichenden Pessimismus ankämpfen muss.

Ein ungeheuer wirksames Gegenmittel gegen den Pessimismus ist nämlich die *Neugier*. Ganz einfach.

Neugierige Menschen sind nicht pessimistisch und pessimistische Menschen sind nicht neugierig. Das war es, was mich bei dem Interview des Professors im Fernsehen so beeindruckte. Er war zwar schon achtzig Jahre alt, aber die Neugier ließ ihn nicht los. Immer noch forschte er, dachte nach, war offen, konnte staunen. Er war immer noch ganz und gar lebendig.

Denken Sie einmal einen Moment lang über die wunderbar neugierigen Menschen nach, die Sie kennen: Freunde, vielleicht eine Lehrkraft von früher, eine Nachbarin, ein Onkel. Sie werden feststellen, dass die Neugierigen immer interessiert sind, immer hoffnungsvoll, immer offen für neue Möglichkeiten. Manche Großeltern interessieren sich unermüdlich für ihre Kinder und Enkel; sie stellen Fragen, entdecken zusammen Neues, erforschen die neuen Möglichkeiten, die eine veränderte Welt ihnen bietet. Manche von ihnen haben im Alter mehr Freude an der Zukunft als noch vor Jahrzehnten und sie sind es, die in ihrer Umgebung, ihren Familien und Gemeinden zur Hoffnung ermutigen.

Wie wir die Neugier kultivieren

Wenn Neugier die Disziplin ist, mit der wir den Pessimismus besiegen und die Hoffnung am Leben erhalten, wie können wir dann neugieriger werden? Wie viele andere Dinge auch ist die Neugier eine Gewohnheit, die wir pflegen und weiterentwickeln können. Wenn Sie Ihre Neugier füttern, wird sie wachsen. Geben Sie ihr keine Nahrung, wird sie eingehen.

Hier fünf Tipps, wie wir alle neugieriger werden und unser ganzes Leben lang neugierig bleiben können.

1. Nehmen Sie sich Zeit zum Nachdenken

Überlastung ist der Feind des Staunens und viele Menschen

fühlen sich heutzutage ständig überlastet. Überlegen Sie einmal: Waren Sie schon einmal neugierig, während Sie es eilig hatten? Neugier braucht Zeit zum Atmen und Erforschen. Die Eile dagegen sucht immer nach Abkürzungen. Schlimmer noch, sie schneidet anderen das Wort ab. Sie will nur kurze Zusammenfassungen, keine ausführlichen Geschichten oder Erklärungen.

Wenn Sie Ihre Neugier füttern, wird sie wachsen.

Planen Sie also genügend Zeit zum Nachdenken und Verarbeiten ein. Halten Sie diese in Ihrem Terminplaner fest. Dann nehmen Sie ein Buch zur Hand über ein Thema, von dem Sie keine Ahnung haben, und beginnen zu lesen. Oder Sie trinken mit einem Freund oder einer Freundin einen Kaffee und stellen ein Dutzend richtig gute Fragen. Oder Sie googeln, bis Ihr Gehirn ein Feuerwerk an neuen Neuronenverknüpfungen zündet.

Dehnen Sie das Ganze noch weiter aus. Machen Sie eine Wanderung, gehen Sie joggen oder Radfahren. Viele Menschen machen die Erfahrung, dass sie am besten nachdenken können, während sie sich körperlich betätigen, egal ob sie fünf Kilometer laufen oder Laub harken. Schaffen Sie sich in Ihrem Kalender größere Freiräume und lassen Sie sich von Ihrem Verstand auf eine Reise an neue Orte mitnehmen. Sie können nicht staunen und entdecken, wenn Sie zeitlich unter Druck sind.

2. Stellen Sie offene Fragen

An späterer Stelle werden wir uns noch mit dem Tod der Konversation in unserer Kultur beschäftigen sowie mit der Frage, wie wir auf diese Weise die Verbindung zueinander verloren haben. Der Niedergang der Gesprächskultur ist auf einen Mangel an Fragen zurückzuführen.

Einander Fragen zu stellen ist aus vielerlei Gründen eine gesunde und hilfreiche Disziplin. Fragen regen nämlich unsere Neugier an. Wer neugierig ist, steigt tief in eine besondere Art der Fragestellung ein: in *offene* Fragen nämlich.

In unserer Kultur wollen wir mit unseren Fragen viel zu oft nur an einen vorher festgelegten Punkt gelangen. Als Rechtsanwalt war ich auf das Fragenstellen und auf Kreuzverhöre getrimmt. Zu viele Gespräche heutzutage dienen eigentlich nur dem Gewinnen von Informationen. Wenn wir diese erhalten haben, fahren wir fort, so wie ein Rechtsanwalt es tun würde. Eine enge Fragestellung ist ein Zeichen dafür, dass wir uns nicht wirklich für die Antwort oder für unser Gegenüber interessieren.

Wenn ich aber kein echtes Interesse habe, dann formuliere ich innerlich schon meine nächste Frage oder meinen Kommentar, während die andere Person noch spricht. Sobald ich den Eindruck habe, dass der andere mit seiner Antwort fast fertig ist, spüre ich den Drang, gleich selber wieder loszulegen. Ist Ihnen das auch schon passiert?

Neugierige Menschen aber stellen breit angelegte, forschende Fragen – und dann lehnen sie sich zurück und hören zu. Wenn Sie das nächste Mal also den Eindruck haben, dass Ihr Gegenüber gleich mit seiner Antwort fertig ist, dann sollten Sie abwarten. Sie werden überrascht sein, was dann kommt. Viele Menschen haben nämlich noch mehr zu sagen. Ich selbst bin auf diese Weise schon unzählige Male mit wertvollen Einsichten und Gesprächen beschenkt wurde. Wenn Sie länger zuhören als die meisten Leute, werden Sie Dinge erfahren, die andere nie zu hören bekommen.

3. Geben Sie weniger Antworten

Neugierige Menschen sind nicht nur gut darin, offene Fragen zu stellen, sie vermeiden es auch, ständig Antworten zu liefern. Wenn wir bei jedem Thema die Experten sein wollen, machen wir damit jedem Gespräch den Garaus. Selbst wenn neugierige Menschen die Antwort auf eine Frage haben, geben sie den Ball oft wieder an ihre Gesprächspartner zurück: »Das ist meine Meinung. Wie denkst *du* darüber?« Und so geht es weiter hin und her wie bei einem guten Tennisspiel.

Weniger Antworten zu liefern wirkt sich jedoch nicht nur auf die Person aus, mit der wir reden, sondern auch auf uns selbst. Wenn wir das lange genug machen, merken wir, dass wir damit auch unser eigenes Denken hinterfragen, uns selbst mehr Fragen stellen und tiefer nach Antworten suchen.

Wenn Sie sich Sorgen machen, dass die anderen Sie dann nicht mehr so überzeugend finden, kann ich Sie beruhigen. Die meisten Menschen werden Sie nicht nur überzeugender, sondern auch faszinierender finden. Offenheit zieht andere Menschen an und bezieht sie ein. Allzu große Selbstsicherheit wirkt in unserer Kultur zunehmend abstoßend.

Wenn wir bei jedem Thema die Experten sein wollen, machen wir damit jedem Gepräch den Garaus.

4. Träumen Sie mehr

Wissen Sie noch, wie es war, als Sie noch Träume hatten? Was ist daraus geworden? Die meisten Erwachsenen wollen ihr Leben mehr unter Kontrolle haben. Kontrolle bedeutet Sicherheit; es geht um das Bekannte. Wenn Sie Ihr Leben auf das ausrichten, was Sie wissen und unter Kontrolle haben, dann sterben Ihre Träume.

Sie geben sich mit dem Wahrscheinlichen zufrieden, nicht mit dem Möglichen. Neugierige Menschen träumen. Sie staunen. Sie lassen ihrer Fantasie freien Lauf. Wenn Sie mehr Zeit mit Träumen verbringen, wird Ihr Pessimismus verblassen.

5. Stellen Sie sich zwei zentrale Fragen

Neugierige Menschen kommen immer wieder auf zwei Fragen zurück: »Warum?« und: »Warum nicht?«.

Die Frage nach dem Warum ist der innere Kern der Neugier. Darum haben Sie Ihre Mutter auch ständig genervt, als Sie noch ein Kind waren – dauernd wiederholten Sie dieselbe Frage, bis Sie aufgefordert wurden, endlich still zu sein. Sie wollten die

Welt ganz unvoreingenommen verstehen. Was für eine wunderbare Zeit war das doch!

Vielleicht ist es jetzt an der Zeit, das Warum wiederzubeleben. Warum ist der Himmel blau? Warum sorgt die Schwerkraft dafür, dass wir auf diesem Planeten bleiben? Warum können Vögel fliegen? Warum ist Ihr bester Freund so niedergeschlagen? Warum verhalten sich Politiker so und nicht anders? Warum haben Menschen solche Gefühle?

Um die Neugier noch weiter anzuregen, könnten Sie auch fragen: »Warum nicht?« Warum es nicht anders machen? Warum nicht Ja sagen? Warum nicht ausprobieren? Warum es nicht wenigstens einmal versuchen? Erweitern Sie Ihren Horizont, während andere den ihren scheinbar einengen.

Neugierige Menschen fragen »Warum?« und »Warum nicht?«. Probieren Sie es doch einmal aus.

Der Pessimismus hat keine Chance

Diese Liste ist nicht vollständig. Sie können sie erweitern, sehen aber durchaus ihr Potenzial, oder?

Die Neugier ist eine Disziplin und sie ist eine innere Einstellung. Wenn Sie sich Tag für Tag eine neugierige Perspektive zulegen, werden Sie entdecken, dass der Pessimismus keinen Raum mehr gewinnt.

Sie werden außerdem entdecken, dass sich die Kraft des Evangeliums im Leben eines neugierigen Menschen voll entfalten kann. Sie werden die Verheißungen der Bibel nicht mehr automatisch verwerfen. Sie werden die kritische Anmerkung, dass nichts von alledem für Sie persönlich gilt, nirgends mehr finden. Sie werden beten und tatsächlich zu glauben beginnen, dass es einen Gott im Himmel gibt, der Sie hört. Sie werden erkennen, dass es morgen ganz anders sein kann als heute, und Sie werden der Aussage zustimmen, dass wer in Christus ist, eine neue Schöpfung ist.

Stellen Sie sich vor, wie Sie mit achtzig Jahren sind. Was

wird in den Jahrzehnten bis dahin passieren? Wird Ihr Herz größer sein? Oder hat es sich verhärtet? Wird Ihr Verstand blühen oder haben Sie ihn verschlossen? Werden Sie lebendig und voller Staunen sein? Oder wird Ihre Leidenschaft schon Jahrzehnte vorher versiegt sein? Das ist genau das, was hier auf dem Spiel steht.

Wenn Sie sich Tag für Tag eine neugierige Perspektive zulegen, werden Sie entdecken, dass der Pessimismus keinen Raum mehr gewinnt.

Also hoffen Sie doch wieder. Glauben Sie wieder. Vertrauen Sie wieder. Und seien Sie neugierig. Wenn Sie Ihre Neugier nur lange genug fördern, wird die Hoffnung wieder aufblühen. Und wenn die Hoffnung erst blüht, hat der Pessimismus keine Chance mehr.

Teil II

FAULE KOMPROMISSE

3

Erfolgreich (nach außen)

Warum der Charakter unsere wahre Kapazität bestimmt

Ich kann nicht behaupten, dass ich oft übernatürliche Erfahrungen mache, obwohl ich Pastor bin. Die Male, an denen ich mir *ziemlich sicher* war, dass ich direkt etwas von Gott gehört habe, kann ich an wenigen Fingern abzählen. Meine Zehen brauche ich dafür schon nicht mehr. Meistens habe ich den Eindruck, Gottes Stimme dann zu hören, wenn ich in der Bibel lese und mir in besonderen Situationen bei anderen Menschen, die Christen sind, Rat hole.

Ein paar wenige Male habe ich jedoch die Erfahrung gemacht, dass Gott direkt in mein Leben eingegriffen hat. Ich weiß, manche Menschen glauben nicht, dass Gott überhaupt zu uns spricht. Das respektiere ich. Und ich weiß auch, dass andere Menschen wiederum ein göttliches Eingreifen als Zeichen besonderer geistlicher Reife ansehen (»Wow, *Gott* hat mit dir gesprochen? Du musst ja geistlich unheimlich gut drauf sein«). Ich persönlich denke aber, dass eine direkte Ansprache durch Gott eher ein Zeichen für geistliche *Unreife* ist. Das bedeutet nämlich, dass Gott auf übernatürliche Weise in mein Leben eingreifen musste, weil ich zu schwerhörig und unsensibel war, um seine Botschaft auf andere Weise zu begreifen.

Ganz gleich, was Sie von übernatürlichen Ereignissen halten, so ist es jedenfalls die einzige Erklärung, die ich für das habe, was ich in meinem ersten Sommer als Praktikant in einer Anwaltskanzlei erlebte. Es war einer von diesen surrealen Momenten in dem Sommer, der auf mein erstes Studienjahr folgte. Ich arbeitete in meinem ersten Job in einer Kanzlei meiner Heimatstadt. Den Chef kannte ich schon von Kind auf. Ich wollte gern in seiner Firma arbeiten, weil ich wusste, dass er meinen Glauben teilte, und weil ich sichergehen wollte, dass ich auf einer gewissen ethischen Grundlage Jura praktizieren konnte. Gewisse ethische Grundlagen waren sowohl mir als auch ihm sehr wichtig.

Aus meiner Sicht bestand die Kanzlei den Test. Im August, nachdem ich drei Monate dort gearbeitet hatte, bekam ich das Angebot, nach meinem Examen fest angestellt zu werden. Es lief alles bestens.

Doch eines Nachmittags im Spätsommer hatte ich ein nie da gewesenes Erlebnis, das mein ganzes Leben veränderte. Ich war im Büro eines der Anwälte, stand hinter seinem Schreibtisch und bearbeitete einen Fall. Der Anwalt, ein Partner der Kanzlei, war den Tag über abwesend und hatte mir erlaubt, sein Büro zu benutzen, wodurch ich viel mehr Platz zur Verfügung hatte als sonst. Als ich gerade vom Schreibtisch aufsah, um über meine Strategie in einem bestimmten juristischen Fall nachzudenken, hatte ich eine Vision. Ich nenne es so, weil ich nicht weiß, wie ich es sonst bezeichnen soll. Ich war hellwach, sah aber vor mir ein Bild davon, wie ich in zwanzig Jahren sein würde. In dieser Vision war ich vierundvierzig Jahre alt und führte eine blühende Anwaltskanzlei. Ich war äußerst erfolgreich ... aber moralisch bankrott. Meine Ehe und meine Familie waren auseinandergebrochen. Meine Werte waren faulen Kompromissen gewichen. Und ich war überhaupt nicht der Mensch, der ich einmal sein wollte, trotz meines äußeren Erfolgs.

Sofort wurde mir klar, was diese Vision bedeutete: Ich würde nicht Anwalt werden. Warum mir das bewusst wurde, weiß ich nicht, aber manchmal haben wir über bestimmte Dinge einfach Gewissheit. Und das war in diesem Moment so.

Die Vision war gelinde gesagt entwaffnend für mich. Abgesehen von der Erkenntnis, dass der juristische Beruf nichts für mich war, hinterließ sie zunächst nur Fragen. Immerhin hatte ich schon mit acht Jahren davon geträumt, Anwalt zu werden, und wie es schien, war ich auch gut in dem Beruf. Nun waren meine ganzen Lebenspläne innerhalb einer Sekunde in sich zusammengestürzt.

Nun waren meine ganzen Lebenspläne innerhalb einer Sekunde in sich zusammengestürzt.

Ich verließ das Büro und eilte den Flur entlang zum Sitzungsraum, um ein paar Bücher wegzustellen. Der Raum hatte eine große Fensterfront. Ich starrte hinaus und fragte mich, was all das zu bedeuten hatte. Ich fing an zu beten, denn ich wollte gern Gottes Plan für mein Leben herausfinden und ihm folgen. Dann hatte ich plötzlich das Gefühl, ich sollte auf die Straße hinunterschauen.

Soll das ein Witz sein?

Als ich hinunterschaute, sah ich die Kirche, die ich während meiner Jugendzeit besucht hatte. Aus dem Fenster der Kanzlei heraus war von dem Gebäude jedoch nur das Fenster zu sehen, das zum Büro des Pastors gehörte. Dann hörte ich eine innere Stimme zu mir sagen: *Dort drinnen solltest du sein.*

Das war der Anfang von zwei Entwicklungen. Es war das erste Mal, dass ich eine Berufung zum Dienst als Pastor erhalten hatte. Zu sagen, dass mich das ziemlich überraschte, wäre maßlos untertrieben. Ich selbst wäre *niemals* auf die Idee gekommen, einen geistlichen Beruf anzustreben. Es gab tausend Gründe, warum das überhaupt keinen Sinn ergab. Ich habe nämlich eigentlich keine der Begabungen, die Pastoren normalerweise haben, und außerdem hatte ich Pastoren immer bemitleidet: Konnten sie denn nirgendwo einen richtigen Job finden? Aber was ich an jenem Tag erlebte, setzte sich unmissverständlich in meinen Gedanken fest.

Noch klarer wurde das Ganze, als ich nach der Arbeit meine zukünftige Verlobte abholte. Immer noch wirbelten die Gedanken in meinem Kopf herum, während ich mit ihr zum Haus meiner Eltern fuhr, wo wir zu Abend essen wollten. Plötzlich fragte mich Toni: »Hast du eigentlich schon mal drüber nachgedacht, Pastor zu werden?« Wir hatten noch nie über dieses Thema gesprochen. Meine Antwort? »Du glaubst nicht, was mir heute im Büro passiert ist.« Damit begann ein Gespräch, das unser Leben für immer verändern sollte.

Eigentlich wären das schon genug Schlussfolgerungen aus einem einzigen Erlebnis. Aber es gab noch mehr. Viel mehr. Das Zweite, was die Vision bewirkte, war das Bewusstwerden einer Spannung, die fast jeder Mensch irgendwann einmal erlebt: die mögliche Diskrepanz zwischen dem, wie wir sind, und dem, wie wir eigentlich sein sollten. Diesen Sog spüre ich immer wieder in meinem Leben, sogar im geistlichen Dienst. Man sollte meinen, dass eine geistliche Aufgabe uns vor faulen Kompromissen bewahrt. Aber das ist nicht so. Wir alle können überall unsere Werte verraten.

Heute glaube ich, dass es in dieser Vision mehr um das Leben selbst ging als um den juristischen Beruf, denn sie schenkte mir einen tiefen Einblick in den Kampf, der um unseren Charakter tobt und in den wir alle verwickelt sind. Viel zu viele von uns gehen faule Kompromisse ein: Wer wir sind, stimmt nicht mehr mit dem überein, wer wir zu sein gehofft haben. Und das geschieht auf so subtile Weise, dass wir diesen Vorgang oftmals gar nicht bemerken.

Die subtile Art, wie wir unsere Seele verkaufen

Die meisten von uns kennen Menschen, die ihre Seele verkauft haben. Sie haben den dunklen Kräften der Habgier, der Ichbezogenheit, der blinden Ambitionen, des moralischen Ausverkaufs oder der Skrupellosigkeit nachgegeben. Dabei haben sie ihre Integrität weggeworfen. Und selbst wenn wir persönlich niemanden kennen, auf den das zutrifft, dann brauchen wir nur die Schlagzeilen einer beliebigen Tageszeitung zu überfliegen. Dabei stoßen wir auf Sportler, Politiker oder Führungskräfte aus der Wirtschaft, die genau das getan haben.

Wie aber gelangt jemand dorthin? Wie wird man zu einem Menschen, der nach außen erfolgreich, aber innerlich korrumpiert ist? Schauen Sie nicht auch manchmal in den Spiegel und haben dabei das erdrückende Gefühl, dass Sie nicht das getan haben, was Sie tun sollten, und dass Sie nicht die Person sind, die Sie sein wollten?

Da war das eine Mal, als Sie zu einem Kunden nicht hundertprozentig ehrlich waren oder vielleicht zu vielen Kunden. Sie hätten Ihr Versprechen halten müssen, haben es aber nicht getan. Sie haben Ihrer Frau nicht erzählt, dass Sie ein Problem mit Pornografie haben, und reden sich selber ein, dass es ja gar nicht so schlimm sei, obwohl es das intime Zusammensein mit Ihrer Frau ruiniert. Sie wissen, dass Sie sich eigentlich mehr Zeit für Ihre Kinder nehmen sollten, aber Sie verstecken sich hinter Ihrem Laptop, weil Sie mit dem Chaos beim Zubettbringen einfach nicht klarkommen und nicht schon wieder Streit mit Ihrer Frau haben wollen. Arbeiten ist einfacher. Hier werden Sie zumindest von den Leuten respektiert.

Sie haben mit jemandem geflirtet, als Ihr Mann nicht hinsah – nicht viel, aber lange genug, um einen Blick einzufangen, der Ihnen zeigte, dass der andere Sie attraktiv und begehrenswert fand. Und Sie haben sich dadurch besser gefühlt, als Ihnen lieb war. Sie haben die anderen Frauen immer verachtet, die sich noch ein drittes Glas Wein einschenkten, aber jetzt fühlen Sie sich so unter Druck durch all die Anforderungen, dass Ihnen drei Drinks nicht so viel vorkommen. Und klar, Sie haben über Ihre Freundin hinter deren Rücken Dinge geäußert, die Sie ihr nie ins Gesicht sagen würden, aber machen das nicht alle?

Die subtilen Kompromisse, die wir jeden Tag eingehen, schaffen eine Kluft zwischen dem, wie wir sind, und dem, wie wir sein wollen.

Die subtilen Kompromisse, die wir jeden Tag eingehen – die

Halbwahrheiten, die Rechtfertigungen, die Ausreden –, schaffen eine Kluft zwischen dem, wie wir sind, und dem, wie wir sein wollen. Wir sind keine schrecklichen Menschen, aber wir zeigen uns auch nicht gerade von unserer besten Seite. Und wenn wir einmal wirklich ehrlich zu uns selbst sind, dann müssten wir vielleicht zugeben, dass wir unsere Seele zwar nicht an den Teufel verkauft, sie ihm aber zumindest vermietet haben.

Tausend kleine Kompromisse haben in unserem Leben ihre Spuren hinterlassen …

Kompetenz ist nicht alles

Als junge Führungskraft war ich der Überzeugung, dass Kompetenz der Schlüssel zu einem erfolgreichen Leben sei. Meine Formel lautete ungefähr so: Kompetenz bestimmt die Kapazität. Je kompetenter ich bin, desto mehr Potenzial habe ich. Und je größer mein Potenzial ist, desto größer meine Kapazität. Getrieben, wie ich war, ließ ich mich dadurch motivieren. Hör nie auf zu lernen, verfeinere deine Fähigkeiten, schärfe deinen Verstand, finde einen guten Mentor und verbringe Hunderte – vielleicht Tausende – von Stunden damit, dich selbst weiterzuentwickeln, und du wirst dein wahres Potenzial erkennen. Die einzige echte Grenze deiner Kapazität ist deine Kompetenz.

Also las ich Bücher. Machte Fortbildungen. Fuhr zu Konferenzen. Bildete Netzwerke. Heuerte Mentoren und Coaches an. Ich wollte einfach der Beste sein. Tief tauchte ich in den Glauben ein, Kompetenz sei der Schlüssel zum beruflichen Fortkommen. Sei der Klügste im Raum, baue deine Fähigkeiten immer weiter aus und alles wird gut.

Doch bereits als junger Erwachsener bemerkte ich, dass es äußerst kompetente Menschen gab, die ihre Führungsposition aufgeben mussten. Sie waren kluge, fähige Menschen mit einer hervorragenden Bildung, einem unglaublich scharfen Verstand und sorgfältig entwickelten Fähigkeiten. Sie hatten ganz oben an der Spitze gestanden, doch nun waren sie einer nach dem anderen entweder freiwillig oder gezwungenermaßen zurückgetreten.

Sie mussten ihren angesehenen Posten in der Regel aufgrund einer Abhängigkeit, einer Affäre, wegen Veruntreuung oder des Vorwurfs von Missbrauch aufgeben, vielleicht auch wegen Habgier, innerer Streitigkeiten, ihrem Ego oder weil sie sich einfach wie ein Trottel benommen hatten. Sportler, Politiker, Führungskräfte aus der Wirtschaft, Schauspieler, Industriemogule und Pastoren – sie alle kommen durch solche Probleme zu Fall, Monat für Monat, Jahr für Jahr, Jahrzehnt für Jahrzehnt. Und das sind nur diejenigen, von denen wir erfahren. Wenn wir erst einmal nach den Storys suchen, die es nie in die Zeitung geschafft haben, dann scheint es wie ein endloses Massaker.

Als ich all dies um mich herum beobachtete, begann ich meine Theorie zu überdenken. Was, wenn Kompetenz *nicht* die Kapazität bestimmt? Wenn unsere Kapazität vielmehr gleichzusetzen ist mit unserer Fähigkeit, unseren Beitrag zum Leben zu leisten – nämlich eine deutliche Veränderung zum Guten zu bewirken? Dann ist Kompetenz eben nicht alles und genau das können wir ja an jedem der oben genannten Fälle und an all diesen Lebensgeschichten beobachten. Höchst kompetente Persönlichkeiten werden Tag für Tag aus dem Rennen genommen. Und selbst wenn nicht, dann ist ihr Potenzial zumindest beeinträchtigt.

Letztendlich ist unser Charakter also das Entscheidene.

Wenn aber die Kompetenz nicht unsere Kapazität bestimmt, was dann?

Unser Charakter. Alle Kompetenz der Welt kann einen Mangel an Charakter nicht ausgleichen. Letztendlich ist unser Charakter also das Entscheidende. Selbst an einem Arbeitsplatz, wo religiöse Überzeugungen überhaupt keine Rolle spielen, sorgt ein guter Charakter für Ausgleich. Wir können noch so klug sein – wenn die anderen uns nicht mögen, wollen sie nicht mit uns zusammenarbeiten. Wir mögen der beste Softwareentwickler auf unserem Gebiet sein – aber wenn wir lügen, vertraut uns keiner. Und wenn wir unserem Unternehmen Berge von Geld einbringen, aber unsere Kollegen schlecht behandeln, dann werden sie entweder gehen oder dafür sorgen, dass wir gehen müssen.

Ein Mangel an Charakter zerstört die Karriere, beschädigt die Familie, ruiniert Freundschaften und verhindert, dass wir Einfluss nehmen können. Und selbst wenn wir aufgrund der faulen Kompromisse, die wir eingegangen sind, nicht entlassen werden und unsere Ehe nicht in die Brüche geht, so wird unsere Charakterschwäche die Vertrautheit, die Freude und die tiefe Verbindung, die wir zu Gott und den Menschen haben, stark einschränken.

Ob es uns gefällt oder nicht – es ist nicht unsere Kompetenz, die unsere Kapazität bestimmt, sondern unser *Charakter*.

Charakter ist alles … wirklich?

Der Charakter wirkt sich noch auf so viel mehr aus, als wir denken. Letztendlich bestimmt er nicht nur unsere Kapazität in Beruf und Privatleben, er ist auch unser Erbe, das wir weitergeben. Unsere Kompetenz hinterlässt nur einen oberflächlichen Eindruck, unser Charakter aber wird nicht so leicht vergessen. Natürlich sind viele von unserer Kompetenz beeindruckt, aber unsere Familie und engen Freunde werden viel mehr von unserem Charakter beeinflusst.

Immer noch nicht überzeugt? Vor Jahren schrieb der Wirtschaftswissenschaftler und -berater Stephen Covey, wir sollten uns alle einmal Gedanken über unsere Beerdigung machen. Dazu möchte ich Sie auch auffordern. Denken Sie einmal darüber nach, wer zu Ihrer Beerdigung kommen wird. Im Mittelpunkt werden sicherlich Ihr Ehepartner, Ihre Kinder, Ihre noch lebenden Geschwister und andere Familienmitglieder stehen; dazu kommen noch ein paar gute Freunde.

Als Pastor habe ich im Lauf der Jahre schon viele Trauerfeiern gehalten. In mehr als zwei Jahrzehnten habe ich es jedoch noch nie erlebt, dass ein Sohn bei der Beerdigung den Lebenslauf seines Vaters aus der Tasche gezogen hat. Ich habe auch nie gehört, dass die Kinder sich an Sarg oder Urne über das Nettoeinkommen ihres verblichenen Elternteils unterhalten hätten. Und ich kann Ihnen versprechen: Niemand, der Ihnen nahesteht, wird bei Ihrer Trauerfeier den letzten Quartalsbericht Ihres Unternehmens vortragen.

Wenn ich nach einem Todesfall mit den Angehörigen spreche, dann wird innerhalb weniger Minuten deutlich, welches innere Erbe der oder die Verstorbene ihnen hinterlassen hat. Leider ist das nicht immer so großartig. Ich habe schon tief verletzte Ehepartner und Kinder erlebt, die versuchten, etwas Nettes über diesen Menschen zu sagen, dann aber nur ein paar seltsame Phrasen hervorbrachten, hinter denen sie ihren jahrelang ertragenen Schmerz verbargen. Ich habe auch schon erlebt, wie Angehörige mit der Zeit abgestumpft, ja sogar gleichgültig gegenüber ihrem verstorbenen Familienmitglied geworden sind. Natürlich sind sie nicht *froh*, dass die alte Dame tot ist, aber so richtig traurig sind sie auch nicht.

Es mag ernüchternd sein zu erfahren, dass so etwas wirklich geschieht, aber so ist es. Bei jeder Traueransprache, die wir hören, wird ein »Best of« vorgetragen oder es werden die Highlights einer Lebensgeschichte abgespult, aber manchmal ist die Rede aus bestimmten Gründen auch sehr kurz. Wenn Sie Ihren letzten Atemzug getan haben, dann konzentriert sich das Erbe, das Sie hinterlassen, auf Ihren Charakter. Die anderen werden sich daran erinnern, ob Sie sie geliebt und ihnen bereitwillig vergeben haben und ob sie Ihnen so wichtig waren, dass Sie immer ein offenes Ohr für sie hatten. Ihre Angehörigen werden daran denken, ob Sie gedient haben oder sich lieber bedienen ließen, ob Sie dachten, das Leben drehe sich allein um Sie, oder ob Sie Gott und anderen Menschen mit Respekt begegneten. Sie wissen noch genau, ob Sie großzügig oder geizig waren, arrogant oder bescheiden, leidenschaftlich oder gleichgültig. Sie

Wenn Sie Ihren letzten Atemzug getan haben, dann konzentriert sich das Erbe, das Sie hinterlassen, auf Ihren Charakter.

erinnern sich an Ihr aufbrausendes Temperament oder an Ihre Bereitschaft, barmherzig mit sich und anderen zu sein.

Ehrlich gesagt werde ich selbst ein bisschen nervös bei dem Gedanken, was die anderen wohl über mich sagen würden, wenn ich jetzt das Zeitliche segnen würde. Ich glaube, bei mir wäre das auch eine eher gemischte Sache. Doch glücklicherweise ist das noch nicht das Ende meiner oder Ihrer Geschichte. Wenn Sie denken, es sei schon zu spät, dann irren Sie sich. Das letzte Kapitel Ihres Lebens ist noch nicht geschrieben. Bevor Sie sich zu viele Vorwürfe über Ihre Vergangenheit machen, sollten Sie bedenken, dass Ihre Familie sich auch an Ihre *Fortschritte* erinnern wird. Was bedeutet, dass Sie nie aufgeben sollten.

Sie glauben nicht, wie oft ich erwachsene Kinder Sätze wie diese habe sagen hören: »Als ich noch klein war, hatte mein Vater ein schrecklich aufbrausendes Temperament. Aber er hat sich sehr verändert. In den letzten Jahren ist er viel freundlicher geworden« oder: »Mama und Papa haben sich früher jeden Tag gestritten. Aber es ist sehr schön zu sehen, wie sie über die Jahre gelernt haben, respektvoller miteinander umzugehen.« Ich habe auch Folgendes schon in verschiedenen Varianten gehört: »Papa hat immer nur gearbeitet (oder immer nur getrunken oder uns nie beachtet), aber als wir älter wurden, hat er sich verändert. Sie hätten ihn mal mit den Enkelkindern sehen sollen. Die haben ihn heiß und innig geliebt.«

Das Härteste an dem Ganzen ist wahrscheinlich, dass Ihr und mein Leben irgendwann auf einen einzigen Satz reduziert werden wird. Nicht in den ersten Wochen und Monaten nach unserem Ableben, aber so ungefähr nach einem Jahr. Dann wird es nur noch mit ein paar wenigen Worten beschrieben: »Meine Mutter? Sie war so ein lieber Mensch. Wir vermissen sie sehr. Ach ja, was gibt's heute zu Mittag?« oder: »Mein Vater hat viel gearbeitet und am meisten liebte er seinen Porsche. Wann fängt denn das Fußballspiel an?«

Ernüchternd, nicht wahr?

Dieses Buch enthält über sechzigtausend Wörter und es ist nicht mein einziges. Ich werde mindestens fünf Jahrzehnte gelebt haben, bis ich sterbe (hoffentlich noch ein paar mehr), ich werde Tausende von Gesprächen geführt, Tausende Menschen kennengelernt und zu Tausenden von Führungskräften gesprochen haben. Aber am Ende werden alle, die mich gut gekannt haben, einschließlich meiner eigenen Familie, meinen Beitrag in diesem Leben auf einen einzigen Satz reduzieren: »Oh, Carey, ja, der war ____________. Reichst du mir mal die Soße?«

Ich mache mir Gedanken darüber, was wohl in dem Lückentext stehen wird. Nicht weil ich auf meinen guten Ruf bedacht bin, sondern weil es mir wichtig ist zu wissen, welchen Eindruck ich bei den Menschen, die mir am nächsten standen, hinterlassen habe. Manche führende Persönlichkeiten sagen: »Ich möchte, dass die Menschen, die mich am besten kennen, mich am meisten lieben.« Leider ist oft das Gegenteil der Fall. Wenn wir nicht täglich an unserem Charakter arbeiten, dann werden uns die Menschen, die uns am wenigsten kennen, am meisten bewundern, während diejenigen, die uns am besten kennen, die meisten Probleme mit uns haben.

Sie mögen vielleicht nicht so sein, wie Sie gerne wären, aber Sie sind ja auch noch nicht fertig.

Glücklicherweise ist es jedoch noch nicht vorbei. Darum prüfen Sie Ihr Herz. Geben Sie Ihrer Seele Nahrung. Sie mögen vielleicht nicht so sein, wie Sie gerne wären, aber Sie sind ja auch noch nicht fertig.

Der Kampf ist real

Es ist gar nicht so einfach, den eigenen Charakter weiterzuentwickeln. Deswegen geben es manche Menschen auch gleich ganz auf. Dabei wäre es die Mühe doch wert. Unser Charakter ist wichtiger als alles andere, weil wir ihn bei allem, was wir tun, einbringen. Unser Charakter bestimmt, was für Ehepartner, Eltern, Freunde, Angestellte und Chefs wir sind. Egal wie sehr wir uns anstrengen, uns selbst können wir nicht entgehen.

Warum aber haben wir dann nicht alle einen makellosen Charakter? Warum ist es so schwer, so zu sein, wie wir eigentlich sein wollen? Nur wenige Menschen beschreiben dieses menschliche Dilemma so ehrlich und so treffend, wie ein Autor es vor fast zweitausend Jahren tat. Er selbst war maßgeblich daran beteiligt, dass sich die frühe Christenheit von einer lokalen Versammlung derer, die an die Auferstehung Jesu glaubten, zu einer weltweiten Bewegung entwickelte, und das innerhalb weniger Jahrzehnte. Zu sagen, dass Gott den Apostel Paulus gebrauchte, wäre noch untertrieben. Kaum jemand außer Jesus selbst prägte und beeinflusste die Christenheit im ersten Jahrhundert so stark wie Paulus.

Man sollte meinen, dass Paulus ein fantastisches geistliches Leben führte, dass seine Gebete beeindruckend waren und er nur selten in Versuchung geriet, etwas Schlechtes zu tun. Da Gott ihn so machtvoll gebrauchte, würde man erwarten, dass Paulus nie Probleme hatte, der zu sein, zu dem Gott ihn berufen hatte, oder die Gnade und das Wesen seines Retters, den er anbetete, widerzuspiegeln.

Doch anscheinend war das nicht der Fall, denn erstaunlicherweise haben wir einen Bericht, der uns seine inneren Kämpfe offenbart:

> Ich verstehe ja selbst nicht, was ich tue. Das Gute, das ich mir vornehme, tue ich nicht; aber was ich verabscheue, das tue ich. …
>
> Zwar habe ich durchaus den Wunsch, das Gute zu tun, aber es fehlt mir die Kraft dazu. Ich will eigentlich Gutes tun und tue doch das Schlechte; ich verabscheue das Böse, aber ich tue es dennoch. …
>
> Ich mache also ständig dieselbe Erfahrung: Das Gute will ich tun, aber ich tue unausweichlich das Böse. Ich stimme Gottes Gesetz aus tiefster Überzeugung und mit Freude zu. Dennoch handle ich nach einem anderen Gesetz, das in mir wohnt. Dieses Gesetz kämpft gegen das, was ich innerlich als richtig erkannt habe, und macht mich zu seinem Gefan-

genen. Es ist das Gesetz der Sünde, das mein Handeln bestimmt. Ich unglückseliger Mensch!

Ist es Ihnen auch schon einmal so gegangen? Das ist der Grund, warum unser Familienleben nicht so ist, wie wir es uns zu Beginn unserer Ehe vorgestellt haben. Und wir wissen, dass wir selbst ein großer Teil dieses Problems sind. Ebenso ist es mit unseren Freundschaften, die manchmal so kompliziert sind – und wir wissen genau, dass wir unseren Teil dazu beitragen. Darum haben wir Probleme im Beruf und müssen so viele innere Kämpfe und Beziehungsschwierigkeiten durchfechten.

Sie haben Ideale, aber Sie leben in der realen Welt mit echten Herausforderungen.

Paulus hat hier wahrscheinlich so ziemlich genau die Probleme beschrieben, in denen Sie auch stecken, oder? Sie haben Ideale, aber Sie leben in der realen Welt mit echten Herausforderungen. Trotz bester Absichten sind Sie so viele ungute Kompromisse eingegangen, dass diese Sie innerlich verdorben haben.

Anzeichen, dass Sie den Kampf verlieren könnten

Wie fangen faule Kompromisse an? Manchmal ganz bewusst. Wir wissen, dass wir betrügen. Wir wissen, dass wir lügen. Wir haben den Köder geschluckt. Oft beginnt es jedoch ganz anders, nämlich viel subtiler.

Wie Paulus es beschrieben hat, geht es hier um eine innere Veranlagung. Die Neigung zu faulen Kompromissen steckt bereits in uns und das Leben sorgt dafür, dass sie nach außen dringt. Wir sind von Menschen umgeben, die faule Kompromisse eingegangen sind und hundert kleine Zugeständnisse gemacht haben. Es ist nicht schwer abzudriften und nachzugeben. Wenn wir mit dem Strom schwimmen, überqueren wir, ohne es zu merken, über kurz oder lang eine rote Linie.

Was aber sind die Warnsignale, die uns zeigen, dass wir ins Trudeln geraten sind, dass wir nicht mehr die Person sind, die wir gerne sein wollen? Hier fünf Hinweise.

1. Eine wachsende Kluft zwischen öffentlichem Leben und Privatleben

Unser Charakter ist durch faule Kompromisse beeinträchtigt, wenn wir der Welt nicht mehr die Wahrheit sagen können. Wir vermitteln ein Bild von uns selbst, das nicht zutreffend ist. Die einfache und unschuldige Version davon wäre unser Verhalten, wenn wir Gäste zum Essen eingeladen haben. Wir mähen den Rasen, wischen die Krümel von der Küchenarbeitsfläche, sagen den Kindern, dass sie ihre Zimmer aufräumen sollen, sammeln im Bad die Handtücher vom Fußboden auf und stellen frische Blumen in die Vase. Und dann tun wir so, als würden wir immer so leben.

Unser Haus für Gäste herauszuputzen ist eine ziemlich harmlose Angelegenheit. Ernster wird es, wenn wir der Außenwelt ein Bild von uns vermitteln, das unser Innenleben nicht wirklich widerspiegelt. Achten Sie darauf, ob Sie eine Kluft zwischen Ihren Worten und Ihren Taten entdecken. Wenn Sie zum Beispiel von Barmherzigkeit reden, aber Ihren Ehepartner, die Kinder und die Mitarbeiter anschnauzen, dann besteht eine solche Kluft. Wenn Sie Ihre Kollegen zum verantwortlichen Umgang mit Geld belehren, Ihre eigenen Finanzen jedoch ein Chaos sind, dann besteht eine Kluft. Wenn Sie sagen, dass andere Menschen Ihnen wichtig sind, Sie aber nie Zeit für jemanden in Not haben, dann besteht eine Kluft.

Wir mögen eine solche Doppelbödigkeit nicht, wenn wir sie bei anderen entdecken. Das nennen wir Heuchelei, und genau das ist es auch. Das Fremdwort für Heuchler, *Hypokrit,* stammt aus dem Griechischen und bedeutet »Schauspieler«. Ein Hypokrit war ein Schauspieler, der sich eine Maske vors Gesicht hielt, um eine bestimmte Person darzustellen. Und genau das tun Heuchler auch: Sie geben sich als jemand aus, der sie nicht sind.

Heuchelei bei anderen festzustellen, ist leicht. Viel schwerer dagegen ist es, sie bei uns selbst zu entdecken. Das liegt daran, dass wir uns selbst nach unseren *Absichten* beurteilen, andere aber nach ihren *Taten*. Das ist zwar total unfair, aber äußerst weitverbreitet. Wir wissen, was wir *beabsichtigt* haben oder welche Antwort wir gerne gegeben hätten. Also haben wir Nachsicht mit uns selbst. Dann kaschieren wir unsere Taten mit einer hübschen Folie, damit sie unseren Absichten ein bisschen ähnlicher erscheinen. Und das ist dann der Anfang der Diskrepanz zwischen dem, wie wir sind, und dem, wie wir sein wollen.

Achten Sie darauf, ob Sie eine Kluft zwischen Ihren Worten und Ihren Taten entdecken.

2. Die Wahrheit wird verborgen

Während die Kluft zwischen unserem wahren und dem falschen Ich immer größer wird, wünschen wir uns, dass niemand die Wahrheit über uns erfährt. Die faulen Kompromisse, die wir eingegangen sind, führen dazu, dass wir diese Vorgänge verbergen wollen.

Da wir erkennen (und sei es nur unbewusst), dass wir nicht so sind, wie wir sein sollten, schämen wir uns, unsere Taten zuzugeben. Wir weisen den Buchhalter an, ein paar Änderungen vorzunehmen, falls es zu einer Rechnungsprüfung kommen sollte. Wir löschen unseren Browserverlauf. Wir ändern das Passwort auf unserem Smartphone und sagen unserem Mann oder unserer Frau, dass dies aus beruflichen Gründen geschieht. Wir erfinden Geschichten, um die Fakten zu verheimlichen.

Über Vertuschung kann man fast täglich in der Zeitung lesen, weil sie in Politik und Wirtschaft so weitverbreitet ist. Sie ist für diese Bereiche so typisch, weil sie auch sonst überall vorkommt. Wir alle lassen uns darauf ein, andere in die Irre zu führen und sie falsch zu informieren, sobald wir uns für das schämen, was wir getan haben oder was aus uns geworden ist. Nur dass wir damit meistens nicht in der Zeitung landen.

3. Auf Worte folgen keine Taten

Ein weiteres Anzeichen für faule Kompromisse ist, wenn wir uns zu etwas verpflichten, dies aber nie in die Tat umsetzen. Das mag eine allgemeine menschliche Schwäche sein, aber je mehr faule Kompromisse wir eingehen, desto stärker ist sie ausgeprägt.

Klar sagen wir, dass wir mehr Zeit mit unseren Eltern und Geschwistern verbringen wollen, aber unsere wahren Prioritäten liegen inzwischen woanders. Wir versprechen jemandem, dass wir uns in der nahen Zukunft einmal treffen, weil anständige Leute das halt sagen, aber wir tun es einfach nicht. Unserem Team haben wir zugesagt, den Bericht bis zu einem bestimmten Termin fertig zu haben, doch wir liefern ihn nicht ab. Wir waren zu sehr mit anderen Dingen beschäftigt. Wir haben unserem Partner einen Abend zu zweit versprochen, doch wieder einmal kommt etwas Dringendes dazwischen.

Das ist doch alles gar nicht so schlimm, sagen Sie? Wenn Sie meinen, dass Ihr Mangel an Verlässlichkeit nur Kleinigkeiten betrifft, über die man nicht weiter nachzudenken braucht, dann sollten Sie wissen, dass dies nur der Anfang ist. So beginnen faule Kompromisse.

4. Schlechtes Verhalten und schlechte Entscheidungen werden gerechtfertigt

Wenn wir uns regelmäßig auf faule Kompromisse einlassen, kommt irgendwann der Punkt, an dem wir aufhören, uns dafür zu entschuldigen, und damit anfangen, uns zu rechtfertigen. Es gibt einen Grund, warum wir so sind, wie wir sind.

Jeder in meiner Sparte benimmt sich doch so wie ich; wenn ich mich verändern würde, dann würde ich verlieren. Ich kann nichts dafür, dass die Atmosphäre in meiner Ehe so emotionslos geworden ist; das passiert allen Paaren. Ich bin nur deshalb so gereizt, weil ich so sehr unter Druck stehe; ich kann nichts dagegen tun. Und meine Habgier – nun ja, so viel, wie ich gearbeitet habe, da habe ich mir doch etwas Gutes verdient, oder? Wer wollte mir das vorwerfen?

Wenn wir unser Verhalten und unsere schlechten Entscheidungen rechtfertigen, dann fangen wir irgendwann an zu glauben, dass unsere Situation unvermeidlich ist. Wir geben den äußeren Umständen die Schuld, weil diese ja »außerhalb unserer Kontrolle« liegen. Wir reden uns ein, dass andere an unserer Stelle auch so pessimistisch, unglücklich und moralisch fragwürdig wären wie wir. Sie haben es nur noch nicht gemerkt.

5. Ein selbstzentriertes Leben

Wenn wir immer weiter faule Kompromisse eingehen, dann schaffen wir uns am Ende ein Leben, das sich fast ausschließlich um uns selbst dreht. Und das ist das genaue Gegenteil von dem, wie wir eigentlich sein wollen. Jedes Wertesystem, das diesen Namen wirklich verdient, ist auf die Mitmenschen ausgerichtet, nicht auf das eigene Ich. Das Problem dabei ist natürlich, dass andere Menschen Zeit, Aufmerksamkeit und Liebe brauchen. Und für so etwas haben wir dann keine Zeit und Energie übrig. Nicht mehr.

Jedes Wertesystem, das diesen Namen wirklich verdient, ist auf die Mitmenschen ausgerichtet, nicht auf das eigene Ich.

Wenn sich alles um uns selbst dreht, dann haben wir unsere Seele mehr als nur vermietet. Wir haben sie für lange Zeit weggegeben.

Keiner bezahlt uns die Reparatur

Wenn wir bedenken, wie die Verhaltensdynamik funktioniert, dann ist es kein Wunder, dass wir uns so leicht auf faule Kompromisse einlassen.

Erstens sind solche Kompromisse, wie Paulus ja brillant darlegt, Teil der menschlichen Natur. Wir besitzen eine ganz ursprüngliche Neigung dazu. Zweitens wird uns praktisch niemand jemals dazu ermutigen, unseren Charakter weiterzuentwickeln. Vielleicht noch unser Ehepartner, aber das war's auch schon. Werden andere uns darauf ansprechen? Vielleicht – aber ermutigen, einfach so weiterzumachen, werden sie uns nicht. Stattdessen werden sie uns eher mit Sanktionen drohen, uns feuern, uns als Freund fallen lassen oder die Scheidung einreichen, wenn wir uns nicht ändern. Selten gibt es jemanden, der uns dabei unterstützt, an unserem Charakter zu arbeiten.

Vergleichen wir das einmal mit unserer Kompetenz. Andere Menschen drängen uns geradezu, unsere Kompetenzen zu entwickeln. Vielleicht haben Ihre Eltern Sie dazu angehalten, eine Ausbildung abzuschließen. Die Kompetenz wird in unserer Kultur so hoch geachtet, dass wir oftmals sogar dafür bezahlt werden, unsere Fähigkeiten weiterzuentwickeln. Unser Arbeitgeber übernimmt die Kosten für eine Konferenz oder eine Fortbildung, die wir benötigen; vielleicht finanziert er uns sogar den nächsthöheren Abschluss.

Unsere Kompetenzen auszubauen macht außerdem Spaß. Wer möchte nicht etwas Neues dazulernen oder sein Talent fördern? Ein Buch verschlingen, einen Podcast hören oder einen Online-Kurs belegen – das alles kann ungeheuer anregend sein. Wir sehen greifbare Resultate. Das Wissen und die Fertigkeiten, die wir uns angeeignet haben, können wir noch im selben Monat praktisch anwenden. Der Kniff, den wir gelernt haben, zahlt sich sofort aus.

Aber wer feuert uns an, ein besseres *Ich* zu entwickeln? Wer spricht in unser Leben hinein und legt seinen Finger auf die tiefer gehenden Charakterprobleme, an denen wir arbeiten sollten? Schweigen.

Und seien wir ehrlich: Am eigenen Charakter zu arbeiten ist unangenehmer, als unsere kognitiven und praktischen Fähigkeiten weiter auszubauen. Wenn wir uns mit unserem Charakter befassen wollen, dann müssen wir in die tiefsten Spalten und Abgründe unseres Herzens eindringen. Wir sind aufgefordert, unsere Vergangenheit genau anzuschauen, um eine bessere Zukunft schmieden zu können. Wir müssen in den Spiegel sehen.

Sobald wir es mit unserem Charakter zu tun bekommen, wird es ungemütlich. Die Schuldzuweisungen an andere hören auf. Die Ausreden werden beiseitegeschoben. Und Ehrlichkeit ist nötig – schmerzhafte Ehrlichkeit. Wir müssen uns mit uns selbst auseinandersetzen.

Der Charakter ist eines dieser luftigen Konzepte, das man für nichts haftbar machen kann, weil es so wenig greifbar ist. Das ist aber eigentlich nicht wahr. Wir können unseren Charakter genauso weiterentwickeln, wie wir es mit unseren Muskeln tun: indem wir ihn trainieren. Es gibt verschiedene Disziplinen, Angewohnheiten und Verhaltensmuster, durch die wir unseren Charakter stärken können. Das werden wir uns im nächsten Kapitel genauer ansehen.

4

Die Seele ist unverkäuflich

Praktische Tipps zur Stärkung des eigenen Charakters

Als ich Ende dreißig war, nahm ich mir das erste Mal eine persönliche Zeit der Stille und zog mich für mehrere Tage zurück. Ich hatte auch schon früher an solchen Einkehrzeiten teilgenommen mit Pastoren, Professoren und anderen geistlichen Leitern. Aber dieses Mal war es anders. Ich stellte alle Regeln selbst auf. Ich wollte drei Tage lang allein sein, völlig abgeschieden von der Außenwelt. So eine Art Isolationshaft für die Seele.

Meine Überlegung war, dass ich mithilfe meines dreitägigen Alleinseins so eine Art Seelen-OP durchführen und meinem Charakter einen solchen Schub verleihen könnte, dass ich danach Aktionen dieser Art jahrelang nicht mehr durchzuführen brauchte. Und da ich ja ganz allein war, würde ich bestimmt etwas von Gott hören.

Und wissen Sie, was in diesen drei Tagen passierte? Ich langweilte mich. Ziemlich bald schon. Haben Sie eine Ahnung, wie still es ist, wenn man sein Handy und auch alle anderen Geräte abgeschaltet hat und ganz allein dasitzt? Wissen Sie, wie seltsam es sich anfühlt, wenn alles um einen herum komplett still ist? Es ist merkwürdig, keine Termine zu haben, niemanden zum Reden oder zum Ablenken und nichts, auf das man sich freuen kann, außer einem Teller Suppe in vier Stunden. Der Philosoph Blaise Pascal hatte recht, als er schrieb, dass »alles Unglück der Menschen einem entstammt, nämlich dass sie unfähig sind, in Ruhe allein in ihrem Zimmer bleiben zu können«.

Ich hatte gedacht, meine Auszeit wäre so eine Art Doping für ein beschleunigtes spirituelles Wachstum. Doch die meiste Zeit saß ich nur allein da und hatte nichts zu tun. Ich betete, aber irgendwann gehen einem die Worte aus und man weiß nicht, was man nach drei Tagen noch sagen soll. Ich las jeden Tag in der Bibel, aber das tat ich sonst ja auch. Ich führte Tagebuch, doch wie viel kann man schreiben? Schließlich erlaubte ich mir, online zu gehen und mir ein paar Predigten anzuhören, denn das war ja immerhin etwas Geistliches.

Zu meiner großen Enttäuschung passierte in den drei Tagen nichts Tiefschürfendes. Keine große Offenbarung. Es gab nichts, was meinen Charakter in besonderer Weise geprägt oder mein Leben verändert hätte.

Was ich aber in dieser Zeit erkannt habe, ist dies: Was unseren Charakter formt, passiert in der Regel nicht in einem Kloster mit Steinmauern und dunklen Gewölben. Es geschieht im ganz normalen Alltagsleben. Denn genau hier wird unser Charakter ja am meisten herausgefordert: auf Parkplätzen, in Sitzungen, während eines ehelichen Konfliktes und zu Hause, wo wir müde sind, der Müll trotzdem noch rausgebracht werden muss und wir über die Schuhe unserer Kinder stolpern.

Verstehen Sie mich bitte nicht falsch: Ich finde Einkehrtage wirklich sehr gut und werde sicherlich noch an so manchen teilnehmen. Aber wenn wir keine Strategie für den Alltag haben, dann werden wir den Kampf um unsere Seele nicht gewinnen. Nachdem ich jahrelang erlebt habe, wie mein Charakter auf die Probe gestellt wurde, habe ich eine Formel entwickelt, die mir sehr geholfen hat. Sie ist nicht wirklich mathematisch, aber wenn ich die Dinge auf diese Weise auf den Punkt bringe, vergesse ich nicht, worum es eigentlich geht.

Das Gegenmittel gegen faule Kompromisse ist ganz einfach: Arbeiten Sie doppelt so viel an Ihrem Charakter wie an Ihrer

Kompetenz. Vielleicht müssen Sie auch fünfmal so viel daran arbeiten. Oder zehnmal. Ich weiß es nicht. Doppelt so viel hört sich für mich auf jeden Fall machbar an und erinnert mich daran, dass es mir wahrscheinlich zuwider ist und ich deshalb gut aufpassen sollte. Denn Jesus sagt, dass es nur wenigen Menschen überhaupt gelingt.

Der schmale Weg

Haben Sie schon einmal die Aussage von Jesus gehört: »Das Tor, das zum Leben führt, ist eng und der Weg dorthin schmal! Deshalb finden ihn nur wenige«? Wenn ja, dann wurde Ihnen dieser Bibelvers wahrscheinlich so erklärt: Es gehe darum, wie man Christ *wird* und dass nur wenige Menschen ihr Leben wirklich Jesus anvertrauen. Sicherlich ist das eine mögliche Interpretation. Aber ich frage mich, ob Jesus nicht noch etwas anderes im Sinn hatte, das uns zeigen soll, wie wichtig die Entwicklung unseres Charakters ist und wie selten das geschieht. Achten wir noch einmal genauer auf den Wortlaut: »Das Tor, das zum Leben führt, ist eng und der Weg dorthin schmal! Deshalb finden ihn nur wenige.«

Wenn wir diesen Text nur als Beschreibung dessen lesen, wie man Christ *wird*, dann passt er nicht zur übrigen neutestamentlichen Botschaft, die besagt, dass unsere Rettung nicht von unseren guten Taten abhängt. Stattdessen hängt sie davon ab, ob wir unser Leben Jesus anvertrauen, der gestorben und auferstanden ist, um uns unsere Sünden zu vergeben und uns das Leben zu schenken. Schließlich geht es beim Christwerden nicht darum, dass *wir* gut sind, sondern dass *Gott* in Christus gut zu uns ist. Wir sollen darauf mit unserem Vertrauen auf Christus antworten.

Der größere Zusammenhang, in dem Jesus diese Worte lehrt, kann Aufschluss darüber geben, wie er das Ganze gemeint hat. Seine Worte über den Weg, der zum Leben führt, sind nämlich eingebettet in die wohl größte Predigt, die je gehalten wurde und die gemeinhin als die »Bergpredigt« bezeichnet wird. Selbst wenn Sie die Bibel noch nicht gelesen haben, kennen Sie vielleicht verschiedene Gedanken, die in dieser Predigt vorkommen. Zum Beispiel spricht Jesus darüber, dass wir unsere Feinde lieben und andere Menschen nicht verurteilen sollen. Sogar die sogenannte »goldene Regel« stammt aus dieser Predigt: »Behandelt die Menschen stets so, wie ihr von ihnen behandelt werden möchtet.« Die Bergpredigt enthält einige der bekanntesten und einflussreichsten Lehren von Jesus.

Ich frage mich, ob Jesus nicht noch etwas anderes im Sinn hatte, das uns zeigen soll, wie wichtig die Entwicklung unseres Charakters ist.

Natürlich wollte Jesus damit nicht sagen, dass wir nur dann in den Himmel kommen, wenn wir uns an jede einzelne Aussage der Bergpredigt halten. Nach dem Motto: »Nur ein paar von euch werden jemals so gerecht sein, und nur dann werden sie im Himmel willkommen sein.« Wenn das der Fall ist, dann sind wir alle verloren, vor allem ich.

Nein, ich bin überzeugt, dass Jesus etwas anderes damit meinte. Nämlich, dass es jenseits unserer Entscheidung, ihm als unserem Herrn zu vertrauen, ein anderes Leben gibt – ein völlig neu gestaltetes Leben –, das wir nur dann finden, wenn wir unseren Charakter und unsere Seele Gott komplett anvertrauen. Das rettet uns nicht, sondern ist die *Antwort* auf unsere Rettung.

Eine ganz andere Einladung

Dieses neue Leben ist darauf ausgerichtet, dass wir Gott das tiefgehende Werk der Erneuerung und Wiederherstellung überlassen, damit aus uns eine neue Schöpfung wird. Indem wir Christus die Versteinerungen unserer Seele wegmeißeln lassen, werden unser Charakter, unser Herz und unser Leben Gott immer ähnlicher. Unser Charakter wird von innen heraus neu geformt und unsere Liebe kann viel tiefer fließen. Wir hören auf, andere zu verurteilen. Wir betrachten eine Frau nicht mehr als Objekt und verfolgen sie nicht mehr mit unseren Blicken. Wir hassen unseren Nächsten nicht mehr. Mit anderen Worten: Unser Leben sieht eher so aus wie das Leben, das in der Bergpredigt beschrieben wird.

Es ist, als würde Jesus zu uns sagen: »Wenn du dich entschließt, mir nachzufolgen, dann ist das erst der Anfang. Bist du bereit für das Werk der Erneuerung, das ich in deinem Leben tun will? Bist du bereit, dich durch mich von innen nach außen erneuern zu lassen? Ich weiß, dass das Tor zu dieser Art des Lebens eng ist und der Weg schwierig. Mir ist klar, dass nur wenige ihn finden werden. Dabei ist es aller Mühe wert. Ich würde mich so sehr freuen, wenn du dich anschließt. Bist du dabei?«

Das ist eine riesige Einladung und eine, die anzunehmen uns nicht leichtfällt. Dass die Verwandlung, die Jesus vorschwebt, so tiefgreifend und so schmerzhaft persönlich ist, erklärt, warum wir so viele Christen kennen, die Jesus so gar nicht ähnlich sind. Und wissen Sie, was das Seltsamste daran ist? Dass diese Menschen tatsächlich *Christen* sind; sie haben nur nicht den Weg gefunden, der zum Leben führt. Sie hassen immer noch. Sie urteilen immer noch. Sie beneiden immer noch andere. Weil der Weg zur Liebe und zum Leben schwer ist und das Tor eng und nur wenige es finden.

Wenn Sie diesen beschwerlichen Weg nehmen, zu dem Jesus Sie einlädt, dann hören Sie auf, faule Kompromisse einzugehen. Dann sind Sie nach außen hin so, wie Sie auch innerlich sind. Sie brauchen sich dann nicht mehr zu verstecken, weil es nichts mehr zu verbergen gibt. Sie sind dann so authentisch, dass es keinen Unterschied mehr zwischen Ihrem öffentlichen und Ihrem privaten Dasein gibt. Ihr Wort zu halten, fällt Ihnen dann leicht, weil Ihr Ja ein Ja ist und Ihr Nein ein Nein.

So wirkt es sich aus, wenn Sie an Ihrem Charakter arbeiten. So sieht es aus, wenn Sie Ihre Seele zurückgewinnen.

Offensichtlich ist das eine Reise, die unser ganzes Leben andauert. In früheren Jahrhunderten nannte man das »Heiligung«, den Prozess des Geheiligtwerdens, des sich Trennens von all dem, was unsere Seele umbringt. Es ist das manchmal schmerzhafte Wirken Gottes in unserem Leben; nicht weil Gott uns hasst, sondern weil er uns liebt. Paulus wusste, dass sein inneres Ringen darum, das Gute zu tun, ein geistlicher Kampf war, und er war fest überzeugt, dass die Lösung in Christus liegt. Schauen wir uns an, wie der Text, in dem er seine Situation so ehrlich schildert, endet: »Ich unglückseliger Mensch! Wer wird mich jemals aus dieser tödlichen Gefangenschaft befreien? Gott sei Dank! Durch unseren Herrn Jesus Christus bin ich bereits befreit.«

Bist du bereit, dich durch mich von innen nach außen erneuern zu lassen?

Wie aber beginnen wir mit diesem Werk der Erneuerung? Wie kehren wir die faulen Kompromisse um? Wo setzen wir bei der Arbeit an unserem Charakter an? Der Prozess der Veränderung von innen nach außen könnte die restlichen Seiten dieses Buches füllen, darum hier zunächst nur drei Möglichkeiten, wie wir beginnen können.

1. Verantwortung übernehmen

Es gibt einen einfachen Grund, warum wir die Schuld für Schiefgelaufenes lieber auf die Umstände oder andere Menschen schieben als auf unsere Fehler und Versäumnisse: weil es leichter ist, als wenn wir uns mit uns selbst befassen müssten. Schuldzuweisungen sind aber das Gegenteil von Verantwortung übernehmen. Jedes Mal, wenn wir anderen den Schwarzen Peter zuschieben, uns rechtfertigen oder eine neue Ausrede vorbringen, gehen wir unserer Verantwortung aus dem Weg.

Fortschritte machen wir erst, wenn wir uns selbst gegenüber ehrlich werden. Als ich das erste Mal einen Seelsorger aufsuchte, um mit ihm ein paar Probleme zu besprechen, die Toni und ich in unserer Ehe hatten, betrat ich sein Büro mit einer langen Liste dessen, was meine Frau alles falsch machte. Ein paar Stunden später verließ ich das Büro wieder mit einer langen Liste. Auf der stand allerdings, was ich selbst falsch machte. Es ist schon seltsam, dass man andere dafür bezahlt, einem zu sagen, was man nicht richtig macht, doch inzwischen betrachte ich das als eine wichtige Investition in eine bessere Zukunft. Und raten Sie mal, was passierte, als ich damit begann, meine eigenen Probleme zu bearbeiten, statt von Toni zu verlangen, dass sie ihre (wenigen) Fehler korrigierte? Es ging mir besser. Es ging uns beiden besser und unserer Ehe auch.

Dieselbe Dynamik kann sich auch hinsichtlich Ihres Charakters entfalten. Sobald Sie zugeben, dass Sie selbst das Problem sind, machen Sie endlich Fortschritte. Natürlich können Sie Ihrem Team, Ihrem Gremium, Ihrem Ehepartner, Ihren Kindern, der Wirtschaft, Ihrer Branche oder der Schwerkraft die Schuld geben, aber all dies wird Ihren Charakter nicht erneuern.

Wenn Sie alles in Ihrem Leben verändern außer Ihrem Charakter, dann sind Sie immer noch nicht so, wie Sie es sich wünschen. Sie können Ihren Job wechseln oder sogar Ihren Beruf. Sie können umziehen oder sich einen anderen Ehepartner suchen. Aber all das wird Sie selbst nicht verändern.

2. Wort und Tat in Übereinstimmung bringen

Forschungen haben ergeben, dass ein Mensch durchschnittlich zweihundert Lügen pro Tag zu hören bekommt und dass »60 Prozent der Befragten während einer durchschnittlichen zehnminütigen Unterhaltung lügen und ... in dieser kurzen Zeitspanne durchschnittlich zwei bis drei Lügen äußern«. So schlimm sich das auch anhört – und es ist ja auch schlimm –, so überrascht uns diese Statistik wohl kaum. Menschen sagen aus vielerlei Gründen die Unwahrheit, doch fast immer liegt es daran, dass sie auf irgendeine Weise und in einem gewissen Ausmaß faule Kompromisse eingegangen sind.

Vor ein paar Jahren beschloss ich, mir alles, was ich öffentlich geäußert hatte, noch einmal anzuschauen. Ich wollte sicher sein, dass es auch tatsächlich stimmte. Ich weiß, das hört sich merkwürdig an, doch sobald es eine Kluft gibt zwischen dem, was wir sind, und dem, was wir sein wollen, neigen wir zu Übertreibungen und Beschönigungen.

Zum Beispiel hätte ich vielleicht behaupten können, ich würde ein Projekt vollenden, obwohl dies in Wirklichkeit unwahrscheinlich war. Oder wenn jemand sich mit mir treffen wollte, ich aber wusste, dass dies nicht passieren würde (oder dass ich es gar nicht wollte), dann sagte ich vielleicht: »Klar, lass uns das irgendwann mal machen.« Oder ich könnte erzählen, ich hatte während meiner morgendlichen Andacht eine tolle Verbindung zu Gott gehabt, während meine Gedanken in Wirklichkeit in alle Richtungen abschweiften. Es sind solche scheinbar »harmlosen« Diskrepanzen, die ich meine.

Wenn Sie alles in Ihrem Leben verändern außer Ihrem Charakter, dann sind Sie immer noch nicht so, wie Sie es sich wünschen.

Ich beschloss, meine Worte und Taten konsequent in Übereinstimmung zu bringen. Ich war geradezu besessen davon, dies in allen Bereichen meines Lebens umzusetzen. Das bedeutete, dass ich es zugab, wenn meine morgendliche Andacht nicht gerade der Hit gewesen war. Und wenn ich wusste, dass ich mich mit jemandem nicht treffen wollte, dann musste ich das dieser Person sagen, so enttäuschend das auch für uns beide sein mochte. Wenn ich ein bestimmtes Essen, das mir serviert wurde, nicht mochte, dann musste ich zugeben, dass es nicht nach meinem Geschmack war (höflich natürlich).

So zu leben ist schmerzhaft. Ziemlich schmerzhaft. Kürzlich waren Toni und ich für ein paar Tage in Austin (Texas). Ich sollte dort gegen Ende der Woche Vorträge halten, aber an diesem Tag hatten wir frei und wollten zum Gottesdienst in die Gemeinde meines Freundes Buck fahren. Ich saß am Steuer und Toni lotste mich mithilfe ihres Smartphones. Was dann geschah, könnte man am besten folgendermaßen beschreiben: Meine Neigung zum Kontroll-Freak und meine unterschwellige Ungeduld wurden einmal zu viel an die Oberfläche gespült. Und so riss ich Toni frustriert das Smartphone aus der Hand und sagte in einem äußerst herablassenden und genervten Ton: »Dann kann ich es ja gleich selbst machen.«

An diesem Morgen versagte ich als Ehemann auf der ganzen Linie. Eine glatte Sechs. Ich war so taktlos, dass Toni in Tränen ausbrach und ich rechts ranfahren musste. Dann versuchte ich das Ganze innerhalb von fünf Minuten wieder auszubügeln, damit wir nicht zu spät kamen. Sie wissen schon, was ich meine – dieses typische Männergehabe: *Bringen wir das hier so schnell wie möglich hinter uns, damit wir wieder weitermachen können.*

Doch Toni war so enttäuscht von mir, dass jeder magere Versuch, den ich unternahm, kläglich scheiterte. Es war so ein typischer Morgen und sie hatte allen Grund, ärgerlich auf mich zu sein. Und es passierte ja auch nicht das erste Mal. Ich hatte mich mies benommen und sie (wieder einmal) tief verletzt und enttäuscht. Es würde eine Weile dauern, um das wieder in Ordnung zu bringen.

Die Situation wurde also eher schlimmer und ich würde meinem Freund mitteilen müssen, dass wir nicht zum Gottesdienst kommen konnten. Die Frage war nur: Was sollte ich ihm sagen? Sollte ich ihm nur eine kurze Nachricht schicken: »Sorry, es ist was dazwischengekommen, wir schaffen es heute nicht«? Oder die Wahrheit ein bisschen verschleiern: »Tut mir leid, Buck, aber Toni geht es nicht so gut, wir können leider nicht kommen«?

An dem Morgen wurden mir zwei Dinge absolut klar. Erstens war ich Toni kein guter Ehemann und Freund gewesen. Und zweitens musste ich ehrlich mit dem umgehen, was passiert war. Also schrieb ich meinem Freund Buck eine Nachricht mit den Worten: »Wir kommen doch nicht zum Gottesdienst. Ich war heute leider ein miserabler Ehemann und es war kein guter Morgen für uns. Es tut mir sehr leid. Näheres später.«

Autsch. Haben Sie eine Ahnung, wie blöd man sich vorkommt, wenn man so einen Text verschickt? Als ich Buck und seine Frau zwei Tage später traf, gestand ich meinen Fehler ein zweites Mal ein, erklärte die Situation und entschuldigte mich.

Wissen Sie, was passiert, wenn man konsequent versucht, seine Worte mit dem eigenen Leben in Einklang zu bringen?

Man ändert sein Leben. Jedes Mal, wenn ich das, was ich öffentlich sage, mit meinem Privatleben in Übereinstimmung bringe, wird mein Privatleben dadurch besser. Worte haben eine solche Macht, wenn sie aufrichtig sind. Die Scham und Demütigung, die wir empfinden, wenn wir gegenüber anderen, die wir respektieren und bewundern, zugeben, wie wir wirklich sind, führen zu einer deutlichen Veränderung unseres Verhaltens.

Oft höre ich die Worte: »Immerhin habe ich ja jemanden, zu dem ich total ehrlich sein kann.« Damit meinen Sie meistens einen Freund oder eine Freundin, mit dem oder der Sie offen über Ihre Probleme sprechen können. Das ist fantastisch und ich finde, jeder Mensch sollte Beziehungen dieser Art pflegen. Allerdings sind solche Freunde nicht vierundzwanzig Stunden am Tag mit uns zusammen. Unsere Worte und unser Verhalten aber schon. Und wir können unsere Geschichte nach Belieben zu unseren Gunsten verändern, wenn wir mit unseren Freunden reden.

Worte haben eine solche Macht, wenn sie aufrichtig sind.

Wenn wir aber ganz schlicht nur unsere Worte an unser Verhalten anpassen, wird die Kluft zwischen dem, wie wir sind, und dem, wie wir sein wollen, fast augenblicklich kleiner. Es ist einfach zu peinlich, die Wahrheit zu sagen, also sorgen wir dafür, dass die Wahrheit besser wird. Von all den Lügen, die wir erzählen, sind die, die wir uns selbst einreden, die tödlichsten. Das Beste, was wir tun können, um die Heuchelei zu überwinden, ist: bescheidener reden und unser Verhalten schneller ändern.

Natürlich sind wir dann nicht perfekt. Aber unser Leben wird dadurch authentischer. Wir sind dann bescheiden genug, unsere Versäumnisse zuzugeben, und auch wenn das zunächst erschreckend scheint, ist es letztendlich befreiend. Vielleicht denken wir, dass die anderen uns weniger achten, wenn wir unsere Fehler eingestehen. Doch das Gegenteil ist der Fall. Wir werden dafür noch mehr respektiert.

3. Das persönliche Wachstum kommt an erster Stelle

Wenn wir doppelt so viel Zeit für die Weiterentwicklung unseres Charakters einsetzen wollen wie für die Weiterentwicklung unserer Kompetenzen, dann muss das bewusst geschehen. Zunächst einmal müssen wir uns klarmachen, dass es *nicht* egoistisch ist, sich selbst an die erste Stelle zu setzen, wenn es um das persönliche Wachstum geht. Was ist denn selbstsüchtiger: immer wieder faule Kompromisse einzugehen, bis unsere Familie keinen Respekt mehr vor uns hat und unsere Kollegen uns misstrauen – oder uns jeden Tag Zeit zu nehmen, um zu einer integren und von allen geachteten Persönlichkeit zu werden?

Die Schlüsselworte hier lauten *sich jeden Tag Zeit nehmen*. Da niemand uns die Zeit gibt, um ein besserer Mensch zu werden, müssen wir sie uns selbst nehmen. Das bedeutet, dass wir nicht rund um die Uhr für andere zur Verfügung stehen. Wir müssen uns davonstehlen, um zu beten, nachzudenken und an unserem Charakter zu arbeiten. Das bedeutet, dass wir Bücher lesen, die Bibel zur Hand nehmen, uns mit einem Mentor treffen, einen Kurs belegen oder eine seelsorgerliche oder psychologische Beratung in Anspruch nehmen. Die Zeit, die wir damit verbringen, an unserem Charakter zu arbeiten, ist eine Investition in uns selbst und in die Menschen, die uns am meisten bedeuten. Diese Investition zahlt sich in jedem Bereich unseres Lebens aus.

Wenn Sie meinen, das sei alles unnötig oder Sie hätten nicht die Zeit dafür, dann möchte ich daran erinnern, dass Jesus sich dreißig Jahre lang auf seinen dreijährigen Dienst vorbereitete. Denken Sie einmal darüber nach. Das Verhältnis zwischen seiner Vorbereitungszeit und seinem tatsächlichen Dienst betrug 10:1. Auf jedes Jahr, in dem er lehrte, diente und heilte, bereitete er sich also zehn Jahre lang vor. Und selbst in den drei Jahren seines öffentlichen Wirkens zog er sich häufig zum Gebet zurück.

Sie ahnen wahrscheinlich schon, wie es bei den meisten von uns ist: genau umgekehrt. Auf jede Stunde unserer Vorbereitung kommen zehn Stunden Aktivität. Oder wenn wir ehrlich sind: *hundert* (oder sogar *tausend)* Stunden. Was aber wäre, wenn wir dem Vorbild von Jesus folgen und unsere Rate von 1:10 auf 10:1 umkehren würden? Zweifellos hätte das einen enormen Einfluss auf unser persönliches Wachstum und unsere geistliche Wirksamkeit.

Mit diesen Gedanken im Hinterkopf sollten Sie nun beginnen, eine solide Grundlage für Ihre Seele, Ihr geistliches Leben und Ihre Beziehungen zu legen. Sagen Sie ein paar Termine ab. Bitten Sie Ihre Kinder zu warten. Beten Sie. Schlagen Sie Ihre Bibel auf. Gehen Sie joggen. Essen Sie etwas Gesundes. Nehmen Sie sich Zeit zum Nachdenken und Tagebuchführen. Hören Sie inspirierende Musik. Treffen Sie sich mit einem Freund oder einer Freundin, der oder die Ihr Leben bereichert.

Die Zeit, die wir damit verbringen, an unserem Charakter zu arbeiten, ist eine Investition in uns selbst und in die Menschen, die uns am meisten bedeuten.

Meiner Meinung nach gibt es nur einen Weg, um all das zu verwirklichen: Wir müssen Zeit dafür einplanen. Für mich bedeutet das aktuell, dass ich die ersten dreißig oder sechzig Minuten des Tages damit verbringe, die Bibel zu lesen, zu beten und nachzudenken. Ich möchte nicht, dass sich das frömmer anhört, als es ist. Ich folge einem Bibelleseplan, der mir täglich drei bis fünf Abschnitte aus der Bibel vorgibt. Ich bin nämlich nicht diszipliniert genug, um die Bibel in einem Jahr ganz durchzulesen, wenn ich keinen Plan dafür habe. Wenn ich nicht aufpasse, lasse ich mich während meiner Gebetszeit leicht ablenken und fange an, To-do-Listen zu schreiben und in meinen Gedanken hierhin und dorthin zu springen, was auch als eine Art Gebet durchgehen kann. Meine Überlegungen können mich praktisch überallhin führen. Und trotzdem trägt diese geregelte Struktur dazu bei, dass mein Kompass in die richtige Richtung zeigt.

Ich plane auch feste Zeiten ein, in denen ich zum Beispiel Fahrrad fahre, wandere oder im Garten arbeite. Das mache ich fast immer allein. Manchmal setze ich Kopfhörer auf, um mir einen Podcast oder ein Hörbuch anzuhören. Manchmal spiele ich meine Lieblings-Playlist ab. Und manchmal bin ich einfach nur still. Bei solchen Aktivitäten kommen mir nicht nur die besten Gedanken, sondern es sind für mich auch die besten Zeiten des Betens und Reflektierens. Der weite, offene Raum der Einsamkeit hilft mir, die großen Herausforderungen, die mir in meinem Leben und als Leiter begegnen, zu durchdenken. In meinem Büro oder zu Hause wäre das so nicht möglich.

Zeit mit Freunden zu verbringen, um bewusst gemeinsam nachzudenken, persönliche Probleme zu bearbeiten und vielleicht sogar zusammen zu beten, ist gut investierte Zeit. Solche Beziehungen sind selten und sollten gut gepflegt werden. Wenn Sie solche Freundschaften haben, zeigt sich Ihnen unmittelbar, wie wertvoll diese sind.

Solche Zeiten gibt es jedoch nicht, wenn Sie sie nicht in Ihrem Kalender einplanen. Sie sollten daher bewusst entscheiden, wie Sie Ihre Zeit verbringen wollen, ehe es andere für Sie tun. Was immer nötig ist, damit Sie Zeit haben, an Ihrem Charakter zu arbeiten – tun Sie es. Selbst wenn es nur ein paar Minuten pro Tag sind, an denen Sie nachdenken, beten, prüfen, Fehler zugeben, etwas Neues lernen, sich nach vorne strecken, planen und sich verändern, ist das eine wunderbare Sache.

Wege in ein Leben ohne faule Kompromisse

Wenn wir in uns gehen und erkennen, wie wir geworden sind, dann verursacht das oft tiefen Schmerz, den zu ertragen sich aber unbedingt lohnt. Die seelische Arbeit, die mit der Erneuerung unseres Charakters verbunden ist, hat weitreichende Konsequenzen und ist das Herz dessen, was Christen oft »geistliche Reife« nennen. In unserer westlichen Kultur wurde geistliche Reife häufig darüber definiert, wie viel wir über die Bibel, über Gott und den christlichen Glauben wissen. Leider sind aber gerade diejenigen, die sich selbst für besonders reife Christen halten, oftmals verurteilend, polarisierend und selbstgerecht. Das ist alles andere als reif. In Wirklichkeit ist es das Gegenteil.

Jesus hat als Ziel der geistlichen Reife etwas ganz anderes vorgegeben. Reife zeigt sich bei Jesus nicht darin, wie viel wir *wissen*, sondern wie sehr wir *lieben*. Wenn Sie an Ihrem Charakter doppelt so viel arbeiten wie an Ihren Kompetenzen, wird das dazu führen, dass Gottes Liebe alles an Ihnen erneuert.

Überlegen Sie einmal, was sich alles in Ihrem Leben verändert, wenn Sie sich der Weiterentwicklung Ihres Charakters widmen: Ehrlichkeit. Liebe. Güte. Treue. Verlässlichkeit. Bescheidenheit. Mitgefühl. Mut. Glaube. Widerstandskraft. Geduld. Beharrlichkeit. Selbstbeherrschung. Selbstdisziplin. All diese Eigenschaften prägen Ihren Charakter, was wiederum Ihre Fähigkeiten positiv beeinflusst.

Fragen Sie die Sportler, die nicht mehr antreten dürfen.

Fragen Sie arbeitslose Manager

Fragen Sie den Politiker, der zurücktreten musste.

Fragen Sie die Schauspielerin, mit der niemand mehr zusammenarbeiten will.

Fragen Sie den Prediger ohne Kanzel.

Ihre Fähigkeiten und Kompetenzen bringen Sie in eine bestimmte Position, aber Ihr Charakter sorgt dafür, dass Sie in Ihrer Position bleiben. Für uns alle gilt: Unser Charakter bestimmt, wie man sich später an uns erinnern wird. Und was noch wichtiger ist: An unserem Charakter ist Gott am meisten interessiert. Machen Sie Schluss mit den faulen Kompromissen, auf die Sie sich eingelassen haben. Schließen Sie endlich die Kluft zwischen dem, wie Sie sind, und dem, wie Sie sein wollen. Bringen Sie Ihr inneres Leben endlich in Einklang mit dem, wie Sie nach außen hin sind. Dann finden Sie nicht nur neuen Frieden, Bescheidenheit und Selbstachtung, sondern Sie verändern so auch das, was Sie als Erbe hinterlassen. Die Menschen, die Ihnen am nächsten stehen, werden auch diejenigen sein, die Ihnen am dankbarsten sind.

Teil III
Beziehungsverlust

5

Ist da jemand?

Warum viele sich so allein fühlen

Ich erinnere mich noch daran, wie ich mein erstes Smartphone gekauft habe. Damals war ein Blackberry das Nonplusultra. Meines war das erste mit Farbdisplay, das dieser Hersteller auf den Markt brachte. Ich war fasziniert. Plötzlich konnte ich jederzeit und überall mit anderen in Kontakt treten. Sogar beim Abendessen. Sogar an Familienabenden. Sogar im Urlaub. Wie Sie sich vorstellen können, war meine Familie über mein neues Handy nicht annähernd so begeistert wie ich. Bevor es die ersten iPhones gab, war ich der Einzige in unserem Haus mit einem solchen Gerät und folglich betrachtete ich das Ganze nur aus meiner Perspektive. Ich ignorierte die anderen großzügig, während ich scrollte und tippte, und dachte, diese neue Technologie sei die beste Erfindung, die es gab.

Das alles änderte sich wenige Jahre später, als alle meine Lieben ihr eigenes Handy besaßen. Plötzlich begann *ich* mich missachtet zu fühlen. Ich konnte es nicht fassen, dass Toni, während sie neben mir im Auto saß, einer Freundin eine Nachricht schrieb, statt sich angeregt mit mir zu unterhalten. Oder dass sie die Frage, die ich ihr kurz vor dem Abendessen stellte, nur halb beantwortete, weil sie sich nebenbei durch ihre liebsten sozialen Medien scrollte.

Als ich versuchte, mit einem meiner Söhne am Küchentisch

über den Sinn des Lebens zu sprechen, da hob er nur gelegentlich den Kopf, während er über all das lächelte, was seine Freunde ihm gerade online mitteilten. Das machte mich einfach sprachlos.

Wenn wir von anderen genauso schlecht behandelt werden, wie wir sie üblicherweise behandeln, fühlt sich das für uns befremdlich an. Das löst in uns eine Empörung aus, die nur ein wahrer Heuchler wirklich nachvollziehen kann. Ich hätte mir nicht träumen lassen, dass das, womit ich damals herumexperimentierte, bald schon die neue Normalität für fast alle werden würde.

Nie hatten wir mehr »Kontakte«

Egal wohin man geht – überall starren die Leute auf ihre Geräte, als ob das etwas Selbstverständliches wäre. Paare, die gemeinsam im Restaurant sitzen, ignorieren sich einfach, während sie auf ihren Salat warten, und scrollen mit leerem Blick endlos auf ihren Smartphones herum. Das alles ist in vielerlei Hinsicht widersprüchlich. Nie hatten wir in unserer Kultur mehr »Kontakte«, und doch haben wir uns nie einsamer gefühlt. Die meisten von uns sind über die sozialen Medien und andere Online-Plattformen mit Hunderten, ja sogar mit Tausenden von Menschen verbunden. Folglich haben wir alle jetzt Freunde, die gar keine echten Freunde sind, sondern eben »Kontakte«, was immer das auch heißen mag.

Gibt es hier auch eine positive Seite? Natürlich. Ich bin zum Beispiel begeistert davon, dass ich jederzeit und überall von Weltklasse-Experten etwas lernen kann. Ich freue mich, einem Freund schreiben zu können, der tausend oder zehntausend Kilometer von mir entfernt wohnt. Es ist toll, alles mitzubekommen, was andere so beschäftigt, seien es Urlaube, berufliche Aktivitäten oder Familienereignisse – ja sogar, was sie an einem ganz normalen Donnerstagnachmittag um drei machen.

Aber – und vielleicht geht es Ihnen da ähnlich – es bedeutet eben auch, dass ich oft mehr auf Menschen in der Ferne ausgerichtet bin als auf diejenigen, die sich mit mir in einem Raum befinden. Es ist erschreckend, wie sehr wir uns daran gewöhnt haben, dass irgendein Gerät in unserer Tasche vibriert oder klingelt. Das ständige Summen nimmt keine Rücksicht auf den Zeitpunkt und die Situation. Es ist ihm ganz egal, ob es uns beim Mittagessen stört, beim Picknick am Strand, beim Hören unseres Lieblingssongs, bei einem tiefgründigen Gespräch auf der Terrasse oder sogar beim Sex. Unsere elektronischen Geräte haben die unheimliche Eigenschaft, alles zu unterbrechen, was uns wichtig ist.

Für die meisten von uns bedeutet das einen schleichenden Beziehungsverlust. Sie und ich sind mit anderen Menschen verbunden, allerdings nicht mit denen, die sich mit uns im selben Zimmer befinden. Wir unterhalten uns, aber nicht mit denjenigen, die wir am meisten lieben. Folglich opfern wir unsere beste Zeit für Menschen, die wir weder umarmen noch berühren noch von Angesicht zu Angesicht sehen können. Es kann sein, dass wir jemandem, der vor vielen Jahren mit uns zur Schule gegangen ist, mehr Aufmerksamkeit widmen als den Menschen, die uns jetzt am nächsten stehen.

Wir leben in einer Welt, in der wir fünfhundert Freunde haben können und uns trotzdem isoliert und verlassen fühlen.

Wir leben in einer Welt, in der wir fünfhundert Freunde haben können und uns trotzdem isoliert und verlassen fühlen. Sich in die Einsamkeit zurückziehen zu können, ist ein Geschenk Gottes. Isolation dagegen nicht – sie ist ein Werkzeug des Feindes. Für unsere Kultur gilt: Je mehr Kanäle wir bekommen haben, um mit anderen in Verbindung zu treten, desto isolierter wurden wir. Das ist das seltsame Paradox des 21. Jahrhunderts: Wir haben mehr Kontakte als je zuvor und haben uns zugleich noch nie so einsam gefühlt.

Wer ist schuld?

Nun kann man natürlich leicht mit dem Finger auf die moderne Technologie zeigen und ihre üblen Folgen beklagen. Eltern regen sich darüber auf, dass ihre Kinder von Spielen oder sozialen Medien abhängig geworden sind. Paare führen ihre Eheprobleme auf den kleinen oder großen Bildschirm zurück, von dem sich ihr Partner nicht loseisen kann. Das Grundübel muss ja wohl die Technologie sein. Denn als wir Kinder waren, haben wir uns nicht so benommen. Und unsere Eltern hatten solche Probleme nicht.

Es gibt natürlich klare Belege dafür, dass unsere Technik-Besessenheit nicht gut für uns ist. Frühere Silicon-Valley-Manager sagen heute öffentlich, dass dies unserem Gehirn schadet, unseren Beziehungen und sogar unserer Fähigkeit, uns zu konzentrieren und in eine Arbeit zu vertiefen. Immer mehr Menschen, die selbst in der Technologiebranche tätig sind, warnen inzwischen unüberhörbar vor den Auswirkungen dessen, was sie selbst geschaffen haben. Und auch ich teile diese Bedenken zunehmend.

Aber ist es wirklich so einfach? Sollen wir uns von unseren elektronischen Geräten trennen, damit dann alles besser wird? Nur nicht so voreilig. Denken wir einmal etwas differenzierter über diese Technologien nach. Was, wenn – trotz aller Probleme und Gefahren, die sie mit sich bringen – diese Geräte an sich doch nicht gut oder böse sind, sondern nur offenbaren und verstärken, was ohnehin schon da ist?

Wenn wir behaupten, die Technologie sei schuld, ist es dann nicht so, als würden wir sagen, Papier sei etwas Schlechtes? Papier wird dazu benutzt, um Liebesbriefe und Todesdrohungen zu schreiben, um Grundrechte zu verfassen oder Kriege zu erklären. Kinder haben aus Papier Flugzeuge gebastelt, und Brandstifter haben damit Feuer gelegt. Ist Papier an sich böse? Das kann man so nicht sagen.

Ebenso lässt sich feststellen, dass Paare sich schon getrennt haben, lange bevor man den perfekt passenden Partner online finden konnte, und dass Familien schon seit Generationen Kommunikationsprobleme hatten, ohne dass Handyspiele die Gedanken und Daumen ihrer Teenager in Beschlag nahmen.

Eine neue Technologie ist sehr gut darin, das ans Licht zu bringen, was schon in uns steckt. Wenn ich von Natur aus ein Narziss bin, dann eröffnen mir die sozialen Medien eine neue Plattform, um meine Ichbezogenheit auszuleben. Wenn ich zum Workaholic neige, dann habe ich immer Zugang zu meinem Büro, weil ich meine Geräte überallhin mitnehmen kann. Wenn ich der Typ bin, der gern außerhalb seiner Ehe oder festen Partnerschaft nach Abenteuern sucht, so ist das heute leichter als je zuvor und erfordert viel weniger Mut als früher. Die Technologie hat diese Probleme nicht *geschaffen*. Sie offenbart und verstärkt sie nur. Was wir hier vor uns haben, ist kein technologisches Problem, sondern ein menschliches.

Eine neue Technologie ist sehr gut darin, das ans Licht zu bringen, was schon in uns steckt.

Umgekehrt lässt sich wiederum sagen, dass die Technologie auch Gutes offenbart und verstärkt. Sie eröffnet uns die Möglichkeit, anderen zu helfen und die allgemeine Aufmerksamkeit auf wichtige Anliegen zu lenken. Wir können durch Crowdfunding bedürftigen Menschen helfen oder andere mit innovativen Ideen unterstützen. Wir haben die Möglichkeit, mit Freunden oder Familienmitgliedern zu kommunizieren, wenn wir weit voneinander entfernt sind. Wir bleiben informiert über alles Wichtige, was sich auf der Welt ereignet. Und Menschen, die sonst wenig Zugang zu Information und Bildung haben, kommen ein gutes Stück weiter. Im Grunde genommen ist es mit der Technologie wie mit Geld: Sie ist eine grausame Herrin, aber eine hervorragende Dienerin. Mit ihr kann man unglaublich viel Gutes tun, aber sie kann auch das Schlimmste in uns hervorbringen.

Kein neues Problem

Drehen wir die Uhr noch ein bisschen weiter zurück. Bevor ich mein erstes Smartphone bekam, hatte ich bereits die Neigung, mich von meiner Umgebung abzukapseln. Mein neues Gerät machte mir dies nur leichter. Es bewirkte meinen egoistischen Rückzug nicht, sondern machte ihn lediglich offenbar.

Dieses Problem geht bis in meine Kindheit zurück. Ich wurde auf einer Farm geboren und ein paar Jahre später zog meine Familie in die Stadt in einen nagelneuen 3-Zimmer-Bungalow, der Ende der 1960er-Jahre erbaut worden war. Ich liebte dieses Haus. Und ich mochte die Freunde, die ich fand, als ich zur Schule kam, Baseball spielte, Erdhügel erklomm und Fahrrad fuhr. Doch diese schöne Zeit mit den guten Freundschaften währte nicht lange.

Ich erinnere mich noch genau an den Tag, als das Schild »Zu verkaufen« in unserem Vorgarten auftauchte. Ich war damals acht Jahre alt. Mein Freund Jack und ich unterhielten uns darüber, wie doof es war, dass wir umzogen. Er war ein guter Freund und ich würde ihn nie wiedersehen. Am liebsten hätte ich das Schild aus dem Boden gerissen und weggeworfen. Aber ich war zu schüchtern, ängstlich und gehorsam, um es auch nur zu versuchen.

Ein paar Monate später zogen wir in ein neues Haus in einer anderen Stadt. Ich schloss wieder Freundschaften und mein bester Freund wohnte nur ein paar Häuser von uns entfernt. Robbie und ich hatten schnell zueinandergefunden und verbrachten so viel Zeit wie möglich zusammen. Achtzehn Monate später eröffnete sich meinem Vater eine neue berufliche Perspektive, diesmal fast fünfhundert Kilometer entfernt. Wieder wurde das Haus verkauft und wir kamen nach einer fünfstündigen Fahrt in unserem neuen Zuhause an. Zuhause in Anführungszeichen. Das Haus war noch nicht fertig und ich musste die vierte Klasse in einer Schule beenden, die ich im nächsten Schuljahr nicht mehr besuchen würde.

Wir zogen ein weiteres Mal um, jedoch nur ein paar Kilometer weiter in einen anderen Schulbezirk. Das bedeutete, dass ich die fünfte Klasse mit neuen Mitschülern begann. Es war mein dritter Schulwechsel innerhalb von drei Jahren und ich weiß noch genau, wie ich eines Tages in der fünften Klasse einen Entschluss fasste: Ich würde keine neuen Freundschaften mehr schließen. Es war einfach zu schmerzhaft. Ich würde auch allein zurechtkommen.

Ausgerechnet an dieser Schule blieb ich dann aber drei Jahre lang und schloss dort die Mittelstufe ab. Obwohl wir noch mehrmals umzogen, blieben wir immer innerhalb des Schulbezirks, sodass ich die Highschool zusammen mit vielen Jugendlichen besuchte, die ich bereits kannte. Trotzdem hatte ich immer das Gefühl, nicht zu den anderen zu passen. In der Highschool befand ich mich zwar im Dunstkreis der coolen Kids, aber ich fühlte mich nicht wirklich dazugehörig. Ich kam mir vor wie ein permanenter Außenseiter. Meine Tendenz, andere auf Distanz zu halten, hatte sich inzwischen verfestigt. Und ich habe seither mein ganzes Leben lang damit zu kämpfen gehabt.

Ich mache weder meinen Eltern noch Gott für all dies irgendwelche Vorwürfe. Ich glaube, dass Gott alle Dinge gebrauchen und auch alles zum Guten wenden kann, selbst den dummen Entschluss eines Zehnjährigen, nie wieder Freundschaften zu schließen. Was ich damit sagen will, ist lediglich, dass die Tendenz, mich von anderen abzukapseln, tief in mir verwurzelt ist.

Die Distanz zwischen Menschen ist ein jahrhundertealtes Problem.

Ich bin auch ein Typ, der so technikbesessen ist, dass er um drei Uhr morgens aufsteht, um das neueste Gerät zu bestellen, das an diesem Tag auf den Markt kommt. Ich besitze einen riesigen elektronischen Friedhof. Mein Umgang mit der Technologie offenbart meinen Hang zum Beziehungsverlust. Und wenn ich nicht aufpasse, werde ich dort immer wieder enden.

Meine Kindheitserlebnisse waren ganz und gar nicht ungewöhnlich. Wir alle kennen Familien, die praktisch keine Beziehung untereinander hatten. Da war der Vater, der mit einem

Bier in der Garage verschwand, um an seinem Auto herumzubasteln, und nie damit fertig wurde. Oder die Mutter, die ständig am Telefon hing und den ganzen Tag allein shoppen ging. Oder die Schwester, die sich in ihrem Zimmer einschloss und nie herauskam. Oder der ältere Bruder, der immer bei seinen Freunden war und selten zu Hause.

Die Distanz zwischen Menschen ist ein jahrhundertealtes Problem. Lange bevor jeder sein eigenes Gerät in der Tasche hatte, war das Leben auf der Veranda des Vorgartens der Isolation in den Hinterhöfen gewichen. Die meisten Menschen schließen nach Feierabend die Garage hinter sich zu und damit ihr Leben. An vielen Orten kennen sich die Nachbarn untereinander nicht mehr – nicht einmal dem Namen nach.

In den USA gibt es auf großen Autobahnen eine besondere Spur. Dort dürfen nur »Fahrzeuge mit vielen Insassen« fahren. Laut dieser Vorschrift ist damit schon die Beförderung von zwei Personen gemeint. Stellen Sie sich vor: »Viele Insassen« bedeutet Sie und eine weitere Person! Und wissen Sie was? Die meiste Zeit können Sie diese Fahrspur gar nicht nutzen, weil Sie diese Mindestanforderung nicht erfüllen. Ebenso der Rest der Menschheit. Wir sind von Tausenden von Menschen umgeben oder sie sind nur einen Mausklick entfernt und dennoch fühlen wir uns alle ein bisschen einsamer. Und dieses Problem ist nicht nur ein digitales, es geht viel tiefer.

Kennen Sie den Film »Unsere kleine Farm«?

Wie Sie ein wenig später in diesem Buch noch erfahren werden, bin ich ein Fan von Veränderungen. Ohne sie treten wir auf der Stelle oder sterben sogar. Veränderungen haben viel Gutes bewirkt, aber ihre Resultate können auch sehr gemischt sein. Ja, sie bringen sogar Todesopfer mit sich.

Mein Großvater wurde 1898 geboren und starb 1977. Die Veränderungen, die er während seines Lebens sah, müssen manchmal geradezu überwältigend gewesen sein. Er wurde in eine

Welt hineingeboren, in der man noch mit Pferd und Kutsche unterwegs war, doch noch zu seinen Lebzeiten füllte sich unser Planet mit Autos, Flugzeugen und Raketen, ganz zu schweigen von aufstrebenden jungen Firmen wie Apple und Microsoft.

Vielleicht noch bemerkenswerter als die technologische Revolution, die sich vor unseren Augen abspielt, ist deren Geschwindigkeit. Vor hundert Jahren, als mein Großvater ein junger Mann war, konnte man sich glücklich schätzen, wenn man *in seinem ganzen Leben* den Informationsgehalt von ungefähr fünfzig Büchern aufnehmen konnte. Denken wir einen Moment lang darüber nach. Die Menschen damals lasen üblicherweise nur wenig und das nicht, weil sie keine Lust dazu hatten oder nicht lesen konnten, sondern weil sie kaum Zugang zu Informationen hatten.

Man ging kurz nach Sonnenuntergan zu Bett und stand bei Sonnenaufgang wieder auf.

Stellen wir uns einmal vor, wie das Leben 1898 war. Der eigene Freundeskreis war klein und lokal begrenzt; er bestand sehr wahrscheinlich nur aus Menschen, die in der Nähe lebten. Vielleicht unternahm man ab und zu eine Tagesreise und fuhr in ein Dorf, das ein paar Dutzend Kilometer entfernt war, um Handel zu treiben, einzukaufen oder Verwandte zu besuchen, doch das war ein seltenes und besonderes Ereignis. Man ging kurz nach Sonnenuntergang zu Bett und stand bei Sonnenaufgang wieder auf. Tagein, tagaus traf man dieselben Menschen auf dem Marktplatz, auf der Straße oder in der Kirche. Und wenn man nicht gerade viele Stunden arbeitete, unterhielt man sich miteinander, machte Spiele, hörte Musik, strickte, nähte, las ein Buch oder ging einem Hobby nach.

Wenn Sie sich einen kleinen Eindruck davon verschaffen wollen, wie das Leben vor über einem Jahrhundert aussah, empfehle ich Ihnen den zweistündigen Pilotfilm der Serie *Unsere kleine Farm*. Ich selbst schaue zwar nicht viel fern, aber als ich kürzlich durch die Programme zappte, stieß ich auf eine dieser Sendungen und kaufte daraufhin spontan aus einem Grund, den ich bis heute nicht verstehe, die ganze Serie. Als ich mir die erste Episode ansah, fielen mir gleich mehrere Dinge auf, vor allem das Tempo. Die Filme spielen in den 1870er- und 1880er-Jahren, nur ein paar Jahrzehnte, bevor mein Großvater geboren wurde, und das Tempo ist langsam ... so als ob man sich in der Schwerelosigkeit bewegt. Es ist so langsam, dass es fast keine Handlung gibt. Die Familie lässt sich in Minnesota nieder, doch darüber hinaus könnte man das Ganze ungefähr so zusammenfassen: »Ich habe heute Holz gefällt. Gibt es Hühnersuppe zu Abend? Setzen wir uns doch ein bisschen zusammen und stopfen Socken.«

Filmtechnik, Musik und Story fielen mir ebenfalls auf. Wie in Fernsehsendungen der 1970er-Jahre üblich, ist die Musik langsam und ebenso die Szenen und Dialoge. Die Kamera ist längere Zeit auf die Personen gerichtet, ohne abrupte Schnitte oder Nahaufnahmen, die Reaktionen einfangen. Die Handlung entfaltet sich in einem gemächlichen Tempo. Und wie steht es mit Computergrafiken und Stunts? Nun ja, der Unterschied zwischen *Unsere kleine Farm* und heutigen Superhelden-Movies ist gravierend – und, wie ich finde, auch sehr erfrischend.

Wenn wir aus *Unsere kleine Farm* etwas lernen können, dann ist es ganz bestimmt, wie sehr sich das Leben in all den Jahrzehnten verändert hat – nicht nur seit dem Ende des 19. Jahrhunderts, sondern auch, seit diese Filme in den 1970er- und 1980er-Jahren gedreht wurden. Es gibt so viel Freiräume, so viel Raum für Beziehungen, für leichte Unterhaltungen und Zeit für Gartenpflege. All dies entgeht uns offen gesprochen heutzutage komplett. Am deutlichsten zeigt uns diese Serie jedoch, wie sehr wir die Verbindung zu anderen Menschen verloren haben.

Der Tod zweier guter Freunde

Dies alles führt uns zu zwei wichtigen Fragen: Was machen diese rasanten Veränderungen und die Möglichkeit, sofort mit Millionen von Menschen in Kontakt zu treten, mit uns? Was geschieht mit unserer Seele, mit unseren innigsten Beziehungen, mit uns selbst?

Auf der Makroebene haben wir es hier mit Problemen zu tun, für die wir wahrscheinlich jahrzehntelang keine Diagnose haben werden, geschweige denn eine Lösung. Die Geschichtsbücher werden unsere Zeit aus einer prägnanteren Perspektive heraus beleuchten, als wir dies jetzt tun können. Im Grunde genommen sind wir die Eltern unserer Technologien – wir haben sie erfunden – und zugleich sind wir ihre Kinder. Wir haben Dinge geschaffen, die wir selbst nicht komplett verstehen, und wir wissen auch nicht, in welche Beziehung wir zu ihnen treten sollen. Aber sie verändern uns. Und sie legen in mancher Hinsicht die Wurzeln unseres Beziehungsverlustes offen. In meinem Leben habe ich den Niedergang – vielleicht sogar den herannahenden Tod – von zwei lebenswichtigen Elementen beobachtet und sehe, wie diese Jahr für Jahr tiefer in den Abgrund sinken. Ihr Untergang erklärt vielleicht zum Teil, warum Menschen sich so distanziert voneinander empfinden.

1. Der Niedergang echter Konversation

Ein gutes Gespräch zu führen ist eine schöne Kunst. Dazu gehört der Gedankenaustausch zwischen zwei oder mehr Menschen, die einander so wichtig sind, dass sie sich gegenseitig zuhören und miteinander sprechen. Leider entwickeln sich Unterhaltungen heutzutage eher zu einem Monolog zwischen Menschen, die sich nicht sonderlich füreinander interessieren. Wenn Sie sich das nächste Mal mit jemandem unterhalten, sollten Sie einmal darauf achten, wie oft Ihnen eine Frage gestellt wird. Diese könnte zum Beispiel einfach nur lauten: »Wie geht es dir wirklich?« oder »Das ist ja interessant – kannst du mir mehr davon erzählen?«. Fragen sind der Wendepunkt hin zu einem guten Gespräch und zu faszinierenden Beziehungen.

Fragen sind der Wendepunkt hin zu einem guten Gespräch und zu faszinierenden Beziehungen.

Seit ein paar Jahren fällt mir auf, dass während eines Gesprächs deutlich weniger Fragen gestellt werden als früher. Oft geben die Menschen Mini-Monologe von sich, die rein gar nichts mit den Personen zu tun haben, mit denen sie gerade reden. Das ist ein Zeichen von echtem Desinteresse für die Erfahrungen und Erlebnisse ihrer Zuhörer. Wenn Sie einmal nach diesem Muster des Monologs, der sich als Dialog tarnt, Ausschau halten, werden Sie es überall entdecken: auf Partys, bei zufälligen Begegnungen, beim Abendessen mit Freunden, in der Familie. Die Menschen reden förmlich aneinander vorbei und interessieren sich anscheinend keinen Deut für die Personen, mit denen sie gerade reden, beziehungsweise sie nehmen sie gar nicht wahr.

Woher kommt dieser Niedergang der Gesprächskultur? Meine Theorie dazu lautet: Wir haben uns daran gewöhnt, den Status quo unseres Befindens online zu posten und der ganzen Welt zu erzählen, was uns gerade durch den Kopf geht. Die sozialen Netzwerke haben uns alle zu kleinen Stars gemacht, die ihre eigene Sendung haben. So »sozial« diese Medien auch sein wollen – was dort veröffentlicht wird, sind in der Regel nur Monologe. Die meisten Menschen erzählen etwas, stellen aber keine Fragen. Und wenn man sich mit einem Kommentar einmischt, dann normalerweise nur, um den eigenen Standpunkt, eigene Vorstellungen oder die eigene Gemütslage zum Besten zu geben.

Ich glaube, dass wir das, was wir in den sozialen Medien tun, inzwischen auch in unser menschliches Miteinander hineingetragen haben. Wir meinen, dass andere unendlich interessiert sind an unserem Leben, so wie wir es online darstellen. In unserem selbstzentrierten Denken sind wir alle Hollywood-Stars, deren Leben für andere von größtem Interesse ist, oder zumindest sind wir zu unsicher, um zuzugeben, dass es anders sein könnte. Gespräche sind zu Pressekonferenzen geworden für alle, die gerade zufällig zuhören.

Leider wirkt ein solches Verhalten nicht nur für die Seelen unserer Zuhörer abstumpfend, sondern auch für uns als Redner. Wenn wir nur Monologe von uns geben, spüren wir irgendwann einen tiefen Verlust. Wir erleben nie, wie schön es sein kann, mit einem anderen Menschen wirklich verbunden zu sein. Uns entgehen die Ideen der anderen, ihre entgegengesetzte Meinung oder die faszinierende Perspektive, die wir selbst nie in Betracht gezogen hätten. Wir entdecken einfach nicht, wie es den Menschen, die uns angeblich wichtig sind, wirklich geht. Die Liebe und die Freude, die wir aneinander haben könnten, fehlen uns.

2. Der Tod der Buße

Neben dem Niedergang echter Konversation ereignet sich ein noch tieferer Verlust: Die Buße scheint von der Bildfläche zu verschwinden. Sie ist der Teil unseres Gebetes und unseres geistlichen Lebens, in dem wir all das zugeben, was wir nicht sind – unsere Versäumnisse, unsere bewussten Sünden und die vielen unbewussten Übertretungen. Wenn wir unsere Zerbrochenheit bekennen, gestehen wir damit ein, dass wir nicht so sind, wie wir vorgeben zu sein. Wir geben zu, dass wir es vermasselt haben.

Buße macht es erforderlich, dass wir unser wahres Ich offenlegen, das wir niemand anderem zeigen wollen.

Selbst unter den günstigsten Umständen fällt uns die Buße aus vielerlei Gründen schwer. Und in unserer Kultur widersetzen wir uns sogar grundsätzlich dem Gedanken, dass wir eine Beichte nötig hätten. Wir haben sozusagen eine kollektive Allergie dagegen entwickelt, das Wort *Sünde* auf unser Leben anzuwenden. Schließlich macht bei uns keiner mehr wirklich etwas falsch. Es gibt immer einen Sündenbock. Entweder war es unsere schwere Kindheit oder unser ständig abwesender Vater oder die überbehütende Mutter oder der Chef, der uns nicht mochte. Es könnte auch unser früherer Ehepartner gewesen sein oder der jetzige, der für all die Angst in unserem Leben verantwortlich ist. Auf jeden Fall sind wir es nicht selbst.

Wir vermeiden die Buße, weil sie uns zu einem Blick in den Spiegel zwingt. Buße macht es erforderlich, dass wir unser wahres Ich offenlegen, das wir niemand anderem zeigen wollen. Es ist dieses Ich, von dem Gott so gern möchte, dass wir es zu ihm bringen, aber wir weigern uns hartnäckig. Unser Zurückweichen vor der Buße bringt uns in eine prekäre Situation; vor allem jüngere Erwachsene, Teenager und Kinder, die in einer Gesellschaft aufwachsen, in der die Sünde geleugnet wird. Darüber hinaus haben sich viele Eltern seit ein paar Generationen einen Erziehungsstil angeeignet, bei dem ein Kind für fast alles, was es tut, Lob und Komplimente erhält, ganz unabhängig von seiner tatsächlichen Leistung, seinen Fähigkeiten oder Bemühungen.

Der Autor und Referent Tim Elmore stellt aufgrund seiner Nachforschungen fest, dass es bei jungen Erwachsenen und Kindern einen wachsenden Narzissmus gibt: »Wenn Teenager in den 1950er-Jahren gefragt wurden, ob sie eine ›sehr wichtige Person‹ seien, dann bejahten das weniger als 10 Prozent. Fünfzig Jahre später waren es 80 Prozent.« Elmore kommt zu dem Schluss, dieser Erziehungsansatz bringe eine Generation von Kindern hervor, die sich durch »ein hohes Maß an Arroganz und ein geringes Maß an Selbstachtung« auszeichne. Ein gesundes Selbstwertgefühl werde dann entwickelt, wenn das Lob auf eine tatsächliche Leistung und Anstrengung bezogen sei. Dies führe zu einem gesünderen Selbstverständnis, weil es die wichtige Rolle anerkenne, die Versagen, Probleme und das Eingeständnis von Schuld im Leben spielen.

In meinem Leben bin ich zu der Erkenntnis gekommen: Buße und Fortschritt sind untrennbar miteinander verbunden. Was wir nicht bekennen, das gehen wir nicht an. Wenn wir etwas mehr darüber nachdenken, merken wir: Genau das, was wir uns zu bekennen weigern, zehrt an den Beziehungen, die uns wichtig sind. Meine fehlende Bereitschaft, mich mit kritischen Kommentaren zurückzuhalten, treibt einen Keil in meine Ehe. Meine Selbstzentriertheit errichtet eine Mauer zwischen mir und meinen Kindern, ganz zu schweigen von meinen Freunden. Eifersucht und Neid machen es mir unmöglich, mich über die Erfolge anderer zu freuen, und folglich bleiben meine Freundschaften hohl und leer oder sie lösen sich ganz auf.

Es ist, als ob unsere Kultur zum Sturm auf unsere Beziehungen geblasen hat. Wir alle erliegen der Illusion, dank unserer elektronischen Geräte miteinander verbunden zu sein, und gleichzeitig sind wir so mit uns selbst beschäftigt, dass wir die anderen ignorieren und uns weigern, die Probleme zu bekennen, die dem allem zugrunde liegen. Denn der Fehler liegt ja nie bei uns, oder?

Kein Wunder, dass wir uns so isoliert fühlen.

Unsere mangelnde Bereitschaft zur Buße trennt uns von Gott, von anderen und sogar von uns selbst. Was also sollen wir tun? Sollen wir einfach unsere elektronischen Geräte abschalten, uns auf einen einsamen Berg zurückziehen und in Gemeinschaft mit der Natur leben? Wohl kaum. Wir könnten aber vielleicht ein paar Dinge ausprobieren. Und darum geht es in den nächsten Kapiteln.

6

Das Smartphone abschaffen reicht nicht

Warum wir das menschliche Problem lösen müssen

Vielleicht denken Sie, das Heilmittel für Ihren Beziehungsverlust sei das Weglegen Ihres Smartphones. Natürlich kann das eine Hilfe sein. Ich selbst habe es zeitweise mit der technologischen Abstinenz versucht – mit mäßigem Erfolg. Es ist durchaus möglich, ein paar Tage oder länger ohne diese Technologie zu leben. Wir können lernen zu leben, ohne dass wir ständig über alles Bescheid wissen, was sich außerhalb unseres unmittelbaren Radius ereignet.

Aber das ist nicht die Lösung für unser Problem. Es ist, als ob wir im frühen 20. Jahrhundert leben würden und der Meinung seien, wir könnten unser Pferd und unsere Kutsche für immer behalten. Die Menschen damals mussten erkennen, dass der Verbrennungsmotor nicht so schnell wieder von der Bildfläche verschwinden würde. Und so ist es auch heute mit dem Internet und den elektronischen Geräten. Die Herausforderung besteht nicht darin, sich der Veränderung zu *widersetzen*, sondern zu lernen, wie wir uns inmitten der Veränderung *gut entwickeln* können. Immerhin ist der Verlust der Beziehungen ein menschliches Problem. Die Technologie verschlimmert es nur.

Aus diesem Grund sollten wir dort anknüpfen, wo wir im

vorigen Kapitel aufgehört haben, nämlich bei der Buße als einem Weg zu besseren Beziehungen. Die Herausforderung besteht darin, nicht mehr den anderen die Schuld zu geben, sondern selbst die Verantwortung für unsere Sünde zu übernehmen. Die Schuld ist etwas Heimtückisches, denn sie taucht immer wieder in unseren Gedanken auf und will uns einreden, dass der Fehler nicht bei uns liegt.

Die Herausforderung besteht nicht darin, sich der Veränderung zu widersetzen, sondern zu lernen, wie wir uns imitten der Veränderung gut entwickeln können.

Seit Jahren denke ich schon über dieses Thema nach und habe dabei wichtige Unterschiede zwischen vier Schlüsselbegriffen entdeckt: Ausreden, Ursachen, Erklärungen und Rechtfertigungen. *Ausreden* haben ihren Ursprung in den Ursachen, warum etwas sich nicht so entwickelt hat, wie wir es erhofft hatten. Ja, unsere Eltern haben sich vielleicht scheiden lassen, als wir erst sechs Jahre alt waren. Und in der Schule wurden immer andere von den Lehrern bevorzugt. Weil das Geld fehlte, konnten wir nicht studieren, obwohl wir es uns so sehr gewünscht hätten. Doch eine Frage werden wir uns gefallen lassen müssen: Wann wollen wir endlich aufhören, die Gegenwart und die Zukunft von unserer Vergangenheit bestimmen zu lassen? Es gibt einen Punkt, an dem unsere Lebensumstände nicht mehr als Ausreden herhalten sollten.

Die *Ursachen* haben in unserer aktuellen Situation eine ähnliche Funktion. Ja, es gibt Gründe dafür, warum es in unserer Ehe so schlecht läuft. Warum unser Selbstwertgefühl so wenig ausgeprägt ist. Oder warum wir im Job Probleme haben. Das ist alles verständlich. So real diese Ursachen auch sein mögen, konzentrieren wir uns in unseren Gedanken und Gebeten doch meistens auf Dinge, die wir *nicht* beeinflussen können. Wir wollen, dass unser Partner sich ändert, dass unsere Kinder netter zu uns sind und unser Chef uns fairer behandelt. Doch wann wollen wir endlich damit aufhören, uns mit dem zu beschäftigen, was wir *nicht* unter Kontrolle haben, und lieber das in Angriff nehmen, was wir selbst verändern *können*? Wie wäre es, wenn wir mal einen Monat lang nur für das beten würden, was in unserem Einflussbereich liegt? Wahrscheinlich würde das dazu führen, dass wir weniger Ausreden erfinden würden ...

Nun fragen Sie sich vielleicht, was wir persönlich tun können. Die eigene Vergangenheit einfach ignorieren? So tun, als ob uns nie das Herz gebrochen worden wäre? Das Schlechte leugnen, das uns im Leben passiert ist? Auf keinen Fall. Doch statt diese Erfahrungen als *Ausreden* zu gebrauchen, sollten wir solche einschneidenden Erlebnisse in unserem Leben als *Erklärungen* sehen, die zu einer Veränderung führen können. Die Sprache der Erklärung ist anders als die Sprache der Ausrede. Die Erklärung hat einen forschenden Unterton.

Thomas Edison benötigte Tausende von Versuchen, bis er die Glühbirne erfand, und doch dienten ihm all die gescheiterten Experimente nicht als Ausrede, um sein Projekt aufzugeben. Jedes einzelne lieferte ihm eine weitere Erklärung, die ihm schließlich zu dem Durchbruch verhalf, der die Welt veränderte. Edison wird mit den berühmten Worten zitiert: »Ich bin nicht zehntausendmal gescheitert. Ich bin nicht ein einziges Mal gescheitert. Ich habe erfolgreich bewiesen, dass diese zehntausend Methoden nicht funktionieren. Wenn ich alle Methoden, die nicht funktionieren, ausgeschlossen habe, werde ich die Methode finden, die funktioniert.« Erklärungen sind der Treibstoff der Neugierigen, Tapferen und Motivierten. Wenn wir nach einer Erklärung suchen, warum es uns so schwerfällt, anderen Menschen zu vertrauen oder ihnen unser Herz zu öffnen, dann machen wir Fortschritte. Wir benutzen die Vergangenheit als Sprungbrett für die Zukunft, nicht als Barrikade gegen sie.

Wenn wir aufhören, unsere Vergangenheit als Rechtfertigung zu missbrauchen, dann erkennen wir vielleicht, dass wir Probleme haben, für die wir selbst verantwortlich sind. Natürlich haben nicht wir die Scheidung unserer Eltern verursacht, aber wir haben uns entschieden, viel zu lange an unserem Schmerz festzuhalten. Wir haben uns geweigert, unseren Blick nach innen zu richten, zu vergeben und Gott um Heilung zu bitten. Wenn wir beginnen, unsere Fehler zu bekennen, wenn wir uns weigern, Ausreden zu erfinden, dann hilft uns das beim Weiterkommen. Wir stehen zu unserer Rolle in dem Ganzen und genau dadurch verändern wir uns.

Gesunde Menschen sehen in einer Ursache eine *Erklärung*, nicht eine Rechtfertigung. Wenn wir uns rechtfertigen, führt das zum Stillstand und schließlich zur kompletten Verleugnung (»Ich bin für nichts verantwortlich«) oder zum Selbstmitleid (»Oh, ich armer Mensch, ich bin hier für immer gefangen«). Das Selbstmitleid meißelt in Stein, was die Entmutigung uns einflüstert.

Tausende von Menschen stehen täglich vor denselben Herausforderungen. Der größte Unterschied zwischen denen, die Fortschritte machen, und denen, die Ausreden gebrauchen, besteht darin, wie sie mit den Ursachen für ihre Lebensumstände umgehen. Wir haben also die Wahl: Wir können eine Ursache als Rechtfertigung missbrauchen, die uns in die Stagnation führt, oder als Erklärung, die zur Veränderung führt. Gestehen Sie sich Ihre Rolle ein. Beginnen Sie Ihre Vergangenheit hinter sich zu lassen. Stehen Sie zu Ihren Versäumnissen. Denn Sie können entweder Ausreden benutzen oder Fortschritte erzielen – beides zusammen geht nicht.

Wenn wir beginnen, unsere Fehler zu bekennen, wenn wir uns weigern Ausreden zu erfinden, dann hilft uns das beim Weiterkommen.

Pflegen Sie die Kunst der Konversation

Wenn Sie sich zu Ihren Versäumnissen bekennen, geht Ihnen allmählich auf, dass Sie selbst das Problem sind und nur in der Veränderung durch Gott die Lösung Ihrer Beziehungsschwierigkeiten zu finden ist. Dann leben Sie auch nicht mehr so selbstzentriert und rechtfertigen sich selbst nicht mehr so stark. Stattdessen entwickeln Sie ein Herz für andere, dadurch verändert sich auch Ihre Kommunikationsbereitschaft, was wiederum förderlich ist für Ihre Beziehungen. Fruchtbare Gespräche sind ein gegenseitiger Austausch, bei dem Menschen ein aktives Interesse füreinander hegen. Sie sind wie ein Pingpongspiel. Wer den Ball zu lange bei sich behält, der spielt nicht richtig.

Was aber, wenn das Gespräch nicht auf Gegenseitigkeit beruht, wenn Sie selbst dem anderen behutsam Ihre Fragen zuspielen, aber nur langwierige Antworten zurückerhalten? Dann seien Sie in diesem Fall derjenige, der sich erwachsen verhält, und bleiben Sie am Ball: Stellen Sie auch weiterhin interessierte Fragen. Ein auch nur annähernd gesunder Gesprächspartner wird diese Veränderung in der Dynamik irgendwann aufnehmen und dann auch selbst zum gegenseitigen Austausch beitragen. Ein ungesundes oder rein selbstzentriertes Gegenüber wird das nicht tun.

Wie aber geht man mit einem Gesprächspartner um, der sich nur um sich selbst dreht? Nun ja, Freunde kann man sich aussuchen, Familienmitglieder und Kollegen nicht. Es wird wahrscheinlich immer ein paar spannungsreiche Beziehungen in unserem Leben geben. Doch selbst frustrierende Unterhaltungen können eine gute Übung in Demut und geistlichem Wachstum sein. Wenn wir uns mehr für andere als für uns selbst interessieren, dann sterben wir damit einen kleinen Tod und sind damit nahe am Herzschlag Christi. Wenn wir unser Leben verschenken, entsteht etwas Großes.

Bei mir ist das Gefühl, dass ein Gespräch nirgendwohin führt, immer mit einer gewissen Verurteilung des anderen, ja sogar mit Arroganz verbunden. Ich meine dann, ich sei besser, klüger oder weiser oder hätte eine größere emotionale Intelligenz als der andere. Was mich natürlich geradewegs wieder zurück in die Buße treiben sollte. Immerhin sollen wir doch andere höher achten als uns selbst. Das gehört untrennbar zum Lebensstil eines demütigen Menschen.

Abgesehen von dem, was ich bisher dargelegt habe, wird noch manches andere geschehen, wenn Sie intensiver in das

Gespräch mit den Menschen in Ihrer Umgebung eintreten. Erstens werden Sie erfahren, wie es den anderen wirklich geht, wodurch eine tiefe Verbindung zu ihnen entsteht. Zweitens sehnen sich viele Menschen nach echten Gesprächen. Sie werden entdecken, dass Ihre Beziehungen dadurch viel belebender werden. Drittens werden Sie schon bald über das übliche »Wie geht's denn so?« hinauskommen und sich über tiefer gehende Themen unterhalten. Dann dreht sich nicht mehr alles um Leute und Ereignisse, sondern Sie führen fruchtbare Gespräche über die eigenen Vorstellungen und Möglichkeiten, über Wahrheit, Träume, Hoffnungen und Ambitionen. Auch das eigene Denken bewegt sich dann auf einem höheren Niveau. Und am Ende stellen Sie vielleicht sogar fest, dass Sie bei anderen Menschen als Freund, Vertrauter und Mentor gefragt sind. Die Kunst tiefgehender Gespräche ist heutzutage so selten, dass Menschen den Eindruck haben, sie hätten einen Schatz entdeckt, wenn sie auf so etwas stoßen – und das haben sie ja auch.

Wenn wir uns mehr für andere als für uns selbst interessieren, dann sterben wir damit einen kleinen Tod und sind damit nahe am Herzschlag Christ. Wenn wir unser Leben verschenken, entsteht etwas Großes.

Die Verbindung kappen – echte Verbindungen schaffen

Eine andere Möglichkeit, wie wir uns tiefer mit anderen Menschen verbinden können, besteht darin, von Zeit zu Zeit unsere elektronischen Verbindungen zu kappen. Wie bereits gesagt, bin ich ein regelrechter Technik-Freak und liebe meine elektronischen Geräte. Doch vor ein paar Jahren ließ ich mich, wenn auch nicht widerstandslos, dazu bekehren, diese hin und wieder ganz abzuschalten. Die Heimtücke dieser Geräte besteht darin, dass ich meine Arbeit überallhin mitnehmen kann, egal wo ich gerade bin. Aber das hatte zutiefst negative Auswirkungen auf meine Seele und meine Beziehungen. Selbst wenn ich nicht arbeite, weiß ich, dass ich es könnte. Die Versuchung zu arbeiten drängt sich immer wieder auf und ist wie eine Besessenheit, der man kaum widerstehen kann.

Blenden wir noch einmal zurück in meine Blackberry-Zeiten. Noch heute bin ich begeistert, wenn ich daran denke, wie meine Familie auf meine erste Smartphone-Besessenheit reagierte: Sie taten alles in ihrer Macht Stehende, um die Beziehung zu mir aufrechtzuerhalten. Während ich die Verbindung zu vielen anderen Leuten suchte, war ich denjenigen fern, die für mich eigentlich am wichtigsten waren – meiner Familie. Doch die fingen an, um mich zu kämpfen. Ich wünschte, ich selbst hätte früher gemerkt, was los war; aber immerhin haben *sie* es gemerkt und dafür bin ich ihnen dankbar.

In den letzten Jahren habe ich, was unsere familiären Beziehungen betrifft, ein paar drastische Veränderungen vorgenommen. Denn ich habe erkannt, dass die moderne Technologie sich immer mehr und immer dramatischer auf unser persönliches Leben auswirkt. Ich möchte sicherstellen, dass die Geräte, die ich benutze, mein Leben bereichern – insbesondere mein Familienleben. Sie sollen es nicht aushöhlen. Darum würde ich Ihnen gern ein paar Strategien empfehlen, die ich einsetze, damit diese Technologien mich nicht mehr so in ihren Bann ziehen wie früher:

- Bei den Mahlzeiten schalten meine Familie und ich alles ab (außer der Hintergrundmusik). Keine Smartphones und kein Fernsehen – nur Essen und Gespräche. Wir versuchen als Familie fünf- bis sechsmal pro Woche gemeinsam zu Hause zu essen. Das heißt, wir setzen uns zusammen hin und unterhalten uns während der Mahlzeit. Vor Kurzem haben wir unsere Küche so umgestaltet, dass wir besser gemeinsam kochen und essen können. Statt immer nur *für* unsere Gäste zu kochen, haben wir den Raum jetzt so eingerichtet, dass wir die Mahlzeiten miteinander zubereiten können – und so Gemeinschaft erfahren. In einer Zeit, in der viele Menschen abgelenkt und viel zu beschäftigt sind, kann ein gemeinsam zu Hause zubereitetes Essen eine fast schon heilige Verbindung schaffen.

- Wenn ich Mitfahrer habe, benutze ich mein Smartphone nicht mehr im Auto. Früher – das muss ich schmerzlich zugeben – habe ich oft Telefonate während der Fahrt erledigt, obwohl meine Frau oder meine Kinder dabei waren. Heute nutzen wir die gemeinsamen Autofahrten dazu, um über alles Mögliche miteinander zu reden. Wenn wir unterwegs sind, dann ist das eine besondere Zeit, die wir gemeinsam haben.
- Wir machen Brettspiele – ja, die guten alten Gesellschaftsspiele wie Monopoly, Cluedo oder Scrabble. Und währenddessen werden keine Textnachrichten, E-Mails oder Facebook-Accounts gecheckt.
- Wir unternehmen etwas gemeinsam, seien es Wanderungen, Radtouren oder Bootsfahrten. Das nimmt uns aus dem Alltag heraus und fördert die Gespräche.
- Wir laden Verwandte und Freunde zu uns nach Hause ein – und nehmen uns dann viel Zeit. Ohne Zeitdruck mit nahestehenden Menschen zusammen zu sein, Erfahrungen und Erlebnisse auszutauschen, das bereichert unser Leben und fördert die Beziehungen.
- Wir machen gemeinsam Ferien. Ich staune immer wieder darüber, dass wir inzwischen automatisch unsere Smartphones und andere Geräte beiseitelegen, wenn wir im Urlaub sind. Vielleicht schauen wir kurz nach, wie das Wetter morgen wird, oder suchen im Internet nach etwas, das wir unternehmen könnten. Doch meistens liegen unsere Geräte nur herum. Jedes Jahr verbringen wir mindestens eine Woche an einem Ort, wo wir keinen Internetempfang haben und es nicht einmal einen Fernseher gibt. Für meine Kinder ist das ihr absoluter Lieblingsort.
- Mein Smartphone ist den ganzen Tag über im »Ruhemo-

dus«. Das bedeutet, dass ich weder ein *Pling* höre noch eine Vibration fühle, sodass ich während der Arbeit und in meinen Gesprächen und Gedanken nicht unterbrochen werde. Wenn ich eine freie Minute habe, kann ich immer noch nachsehen, ob mir etwas Wichtiges entgangen ist. Ich bin sicher: Wenn unser Haus brennt, wird mich schon jemand ausfindig machen, um mir das mitzuteilen.

- Ich habe keine elektronischen Geräte mehr im Schlafzimmer. Früher habe ich mein Smartphone auf dem Nachttisch aufgeladen, doch seit ein paar Jahren mache ich das nur noch im Arbeitszimmer. Seitdem schlafe ich viel besser.

Warum so eilig?

Vielleicht sind Sie in dieser Hinsicht wie ich: Ich bin ständig aktiv, gehe bis an meine Grenzen und nutze jeden Tag so gut wie möglich aus. Unsere vernetzte Welt hat dies auf eine Weise möglich gemacht, die frühere Generationen sich nicht vorstellen konnten. Wir haben schier unbegrenzten Zugang zu Informationen und so viele Möglichkeiten. Das verstärkt bei uns den Druck, noch mehr zu machen, mehr zu sein und mehr zu leisten. Wir haben unzählige Möglichkeiten, die nur einen Mausklick entfernt sind, aber genau das bringt auch eine Menge Nachteile mit sich. Viel wurde schon über unseren beschleunigten Lebensstil gesagt und das aus gutem Grund. Die Geschwindigkeit, mit der wir unterwegs sind, ist aufregend, aber auch problematisch. Ich habe festgestellt, dass der ständige Zeitdruck zu einem unreflektierten und isolierten Leben führt. Unsere Eile tötet die enge Verbindung zu Gott, zu unserer Familie und unseren Freunden.

Unser Tempo zu drosseln ist die einzige Möglichkeit, wie wir lange genug innehalten können, um uns das Chaos, in dem wir uns befinden, und das Chaos, das wir verursachen, einzugestehen. Es ist die einzige Möglichkeit, wie wir eine enge Verbindung zu den Menschen in unserer Umgebung aufbauen können. Es ist der einzige Weg, wie wir für unsere Familie wirklich präsent sein können.

Die Liebe hat eine bestimmte Geschwindigkeit. Und die ist langsamer als meine. Die Liebe lässt sich Zeit. Die Liebe widmet ihre volle Aufmerksamkeit und gibt mehr, als sie nimmt. Wenn ich zu schnell durch die Gegend renne, lasse ich die Liebe hinter mir, und die Menschen, die ich liebe, zahlen den Preis dafür.

Bin ich immer noch mit hohem Tempo unterwegs? Klar. Aber inzwischen kann ich auch mal etwas Abstand nehmen, was ich nie konnte, bevor ich einen Burn-out hatte. Jetzt beginnt mein Tag mit dreißig bis sechzig Minuten des Gebets und Bibellesens, egal wo ich gerade bin. Ich habe viele Sitzungen gestrichen, die früher einen Großteil meines Arbeitstages ausmachten. Ich habe auch mehr Schlaf- und Ruhezeiten in meinem Terminkalender untergebracht. Natürlich wird die Welt sich in nächster Zeit nicht entschleunigen, aber das heißt nicht, dass wir das auch nicht können. Klar können wir das.

Die Liebe widmet ihre volle Aufmerksamkeit und gibt mehr, als sie nimmt.

Und noch etwas habe ich beobachtet: Die Führungskräfte, die ich am meisten bewundere und die am meisten erreicht haben, sind in der Regel Menschen, die nie in Eile sind, die scheinbar alle Zeit der Welt haben. Da ist durchaus was dran. John Ortberg wurde ein enger Freund des Theologen und Autors Dallas Willard. In der Anfangszeit ihrer Freundschaft war John im Trubel und Tumult seiner wachsenden Gemeinde gefangen und in den endlosen Fußballturnieren und Schulveranstaltungen, wie jede Familie sie kennt. Eines Tages fragte John seinen Freund Dallas um Rat. Er wollte ein geistlich gesünderes Leben führen.

Nach einer langen Pause antwortete Dallas: »Du musst erbarmungslos die Hetze aus deinem Leben entfernen.«

John notierte sich diesen Ratschlag und wartete, ob noch etwas kam, etwas Tiefsinnigeres vielleicht. Schließlich hakte er nach: »Und was noch?«

Wieder eine lange Pause.

»Nichts«, erwiderte Dallas. »Du musst erbarmungslos die Hetze aus deinem Leben entfernen.«

Natürlich haben Dallas und John recht. Die Hektik zerstört so vieles, auch die tiefe Beziehung zu anderen Menschen. Was also ist nötig, um das Leben zu entschleunigen? Wie können Sie der Hetze ein Ende bereiten? Was kostet es Sie, wenn Sie Ihr Smartphone einfach mal weglegen, den Menschen, die Ihnen wichtig sind, in die Augen schauen und eine Verbindung zu ihnen aufbauen? Was ist nötig, damit Sie ein paar Aktivitäten aus Ihrem Terminkalender streichen und dafür ein paar Begegnungen mit Menschen eintragen? Wie können Sie Ihr Tempo lange genug drosseln, um den Klang Ihres Atems zu hören, während Sie beten und nachdenken und in der Stille ruhen, die Ihnen schon so lange fehlt?

Wenn Sie Ihre Beziehung zu anderen Menschen vertiefen, kann es passieren, dass Sie dabei auch wieder eine Verbindung zu Gott bekommen. Darüber hinaus kann noch etwas geschehen, womit Sie vielleicht gar nicht rechnen: dass Sie wieder eine Beziehung zu sich selbst finden.

Teil IV

Bedeutungsverlust

7

Veränderungen kommen immer ungebeten

Schleichender Bedeutungsverlust

Als Toni und ich heirateten, waren wir Mitte zwanzig und studierten beide noch. Wir hatten kein Geld, darum nahmen wir gern jedes Möbelstück, das andere uns überließen. Wir stellten eine hässliche avocadogrüne Couch bei uns auf, die unsere Freundin Alyson wegwerfen wollte. Für das Esszimmer holten wir uns ziemlich heruntergekommene siebzig Jahre alte Kirchenstühle, die ich zusammenleimte und neu anstrich. Wir wussten, dass wir mit unserer Einrichtung keinen Preis für Wohndesign gewinnen würden, aber billige oder kostenlose Möbel waren eben das, was wir uns leisten konnten. Wenn wir die Wahl hatten, dann war kostenlos immer besser als schick.

Mit den Jahren verließen all diese Secondhand-Möbel irgendwann unser Haus und zogen woanders ein oder wanderten auf den Sperrmüll, wo sie definitiv auch hingehörten. Im Lauf der Zeit, als wir finanziell besser dastanden, ersetzten wir sie nach und nach durch Stücke, die uns wirklich gefielen. Natürlich achteten wir auch hier auf den Preis, aber einige Möbel, die wir uns kauften, waren *nicht* billig. Wenn man erst einmal ein paar Tausend Dollar in die Wohn- oder Schlafzimmereinrichtung investiert hat, dann weiß man diese Möbel mehr zu schätzen als den lila Stuhl, den man in der Garage seines Onkels gefunden hat. Folglich möchte man diese Dinge auch möglichst lange behalten und sie nicht nach ein paar Jahren zum Sperrmüll stellen.

Dafür gibt es mindestens zwei Gründe. Erstens hat man diese Möbelstücke selbst ausgewählt. Es ist nicht mehr so wie früher, als man verzweifelt jedes Geschenk oder günstige Angebot von Verwandten, Freunden und Fremden annahm oder die Secondhandshops durchstöberte. Nun sucht man sich die Möbel viel bewusster aus, denn man hat lange dafür gespart.

Zweitens halten solche Einrichtungsgegenstände ja auch viel länger, denn sie waren neu und wahrscheinlich auch qualitativ besser als alles, was man ganz am Anfang hatte. Und wenn sie immer noch gut sind und ihren Zweck erfüllen, warum sollte man sie dann loswerden wollen?

Das erklärt auch, warum Menschen bestimmte Neigungen entwickeln, die ich selbst früher nie verstanden habe.

Als ich im Alter von dreißig Jahren meinen Dienst in den drei kleinen Gemeinden antrat, lautete eine von mehreren komplizierten theologischen Fragen, die ich mir stellte: Warum besitzen alle älteren Leute, die ich besuche, Möbel und andere Einrichtungsgegenstände, die schon vor etlichen Jahren aus der Mode gekommen sind? (Eine tiefschürfende Frage, ich weiß, aber so bin ich nun mal.) In dieser Anfangszeit machte ich viele Hausbesuche und jedes Mal, wenn ich durch die Tür trat, tauchte ich in die Welt der 1960er- und 1970er-Jahre ein, wie ich es seit Kindertagen nicht mehr erlebt hatte. Zig Quadratmeter Velourteppiche (bevor sie wieder modern wurden). Ganze Museen von Teakmöbeln (bevor sie wieder modern wurden). Zahlreiche olivgrüne und braune Haushaltsgeräte (die nie wieder modern wurden). Und was die persönliche Garderobe betraf, so bestand die formelle Kleidung der älteren Gemeindemitglieder in einer Rückkehr zu breiten Krawatten in grellen Farben und Polyester-Revers. Wenn die Garderobe jemals ein Update erfahren hatte, dann in Form einer Gürteltasche aus dem Jahr 1985. Ich kam mir manchmal vor, als hätte ich eine Zeitreise hinter mir. Immer wieder fragte ich mich, ob diese Leute überhaupt mitbekamen, dass die Uhr sich weitergedreht und die Kultur sich gewandelt hatte.

Meine Perspektive veränderte sich natürlich, als ich die Vierzig überschritt und meine eigenen Besitztümer (in der Regel neu) gekauft hatte. Nun fiel es auch mir schwerer, mich davon zu trennen. Ich erkannte, dass dies der Grund war, warum viele Menschen ihre Inneneinrichtung nicht mehr veränderten. Schließlich geht es im Leben um mehr als nur um Möbel und Kleider. Warum also sollte man Zeit und Geld investieren, um diese zu ersetzen oder zu modernisieren? Zu diesem Zeitpunkt war auch ich bereits zutiefst skeptisch gegenüber jeder unnötigen Ausgabe, selbst wenn das, was wir mittlerweile besaßen, von Jahr zu Jahr mehr aus der Mode kam.

Das eigene Leben umzukrempeln und zu verändern, ist etwas ganz anderes.

Doch eigentlich soll es hier um etwas Größeres gehen. Sich von Möbelstücken zu trennen ist eine Sache. Das eigene Leben umzukrempeln und zu verändern, ist etwas ganz anderes. Wenn wir selbst es sind, die an Bedeutung verlieren, dann kostet uns das mehr – weit mehr –, weil es alles durchdringt, was wir tun, wie wir kommunizieren und auf wen wir Einfluss haben.

Die Erosion des eigenen Einflusses

Ein Bedeutungsverlust tritt ein, wenn unser Stil oder die Sprache und die Methoden, die wir verwenden, keine Verbindung mehr haben zu der Kultur und den Menschen, die uns umgeben. Im Wesentlichen bedeutet das, dass wir eine Sprache sprechen, die die Menschen nicht mehr verstehen oder zu schätzen wissen. Wir sind irrelevant geworden. Solche Menschen verlieren am Ende die Fähigkeit, verständlich mit denen zu kommunizieren, die ihnen wichtig sind, und die Dinge zu fördern, die ihnen am Herzen liegen. Manchmal sind sie frustriert und begreifen nicht, warum die anderen sie nicht mehr verstehen. Es kann aber auch sein, dass ihr eigener Bedeutungsverlust ihnen gar nicht bewusst ist und sie nicht merken, dass ihr Einfluss immer mehr abnimmt oder schon ganz verschwunden ist.

Viele Menschen sind überhaupt nicht darauf vorbereitet und werden von der eigenen Bedeutungslosigkeit komplett überrascht. Die einst so gefragte Führungskraft ist mit fünfzig arbeitslos und schwer zu vermitteln. Der Regisseur, dessen Werke noch vor einem Jahrzehnt jeder sehen wollte, zeigt seine neuesten Streifen einem Publikum, das von Jahr zu Jahr kleiner und älter wird. Die Unternehmerin, die mit Mitte dreißig mehrere blühende Firmen leitete, präsentiert jetzt Ideen, mit denen sie von anderen nur verständnislose oder, noch schlimmer, mitleidige Blicke erntet. Der Vater, der die Jugendmannschaft trainierte und von den Kids bewundert wurde, sitzt nur noch zu Hause herum und starrt in den Fernseher.

Für andere irrelevant zu werden ist grausam; schleichend nimmt der eigene Einfluss ab. Die meisten von uns bringen in jüngeren Jahren eine gewaltige Energie und Kraft auf, um die Menschen, die uns am Herzen liegen, in eine gute Richtung zu beeinflussen und die Anliegen zu fördern, die uns wichtig sind. Der Bedeutungsverlust sabotiert diese Bemühungen. Ohne uns die Gründe dafür zu nennen, wenden sich Menschen still von uns ab, weil sie den Eindruck haben, von uns nicht mehr verstanden zu werden. Sie schreiben uns ab als seltsam, altmodisch oder sogar unbedeutend.

Der schnellste Weg in die Bedeutungslosigkeit

Rick Warren hat es auf den Punkt gebracht: »Wenn die Veränderungen außerhalb einer Organisation schneller vonstattengehen als innerhalb der Organisation, dann wird diese Organisation irgendwann irrelevant.« Dasselbe gilt auch für Menschen. Die Kluft zwischen der Geschwindigkeit, mit der *wir* uns verändern, und der Geschwindigkeit, mit der unsere *Umgebung* sich verändert, nennt sich Irrelevanz. Je größer die Kluft wird, desto unbedeutender werden wir.

Ich möchte Ihnen eine schwierige Frage stellen: Was verändert sich schneller – Sie oder die Kultur, in der Sie leben? Da ich annehme, dass Sie ehrlich zu sich selbst sind, meine ich die Antwort zu kennen. Der schnellste Weg in Richtung Bedeutungslosigkeit ist folglich: sich nicht mehr zu verändern. Dabei meine ich jedoch nicht die Veränderung, die unsere Seele betrifft. Wenn wir unser Wertesystem ständig neu ausrichten, wird es nicht lange dauern, bis wir unsere Seele verkauft haben und an der Stelle enden, die wir in einem der vorangegangenen Kapitel beschrieben haben. Unser Ziel sollte nicht darin bestehen, unserer Kultur hinterherzurennen und uns alle Nase lang in eine andere Person zu verwandeln. Nein, unser Ziel sollte es sein, unsere Kultur so gut zu verstehen, dass wir in der Lage sind, mit ihr zu kommunizieren. Und das erfordert natürlich eine gewisse Bereitschaft zur Veränderung und Anpassung.

Was verändert sich schneller - Sie oder die Kultur, in der Sie leben?

Das große Einfrieren

Wie kommt es, dass Menschen, die einst so relevant waren, plötzlich irrelevant sind? Wir wissen ja bereits, warum Möbel und andere Einrichtungsgegenstände irgendwann aus der Mode kommen. Also fällt es uns auch nicht schwer zu verstehen, wie das bei allem anderen ist. Wir werden uns gleich noch mit dem Bedeutungsverlust im Beruf und in unseren persönlichen Beziehungen beschäftigen. Doch zunächst schauen wir uns einmal an, wie das bei unserem Musikgeschmack und sonstigen Vorlieben aussieht. Wissenschaftler haben bezüglich der Musik, die wir im Laufe unseres Erwachsenenlebens hören, einen beinahe universalen Trend entdeckt. Sie sind der Auffassung, dass unsere Vorliebe für eine bestimmte Art von Musik sich im Alter zwischen sechzehn und vierundzwanzig Jahren herausbildet. Ich habe sogar schon die These gehört, dass sich unser Musikgeschmack im Alter von dreiundzwanzig Jahren herauskristallisiert und dann für den Rest unseres Lebens gleich bleibt. Das könnte erklären, warum ein Fünfzigjähriger immer noch Vokuhila trägt und zur Musik von Metallica abrockt. Manche Menschen entwickeln sich im Leben halt nicht weiter.

Vielleicht trifft das ja auf Sie nicht zu. Wahrscheinlich haben Sie sich schon ein bisschen verändert, aber schauen Sie sich Ihren musikalischen Geschmack mal ein bisschen genauer an. Dieser hat sich sicherlich mit der Zeit ein wenig weiterentwickelt, aber er ist möglicherweise auch nicht so viel anders als in jungen Jahren. Wenn Sie als Heranwachsender gern U2 gehört haben, dann ist es heute vielleicht Coldplay. Jemand, der als Student jede CD von Madonna oder den Backstreet Boys besaß, wird heute eher zu Justin Bieber neigen oder zu irgendeinem anderen Künstler unter den Top 40. Wodurch in unserem Gehirn Glücksgefühle ausgelöst werden, das verändert sich im Lauf der Jahre kaum. Und so lässt sich auch erklären, warum wir uns mit zunehmendem Alter beim Hören moderner Musik fragen, wie man so etwas überhaupt Musik nennen kann.

Worauf ich mit all dem hinauswill? Unbewusst leben die meisten von uns in dem Jahrzehnt, das ihren Geschmack, ihr Wissen und ihre Erfahrungen am meisten prägte. Wir wählen uns eine bestimmte Ära aus, die wir mögen, und verharren dann die meiste Zeit darin, als ob wir dort eingefroren wären. Die Vergangenheit besitzt eine Nostalgie, die die Zukunft nie haben wird. Wir fühlen uns wohler mit dem, was wir kennen und mögen, als mit dem, was wir nicht kennen.

Ähnlich ist es mit Filmen. Ich wette, Sie erinnern sich noch an zahlreiche Streifen aus der Zeit, als Sie Ihren Mann oder Ihre Frau kennenlernten, können aber keinen einzigen benennen, der letztes Jahr für den Oscar nominiert war. Oder wenn es um Sport geht: Wahrscheinlich könnten Sie noch jeden Spieler Ihrer Lieblingsmannschaft von damals aufzählen, als Sie im

Teenageralter waren, aber die Stars von heute würden Sie auf der Straße nicht erkennen, wenn sie an Ihnen vorübergingen. Dieses Prinzip gilt auch für die modernen Technologien. Sie haben keine Lust mehr auf die ständigen App-Updates und neuen Betriebssysteme, also behalten Sie Ihre Geräte, so lange Sie können, denn mit denen kennen Sie sich eben aus.

Wenn Sie fünfundzwanzig sind, fragen Sie sich vielleicht, wovon ich hier eigentlich rede. Für Sie ist alles gängig, einfach und leicht umsetzbar. Ja, Sie nehmen die Veränderungen in Ihrer Kultur fast gar nicht wahr, weil diese für Sie so natürlich sind. Sie lächeln über Ihre Großmutter, die das mit den sozialen Medien nicht so ganz verstanden hat und vor alles einen Artikel setzt (»dieses Instagram«) Und über Ihre fünfzigjährige Mutter ärgern Sie sich, weil sie immer noch nicht begriffen hat, dass man heute nicht einfach so jemanden anruft.

In welchem Jahr oder Jahrzehnt sind Sie »eingefroren?«

Überlegen Sie einmal kurz: In welchem Jahr oder Jahrzehnt sind Sie »eingefroren« oder werden Sie einmal »eingefroren«sein, wenn Sie noch jünger sind? Das große Einfrieren lässt sich auch bei Organisationen und Unternehmen beobachten. Es ist fast so, als hätte alles und jeder eine Jahreszahl angeheftet. Haben Sie nicht auch schon Unternehmen, Büros, Läden, Restaurants oder Schulen betreten und gedacht: *Mensch, das sieht hier aus wie anno 1998 oder vielleicht anno 1978?* Manchmal hat ein Gebäude sogar den Geruch eines bestimmten Jahres beibehalten. Und wenn wir nicht aufpassen, dann riechen wir irgendwann auch so wie das Jahr, in dem wir aufgehört haben, uns zu verändern.

Ich hatte ein solches Erlebnis, als mein Sohn zur Highschool ging. Er machte seinen Abschluss, fünfundzwanzig Jahre nachdem ich meinen in einer etwa fünfzig Kilometer entfernten Stadt gemacht hatte. Das war Mitte der 1980er-Jahre gewesen. Als ich durch die Flure seiner Schule ging, dachte ich, ich wäre in der Vergangenheit gelandet. Die Schule meines Sohnes war genau wie meine: dieselben Tische, Labore und Schließfächer, dieselben Farben an den Wänden. In fünfundzwanzig Jahren hatte sich nichts verändert. Ich war schockiert darüber, dass so wenig modernisiert worden war, seit ich eine Generation davor an der Highschool gewesen war. Es war mir beinahe unheimlich.

Und wissen Sie, was mit der Schule passierte, ein Jahr nachdem mein Sohn dort seinen Abschluss gemacht hatte? Sie wurde abgerissen.

Veränderungen kommen immer ungebeten

Warum entwickelt sich fast alles in unserem Leben in Richtung Irrelevanz? Das Problem ist, dass Veränderungen immer ungebeten kommen. Sie passieren einfach. Keiner klopft an unsere Tür und ruft: »Schönen guten Tag! Wir wollten Ihnen nur sagen, dass wir bei unseren Fahrzeugen das Design ändern und jede Menge autonomer Funktionen einbauen werden. Sie sollten sich also unbedingt mit den Möglichkeiten des autonomen Fahrens anfreunden.« Und es wird auch niemand kommen und sagen: »Hallo! Wir und ein paar andere Leute haben beschlossen, dass es unhöflich ist, wenn man sein Handy in der Öffentlichkeit nicht stumm schaltet. Wir haben diese Regel stillschweigend um Mitternacht eingeführt und ab jetzt wird jeder, dessen Handy in der Öffentlichkeit klingelt, vorwurfsvolle Blicke ernten. Wäre das für Sie in Ordnung?«

Auch die Mode bittet uns nicht um Erlaubnis, wenn sie sich verändern will. Eines Tages wird die Hüftpartie unserer Lieblingsjeans entweder zu hoch oder zu tief geschnitten sein und niemand hat uns davor gewarnt. Unsere Krawatte ist schmaler oder breiter als die der anderen Hochzeitsgäste und keiner hat uns vorher ein Memo geschickt, um uns das mitzuteilen. (Weil sowieso niemand mehr Memos schreibt.)

Die Industrie ist im Wandel. Technologien werden weiterentwickelt. Märkte passen sich an. Die Wirtschaft verändert sich. Werte verschieben sich von Generation zu Generation. Selbst die Bezeichnung menschlicher Gruppierungen bleibt nicht dieselbe, sodass eine Formulierung, die vor dreißig Jahren noch absolut akzeptabel war, heutzutage als rassistisch empfunden wird, wenn wir sie auf eine ethnische Gruppe anwenden.

Wenn Sie sich einmal überlegen, was sich während Ihrer Lebenszeit alles verändert hat – Technologien, die Gesellschaft, Design, Mode, Sprache, Musik und Kultur –, dann ist das geradezu schwindelerregend. Und niemand denkt überhaupt daran, Sie zu fragen, ob Sie damit einverstanden sind. Und genau so ereignet sich der Bedeutungsverlust. Ohne Ihr Wissen sind Sie plötzlich die Person im Team, über die die Neuankömmlinge sich lustig machen. Sie merken, wie ein paar Leute die Augen verdrehen, wenn sie meinen, dass Sie nicht hinschauen.

Etwas hat sich verschoben. Und Sie sind der Letzte, der es mitbekommt.

Oder Sie bekommen zu hören, Sie seien für den Job nicht geeignet, und fragen sich, warum das, was vor einem Jahrzehnt gut funktionierte, nun plötzlich nicht mehr angebracht sein soll. Sie merken, dass die Kommunikation mit Ihren Kindern immer schwieriger wird, und haben keine Ahnung, warum.

Etwas hat sich verschoben. Und Sie sind der Letzte, der es mitbekommt.

Willkommen im Reich der Bedeutungslosigkeit. Die Frage ist jetzt: Wie gehen Sie dagegen an? Die gute Nachricht lautet: Es gibt einen Weg, wie sie überwunden werden kann.

8

Appetit auf Neues

Wie wir durch regelmäßige (und radikale) Veränderungen an Bord bleiben

Falls Sie den Eindruck haben sollten, dass dieser Teil des Buches zu verurteilend klingt, dann sollten Sie wissen: Auch mir fällt es schwer, mit den Veränderungen um mich herum Schritt zu halten. Mehr als einmal wurde ich selbst zur Zielscheibe von genervt die Augen verdrehenden Teenagern, während ich versuchte, ein Betriebssystem zu installieren, einen neuen Grill zusammenzubauen oder der Gebrauchsanleitung für etwas Neues, das wir angeschafft hatten, zu folgen. Unvermeidlich fing es mit einem ungeduldigen »Gib mal her, Papa« an, begleitet von besagtem Augenverdrehen, einem tiefen Seufzen und einer schwungvollen Handbewegung, mit der mir die Gebrauchsanweisung/das Werkzeug/das Gerät weggenommen wurde, damit meine Jungs die Aufgabe zehnmal schneller erledigen konnten als ich. In ihrem jugendlichen Überschwang schauten sie mich an, als hätte man mir schon lange, bevor sie geboren wurden, das Gehirn amputiert. Jetzt sind meine beiden Söhne über zwanzig und unsere Beziehung ist um einiges gnädiger und sogar partnerschaftlicher geworden. Aber eines ist klar: *Sie* führen *mich*. Und das schon seit geraumer Zeit.

Wenn wir also davon ausgehen müssen, dass die nächste Generation in vielem besser/schneller/stärker ist als wir, wie bekämpfen wir dann unseren Bedeutungsverlust? Ganz einfach: indem auch wir uns verändern, dazulernen und uns entwickeln. Die eigene Veränderung hält den Bedeutungsverlust fern. Ich weiß, das hört sich simpel an, ist es aber nicht. Und darum haben auch so viele Menschen mit diesem Problem zu kämpfen. Je älter wir werden, desto schwerer ist es, sich zu verändern. Wenn Sie noch jung sind und die derzeitige Kultur Ihre »Muttersprache« ist, dann finden Sie sich heute vielleicht in all den Ausprägungen dieser Kultur zurecht, ohne viel nachzudenken. Doch irgendwann sind Sie nicht mehr Mitte zwanzig, sondern überschreiten die Dreißig, dann die Vierzig und so weiter. Und die Kultur verändert sich immer weiter.

Die eigene Veränderung hält den Bedeutungsverlust fern.

Behindert wird unsere Bereitschaft zur Veränderung natürlich durch alles, was vom Standard – dem, was wir als normal empfinden – abweicht. Alles, was anders ist, fühlt sich fremd, herausfordernd, manchmal sogar bedrohlich an. Und mit jedem Jahrzehnt wächst die Kluft zwischen dem, wo die Kultur sich inzwischen befindet, und dem, was wir als »normal« verinnerlicht haben. Es ist nicht schwer, sich in der Welt, in der man lebt, komplett fremd zu fühlen. Folglich ist die Bereitschaft zur Veränderung das einzige Mittel, mit dem sich die Kluft zwischen dem, wie wir sind, und dem, wie wir sein müssten, überbrücken lässt. Wenn wir uns auf Veränderung einlassen, bleiben wir am Arbeitsplatz up to date, unsere Sprache passt sich an die veränderten Gegebenheiten an und bewirkt auch, dass wir die Verbindung zu unseren Kindern und Enkeln aufrechterhalten.

»Aber«, so lautet ein Einwand, »was ist mit den zeitlosen Werten und mit all dem, was sich nicht verändert?« Das ist eine gute Frage. Theologisch gesehen verändert Gott sich niemals und mit Sicherheit sind seine Werte nicht zeitgebunden. Doch unsere Bereitschaft, uns zu verändern, verleiht uns die Fähigkeit, die zeitlosen Wahrheiten so weiterzugeben, dass sie auch für die, die nach uns kommen, von Bedeutung sind. Wenn wir die nächste Generation positiv beeinflussen wollen (oder auch die jetzige), dann ist die Veränderung unser Freund. Wenn wir aber stur an veralteten Methoden festhalten, dann enden wir schließlich damit, dass wir Kodak-Filme verkaufen wollen, nachdem die Fotografie digital geworden ist, oder DVDs horten, nachdem es Filme nur noch online gibt. Wenn wir nicht aufpassen, dann werden wir die Letzten sein, die rätseln, warum unser Ansatz und unsere Fähigkeiten nicht mehr gefragt sind.

All dies leuchtet Ihnen vermutlich ein. Und doch widersetzen sich so viele Menschen der Veränderung. Suchen wir also nach einer tieferen Antwort auf die Frage: Warum fällt es vielen von uns so schwer, sich zu verändern?

Warum Menschen sich nicht gerne verändern

Veränderungen sind schwierig, weil Sie und ich so angelegt sind, dass wir uns ihnen entgegenstellen. Um diese Behauptung zu überprüfen, versetzen Sie sich einmal in folgende Situation: Nehmen wir an, Sie wissen, dass die Reifen Ihres Autos erneuert werden sollten. Doch wie die meisten Autofahrer möchten auch Sie die Reifen noch so lange wie möglich nutzen. Denn vier neue Reifen aufzuziehen ist eine Menge Arbeit.

Zunächst einmal ist diese Aktion teuer. Ein gutes Set Reifen kostet Sie einiges an Geld. Zweitens ist das Ganze mit Aufwand verbunden. Sie müssen Ihren Wagen einen Tag lang in der Werkstatt lassen und mit einem Freund oder mit öffentlichen Verkehrsmitteln zur Arbeit fahren. Vielleicht müssen Sie auch stundenlang im Wartebereich der Werkstatt sitzen, die ausgelegten Autozeitschriften durchblättern oder auf Ihrem Smartphone herumtippen. Kein Wunder, dass Menschen Entscheidungen wie das Erneuern ihrer Autoreifen gerne auf die lange Bank schieben.

Doch nehmen wir einmal an, dass Sie heute Abend noch etwas mit dem Auto zu erledigen haben, und die neuen Reifen sind noch nicht in Auftrag gegeben. Es regnet. Sie fahren auf die Autobahn und sehen plötzlich ein Meer von roten Hecklichtern vor sich. Der Verkehr kommt abrupt zum Stillstand. Sie treten auf die Bremse, um einen Auffahrunfall zu verhindern.

Da verlieren Sie mit einem Mal die Kontrolle über Ihr Fahrzeug. Sie drehen sich um 360 Grad, prallen beinahe auf mehrere Wagen, die sich in Ihrer Nähe befinden, und schleudern nur wenige Zentimeter an der Mittelleitplanke vorbei. Ein paar Sekunden später bleibt Ihr Auto endlich stehen. Die anderen Fahrer hupen und zeigen Ihnen durch unmissverständliche Gesten, was sie von Ihnen halten.

Nach einer gewissen Zeit haben Sie sich etwas gefangen und schauen sich um. Zu Ihrer großen Überraschung haben Sie nichts gerammt. Sie selbst sind unverletzt geblieben. Wie durch ein Wunder ist nicht einmal der kleinste Schaden entstanden. Ihr Wagen – und Sie selbst – sind zu 100 Prozent intakt. Also nehmen Sie langsam den Fuß von der Bremse und setzen Ihre Fahrt unbeschadet fort.

Sie sind zur Veränderung bereit, weil die Probleme, die durch den Status quo entstehen, größer sind als die Probleme, die mit einer Veränderung verbunden sind.

Frage: Was werden Sie morgen früh als Erstes tun?

Genau. Sie werden die neuen Reifen kaufen und sie aufziehen lassen.

Warum?

Antwort: Sie sind zur Veränderung bereit, weil die Probleme, die durch den Status quo entstehen, größer sind als die Probleme, die mit einer Veränderung verbunden sind. Das ist der Augenblick, an dem die meisten von uns sich verändern. Wir wissen zum Beispiel, dass wir weniger essen und uns mehr bewegen sollten, aber wir tun das erst, wenn der Arzt uns gesagt hat, dass wir auf dem besten Weg sind, Diabetes, einen Herzinfarkt oder beides zu bekommen. Plötzlich fällt es uns nicht mehr so schwer, früh aufzustehen, um dreimal pro Woche joggen zu gehen, und das Nachtischbuffet lassen wir künftig links liegen. Oder wir meinen, unser Verhalten gegenüber unserer Frau sei kein großes Problem, bis sie uns eines Tages sagt, sie sei so frustriert, dass sie über eine Scheidung nachdenkt. Erst dann beginnen wir darauf zu achten, wie wir mit ihr reden und sie behandeln.

Veränderungen sind schmerzhaft. Und deshalb vermeiden wir sie meistens lieber. Das ist der Grund, warum wir unsere Marketingstrategie beibehalten, die am Anfang noch funktionierte, auch wenn der Markt sich inzwischen dramatisch verändert hat. Deshalb neigen wir dazu, die Management-Philosophie, die wir im Studium gelernt haben, auch weiterhin anzuwenden, selbst wenn unser Führungsstil bei den jüngeren Mitarbeitern nicht gut ankommt. Und darum nehmen wir an keinen Workshops und Seminaren teil, weil wir der Auffassung sind, dass die alten Methoden »bewährt und gut« sind.

Die Dynamik der Veränderung

Ich habe die meiste Zeit meines Berufslebens mit Menschen verbracht, die Veränderungen höchst skeptisch gegenüberstehen. Wenn Sie also mit Leuten reden wollen, die etwas von diesem Thema verstehen, dann sollten Sie mal eine gewisse Zeit mit Gemeindeleitern verbringen. Aus irgendeinem Grund neigen die Christen in Nordamerika dazu, sich mehr an die Vergangenheit zu klammern, als den Sprung in die Zukunft zu wagen. In den zurückliegenden Jahrzehnten sind immer weniger Menschen in die Kirche gegangen oder haben eine persönliche Glaubensbeziehung gehabt. Die Relevanz der christlichen Kirchen für unsere Kultur hat gelitten. Aus meiner Sicht gibt es einen direkten Zusammenhang zwischen diesen beiden Phänomenen. Und doch sind Christen oft der Überzeugung, dass sie sich nicht zu ändern brauchen, weil Gott sich ja auch nicht ändert. Ich habe mein Leben der Bekämpfung dieses Irrglaubens gewidmet. Schließlich führt unser Bedeutungsverlust ja dazu, dass wir nicht mehr in der Lage sind, unserer Kultur die christliche Botschaft zu vermitteln. Nie war die Stimme der Kirche wichtiger, und doch sind wir gerade dabei, die Bedeutung des Glaubens für die Menschen einzubüßen.

Die Kirche mag ein treffendes Beispiel für den Widerstand gegen Veränderungen sein, aber sie ist längst nicht das einzige. Wahrscheinlich haben Sie in Ihrem Leben beobachten können, wie ganze Industriezweige sich verändert haben, wie Titanen fielen und ehemals innovative Organisationen untergingen. Dagegen existierten zahlreiche Unternehmen, die heute zu den größten und am schnellsten wachsenden gehören, vor dreißig Jahren noch gar nicht. Die Frage fasziniert mich, warum manche Menschen und Organisationen zur Veränderung bereit sind und andere nicht. Denken Sie nur an das riesige Unternehmen Kodak, das heute nur noch ein Schatten seiner selbst ist.

Die Frage fasziniert mich, warum manche Menschen und Organisationen zur Veränderung bereit sind und andere nicht.

Fallstudien zeigen, dass innerhalb des Unternehmens erbitterte Auseinandersetzungen zwischen der Digitalabteilung und der Printabteilung geführt wurden. Die Top-Manager waren darauf fixiert, die Kunden davon zu überzeugen, dass sie ihre digitalen Fotos ausdrucken ließen. Die Digitalabteilung dagegen sagte, dass die Kunden sich für so etwas nicht interessierten. Es war also nicht so, dass Kodak sich über die Digitalisierung überhaupt keine Gedanken machte – es erkannte nur deren Bedeutung nicht. Die Ironie besteht darin, dass Kodak im Jahr 2000 zu den Ersten gehörte, die eine Website anboten, auf der man seine Fotos hochladen konnte. Doch wie die *Harvard Business Review* feststellte, war diese Internetseite darauf ausgerichtet, die Kunden zum Ausdrucken ihrer Fotos zu bewegen, und nicht, ihre Fotos mit anderen zu teilen. Im Grunde genommen wurde hier also eine neue Technologie dazu verwendet, ein altes Modell aufzupeppen – eine Strategie, die am Ende zum Niedergang des Unternehmens führte.

In vielerlei Hinsicht verhalten sich Kirchen und Unternehmen heute ganz ähnlich. Wir verwenden neue Technologien, um ein altes Modell aufrechtzuerhalten. Doch wie wäre es, wenn Führungskräfte anfangen würden, sich als digitales Unternehmen mit physischer Präsenz zu verstehen, statt als physisches Unternehmen mit digitaler Präsenz? Immerhin sind die Menschen, die Sie erreichen wollen, bereits online.

Stellen wir uns einmal vor, was passiert wäre, wenn Kodak sich etwa ein Jahrzehnt vor seinem Zusammenbruch die Frage gestellt hätte: »Sind wir im *Film*-Geschäft oder im *Foto*-Geschäft?« Wären sie im Foto-Geschäft gewesen, dann wären sie vielleicht heute noch das marktbeherrschende Unternehmen von damals. Das Verrückte ist ja, dass Kodak das digitale Fotografieren sogar *erfunden* hat; es brachte die erste Digitalkamera auf den Markt. Eigentlich wäre zu erwarten gewesen, dass ein Unternehmen, das eine Ikone der Fotobranche ist und die Digitalkamera erfunden hat, enorm erfolgreich wird. Stattdessen ging Kodak 2012 pleite.

Und wissen Sie, wer Kodak den Todesstoß versetzt hat? Nicht etwa eine andere Firma aus der Branche der digitalen Fotografie. Es war Instagram. Wenn die Spielregeln sich so massiv verändern, ist jeder, der sich nicht verändern will, dem Untergang geweiht.

Die Zeitungsbranche ist ein weiterer Industriezweig, der durch die Digitalisierung bis in die Grundfesten erschüttert wurde. Eine der wichtigsten Fragen, die Zeitungsverleger sich stellen können, wenn sich vor ihren Augen alles verändert, lautet: »Sind wir im *Zeitungs*-Geschäft oder im *Nachrichten*-Geschäft?«

Doch was für Außenstehende so offensichtlich scheint, ist es selten für Insider; und das ist der Grund, warum Sie und ich sich mit Veränderungen so schwertun. Damit Sie sehen können, was die meisten von uns nicht wahrnehmen, hier drei Prinzipien, die aufzeigen sollen, warum wir uns den Veränderungen widersetzen, die wir eigentlich vornehmen sollten, um relevant zu bleiben.

1. Wir sind nicht grundsätzlich gegen Veränderungen, nur gegen solche, auf die wir nicht selbst gekommen sind

Veränderungen geschehen auf zweierlei Weise: Sie werden uns entweder von außen auferlegt oder sie sind von innen heraus motiviert, intrinsisch. Mit Veränderungen, die intrinsisch motiviert sind, können wir viel besser umgehen. Denn wir haben sie uns selbst ausgedacht. Wir selbst haben uns entschlossen, ein Buch zu schreiben, eine Fortbildung für Führungskräfte zu besuchen, unsere Bürozeiten zu ändern oder neue Freundschaften zu schließen. Es sind Veränderungen, für die wir uns durchaus begeistern. Kann es trotzdem sein, dass wir einen gewissen Widerstand gegen diese von innen motivierten Veränderungen empfinden? Natürlich, aber dieser ist nicht so stark ausgeprägt wie der Widerstand gegen die von außen auferlegten Veränderungen. Wenn eine andere Person für Sie entscheidet, dass Sie jeden Morgen spätestens um acht Uhr im Büro sein müssen, dann ist das etwas ganz anderes, als wenn Sie selbst diesen Entschluss gefasst haben.

Das Problem bei den kulturellen und gesellschaftlichen Veränderungen, die unseren Bedeutungsverlust herbeiführen, besteht darin, dass sie uns alle von außen auferlegt sind.

Das Problem bei den kulturellen und gesellschaftlichen Veränderungen, die unseren Bedeutungsverlust herbeiführen, besteht darin, dass sie uns alle *von außen* auferlegt sind. Diese Art der Veränderung liegt nicht in unserem Einflussbereich. Folglich versuchen wir das Einzige zu tun, das uns übrig bleibt, um sie unter Kontrolle zu bekommen: Wir ignorieren sie, leisten Widerstand oder bekämpfen sie.

2. Appetit auf Bekanntes

Wie steht es mit Ihrem Appetit? Bestimmt haben Sie keine große Lust auf Gerichte, die Sie noch nie probiert haben, oder? Das liegt daran, dass es praktisch *unmöglich* ist, sich nach etwas zu sehnen, das man noch nicht ausprobiert, geschmeckt oder erlebt hat. Dafür haben wir noch nicht einmal eine Kategorie, denn unser Gehirn tut sich schwer damit, Unbekanntes richtig einzuordnen. Folglich bevorzugen wir beim Essen von Natur aus unsere Lieblingsgerichte.

Ähnlich ist es auch mit unserem Arbeitsverhalten, unseren Lebensgewohnheiten, unserem Einrichtungsstil und anderen Vorlieben. Im Beruf haben wir uns effektive Strategien, Ansätze und Routineabläufe angeeignet. Es ist ganz normal, dass wir das, was sich bereits bewährt hat, wiederholen und verfeinern wollen. Folglich erscheinen uns neue Methoden oft nicht so attraktiv wie das System, das wir sorgfältig ausgearbeitet und eingesetzt haben. Ähnlich ist es auch mit unseren persönlichen Vorlieben. Es ist viel wahrscheinlicher, dass wir unsere Lieblingssongs auf unserer Playlist auf Repeat setzen, als dass wir uns eine Endlosschleife von völlig unbekannten Titeln anhören. Meine Frau sagt mir, dass ich mir beim Hemdenkauf immer nur noch mehr Exemplare von der Art besorge, die ich bereits habe. Und ich vermute, die Tatsache, dass ich acht karierte Hemden nebeneinander in meinem Kleiderschrank hängen habe, bestätigt ihre These. Weil wir gern das haben wollen, was wir bereits kennen, greifen wir in unserem Leben immer wieder auf Beliebtes zurück. Unser Gehirn neigt zu dem, was es bereits kennt.

3. Probleme mit dem Erfolg

Erfolgreich werden wir in der Regel dadurch, dass wir für Veränderungen offen sind. Wir haben einen Wettbewerbsvorteil entdeckt und uns die nötige Ausrüstung dafür besorgt. Wir haben etwas Neues begonnen oder waren die Ersten, die eine Sache vermarktet haben. Auf diese Weise entwickeln Unternehmen sich positiv und steigen Führungskräfte auf. Doch sobald sie ein bestimmtes Maß an Erfolgen errungen haben, setzt eine ganz andere Dynamik ein.

Überraschenderweise trägt der Erfolg dazu bei, dass wir konservativer werden. Je erfolgreicher wir sind, desto weniger sind wir zu Veränderungen bereit. Als wir anfingen, kaum Geld besaßen und erst wenige Ziele erreicht hatten, was gab es da schon zu verlieren? So gut wie nichts. Darum war es ja auch so einfach, etwas zu riskieren und mutig nach vorn zu gehen. Da wir nur wenig hatten, wirkte jeder kleine Fortschritt wie ein Riesenerfolg.

Sobald sich aber der Erfolg eingestellt hat, haben wir plötzlich etwas, das wir erhalten und bewahren wollen, ob es unser Nettowert ist, unsere Strategien und Taktiken oder unsere Vorgehensweisen und Gewohnheiten. Selbst an unseren guten Ruf müssen wir dann denken. Folglich sind wir für Veränderungen weit weniger offen, weil wir uns das Gute, das wir erreicht haben, nicht verderben wollen. Wir halten an der Taktik fest, die uns so weit gebracht hat.

Genau auf diese Weise werden erfolgreiche Organisationen irgendwann irrelevant. Es gab Zeiten, da waren Kaufhäuser die größten Einzelhändler der Welt. Heute sind die meisten von ihnen auf dem absteigenden Ast. Statt sich einer veränderten Welt anzupassen, konnten sich viele Manager nicht vorstellen, dass ihre Kunden irgendwann keine Lust mehr hätten, alles, was sie brauchten, in einem einzigen Geschäft vor Ort einzukaufen. Ihr höchst profitables Modell hatte schon so lange funktioniert, dass sie sich den Veränderungen widersetzten ... bis das Internet alles veränderte. Nun sind Amazon und seinesgleichen der Ort, an dem die Kunden alles einkaufen.

Der Erfolg führt dazu, dass die einst Kühnen und Mutigen selbstgefällig oder sogar ängstlich werden. Was für Unternehmen und Organisationen gilt, das gilt auch für Einzelpersonen. Es läuft doch alles so gut, warum also die Formel verändern? Bloß keinen Staub aufwirbeln. Einfach nur Kurs halten. Das ist die Gefahr, die viele erfolgreiche Menschen und Organisationen nicht kommen sehen. Und darum ist unser jetziger Erfolg der größte Feind unseres künftigen Erfolgs.

Wie sieht Veränderung aus?

Wenn die Bereitschaft zur Veränderung das Gegenmittel gegen den Bedeutungsverlust ist, wie sieht diese dann genau aus? Woher weiß ich, dass ich an dem Punkt bin, an dem ich Innovationen einführen, wachsen und mich weiterentwickeln sollte? Zum einen ist es wichtig zu erkennen, warum wir etwas gegen Veränderungen haben (wie wir ja soeben gesehen haben). Aber es gibt noch vier weitere Einsichten und Strategien, die gewährleisten, dass wir up to date bleiben. Diese möchte ich Ihnen im Folgenden vorstellen.

1. Die Mission ist wichtiger als die Methode

Wenn Sie über Ihr Leben nachdenken, werden Sie feststellen, dass vieles von dem, was Sie tun, in zwei Kategorien fällt: Mission und Methode. Die Mission ist etwas Großes – es geht dabei um ein Ziel, das Sie erreichen wollen. Methoden sind kleiner und sollten im Dienst der Mission stehen. Die Methoden helfen Ihnen dabei, Ihre Mission zu erfüllen.

Ich habe das Vorrecht, regelmäßig einen relativ beliebten Podcast für Führungskräfte zu produzieren. Anscheinend wird dieser von der Zielgruppe sehr geschätzt, denn die Zahl der Aufrufe ist steil nach oben gegangen. Folglich werde ich häufig gefragt: »Werden Sie diesen Podcast noch lange fortsetzen?«

Meine Antwort darauf lautet: »Nein, eher nicht.«

Warum? Weil Podcasting eine Methode ist, nicht die Mission. Meine Mission besteht darin, Menschen dabei zu helfen, dass sie sich als Persönlichkeit und als Führungskraft positiv weiterentwickeln können. Podcasting ist dafür eine sehr effektive *Methode*. Doch ich bin sicher, dass der Tag kommen wird, an dem die Leute sich die Stöpsel aus den Ohren ziehen und etwas anderes sehr viel effektiver sein wird. An dem Tag (oder hoffentlich schon sehr viel früher) werde ich das Podcasting sein lassen und eine andere Methode finden, die es mir erlaubt, Menschen im Beruf und Privatleben zu fördern.

Um im Leben erfolgreich zu sein, müssen die Methoden unserer Mission dienen. Dieses Prinzip lässt sich überall beobachten. Seit ein paar Jahren sind unsere Kinder erwachsen und haben ihr Elternhaus verlassen. (Wie sich das anfühlt? Großartig. Es ist, als ob man jeden Abend ein Date miteinander hat.) Wir lieben unsere Kinder. Als sie noch zu Hause waren, war es einfach, mit ihnen in Kontakt zu bleiben. Wir haben fast jeden Abend gemeinsam gegessen und waren die ganze Zeit zusammen.

Jetzt, wo sie aus dem Haus sind, ist es natürlich schwieriger geworden. Wir mussten unsere Methoden ändern, um unsere Mission zu erfüllen. Wir sind an die Ostküste geflogen, um unseren Sohn zu besuchen, während er dort studierte. Wir fahren regelmäßig nach Toronto, um unseren ältesten Sohn zu sehen. Wir reservieren uns gemeinsame Wochenenden und haben uns ein Boot angeschafft, um etwas zusammen unternehmen zu können.

Die Mission und die Methoden gehen oft Hand in Hand und wirken harmonisch ineinander. Doch manchmal geraten die beiden auch in Konkurrenz. Wenn wir die Ziele unserer Mission nicht erreichen, müssen wir unsere Methoden anpassen. Aber viele Menschen hängen mehr an ihren Methoden als an ihrer Mission. Das ist das Problem. Es ist so, als ob meine Frau Toni und ich jeden Abend für vier Personen kochen würden und uns wundern, warum unsere Kinder nie auftauchen, oder als ob ich immer noch Podcasts produzieren würde, die sich aber keiner mehr anhört. Sowohl im Beruf als auch im Privatleben sollten wir also unsere Methoden regelmäßig verändern, um unsere Mission besser erfüllen zu können – finanziell, in Beziehungen, geistlich, physisch und in jeder anderen Hinsicht. Ansonsten geht es uns wie Kodak. Wenn die Methoden wichtiger werden als die Mission, dann ist das unser Untergang.

Wenn die Methoden wichtiger werden als die Mission, dann ist das unser Untergang.

2. Radikal werden

Wir leben in einem radikalen kulturellen Umbruch, den wir im Großen und Ganzen weder herbeigeführt haben noch steuern können. Nun könnten wir vielleicht in Versuchung kommen, unser Tempo ein bisschen zu drosseln; wir meinen, die nötigen Veränderungen bräuchten nicht so drastisch auszufallen und wir versuchen deswegen, einen Mittelweg zu finden. Ich habe dafür durchaus Verständnis. Wenn es zum Beispiel um meine Gesundheit geht, dann rede ich mir immer ein, ich könnte durch ein Minimum mehr an Bewegung erreichen, dass ich das Maximum an Fleisch essen kann. Aber Sie und ich wissen beide, dass wir in puncto Gesundheit nur das ernten, was wir gesät haben. Der Nutzen ist nur so groß wie die Mühe, die ich investiere.

Das ist das Problem bei minimalen Anstrengungen. Schrittweise Veränderungen bringen nur schrittweise Erfolge. Außerdem inspiriert eine solche Haltung niemanden. Radikale Veränderungen dagegen bringen auch radikale Ergebnisse. Wenn wir in einer sich schnell verändernden Welt leben, dann sind kleine persönliche Veränderungen eben nicht genug.

3. Die Kultur beobachten

Ganz unabhängig von unseren persönlichen Vorlieben sollten wir die heutige Kultur genau beobachten, auch wenn wir sie nicht besonders mögen. Ehrlich gesagt fällt mir dies von Jahr zu Jahr schwerer. Mein persönlicher Musikgeschmack ist nicht mehr so an den Mainstream angepasst wie noch vor ein paar Jahrzehnten. Und ich habe inzwischen generell das Interesse am Kino und sogar am Fernsehen verloren. Darum höre ich regelmäßig in eine gängige Top-40-Playlist hinein, um herauszufinden, was gerade populär ist. Ich schaue nach, welche Filme sich die Leute heutzutage ansehen, und lade mir gelegentlich einen davon herunter. Ich besuche auch Internetseiten, die nur der Unterhaltung dienen, und folge manchen Stars in den sozialen Medien, nur um informiert zu sein.

Warum ist es ratsam, unsere Kultur genau zu beobachten?

Ganz einfach: Menschen, die die heutige Kultur nicht verstehen, werden ihr nie eine Botschaft vermitteln können. Ganz gleich, ob wir mit den aktuellen Entwicklungen einverstanden sind oder nicht – sie zu verstehen ist die unabdingbare Voraussetzung dafür, sie positiv beeinflussen zu können.

4. Sich mit jüngeren Menschen umgeben

Eine weitere Möglichkeit, wie wir relevant bleiben können, ist, uns mit jüngeren Menschen zu umgeben. Wenn Sie Kinder haben, sollten Sie nicht nur Zeit mit ihnen verbringen; erforschen Sie ihre Welt und interessieren Sie sich dafür. Versuchen Sie Ihre Kinder zu verstehen, statt sie zu kritisieren. Ebenso im Beruf: Wenn Sie ein Team zusammenstellen, sollten Sie junge Erwachsene mit hineinnehmen und sie integrieren.

Ich selbst habe es als sehr erfrischend empfunden, wenn in jedem Team, das ich leitete, auch jüngere Führungskräfte mit an Bord waren – manchmal *sehr* junge. Man ist dann natürlich versucht, ihnen alles beibringen zu wollen, was man selbst gelernt hat. Das ist großartig, wenn wir das auf eine Weise tun, die bei den Jüngeren willkommen ist. Wenn wir aber wirklich die Zuneigung und das Engagement eines jungen Teams gewinnen wollen, dann sollten wir mindestens so viel zuhören, wie wir reden, und selbst mindestens so viel lernen, wie wir den anderen beibringen. Von jüngeren Führungskräften kann man nämlich eine Menge lernen und sie sind der Schlüssel zur Erneuerung und zur Zukunft unserer Organisation, sowohl persönlich als auch, was ihre Ideen betrifft.

Von jüngeren Führungskräften kann man nämlich eine Menge lernen und sie sind der Schlüssel zur Erneuerung und zur Zukunft unserer Orangistation, sowohl persönlich als auch, was ihre Ideen betrifft.

Was fangen wir mit all der Lebenserfahrung an, die wir gesammelt haben? Es stimmt zwar, dass Menschen jeden Alters weise sein können, aber aus irgendeinem Grund blüht die Weisheit jenseits der vierzig in besonderer Weise auf, wenn wir sie gut pflegen. Ich habe immer noch viel zu lernen, aber seitdem ich die vierzig überschritten habe, kommt es mir so vor, als ob in meinem Gehirn neue Triebwerke gezündet würden und Erkenntnisse sich so miteinander verbinden, dass ich plötzlich Dinge verstehe, die mir vorher rätselhaft waren. Seitdem entdecke ich im Leben und im Charakter von Menschen Muster, die ich vorher nicht wahrgenommen habe. Das Leben erscheint mir plötzlich weniger zufällig und planlos.

Das ist einer der Vorteile des Älterwerdens. Wir sehen Dinge, die wir mit zwanzig noch nicht wahrnehmen konnten. Die Vierziger waren für mich das Jahrzehnt, in dem ich mit dem Schreiben begann, neue Leiter in mein Team aufnahm und solche außerhalb meines Teams schulte sowie junge Führungskräfte coachte, die eine neue berufliche Herausforderung suchten. Es war das Jahrzehnt, in dem ich vieles von dem, was ich gelernt hatte, in meiner Gemeinde weitergeben und in meinem eigenen Leben anwenden konnte. Meine Lebenserfahrung und die gewonnenen Erkenntnisse verliehen auch meinem persönlichen Bibelstudium einen erfrischend neuen Tiefgang. Die Bibel hat für mich immer wahr geklungen, aber mit gut vierzig verstand ich allmählich, warum.

Für Führungskräfte, die mit ihrer Kultur kommunizieren können, scheinen die besten Jahre zwischen 45 und 75 zu liegen. Wenn wir nicht gut durch diese Jahre kommen, dann beschleunigt sich unser Bedeutungsverlust in diesem Zeitraum am stärksten. Wenn wir aber die Hinweise beachten, über die wir in den vorigen Abschnitten gesprochen haben, dann sind wir in dieser Zeit nicht nur beruflich besonders erfolgreich, sondern haben auch am meisten beizutragen. Das alles wird dadurch möglich, dass wir weiterhin relevant bleiben. Weiter oben habe ich den Geisteswissenschaftler und Autor Dallas Willard erwähnt, der 2013 im Alter von 75 Jahren starb. Er hatte in seinen letzten beiden Jahrzehnten genauso viel weiterzugeben wie in den ersten fünf. Als er starb, war ich tieftraurig, denn ich hatte mir gewünscht, auch in den nächsten Jahren noch viel von ihm zu hören.

So viele Menschen leisten ihre beste Arbeit und ihren wertvollsten Beitrag in späteren Jahren. Sie geben ihrer Kultur das zurück, was sie in ihrem ganzen Leben an Wissen, Erkenntnis und Weisheit erworben haben. Statt sich darüber zu beklagen, wie die Dinge sich entwickelt haben, schöpfen sie die Gegenwart und die Vergangenheit aus, um die Zukunft besser zu machen.

Überlegen Sie einmal: Bestimmt kennen Sie ältere Menschen – Autoren, Künstler, Musiker, Freunde, Familienangehörige –, die Sie bewundern. Deren Alter spielt überhaupt keine Rolle. Sie haben die Kluft zu Ihrer Generation überbrückt, zwischen der Kultur, die sie einst bevorzugten, und der heutigen. Ja, vielleicht ist ihre derzeitige Lebensphase sogar der eigentliche Grund dafür, warum sie das Leben anderer Menschen so sehr bereichern. Durch ihr Alter haben sie eine Lebensweisheit anzubieten, zu der die Jugend schlichtweg keinen Zugang hat.

Älter zu werden bedeutet also nicht notwendigerweise, irrelevant zu werden. Wenn Sie für die Kultur um sich herum relevant bleiben, dann könnte Ihnen das die Tür zu Ihren besten Jahren öffnen.

Machen Sie sich auf etwas gefasst: Ihre Verwandlung

Wir alle wissen, dass Veränderungen nicht einfach sind und etwas tief in uns sie stets verhindern will. Das ist verständlich. Aber was passiert, wenn wir uns dem Status quo widersetzen, offen für radikal andere Ideen und Ansätze werden, unsere Kultur genau beobachten und uns mit jüngeren Menschen umgeben? Die Veränderung wird zu etwas Vertrautem. Sie wird zu unserem Lebensstil.

Am Anfang kommen uns Veränderungen seltsam, schwierig und fremd vor. Und in gewissem Maße bleibt dieses Gefühl immer vorhanden. Doch dann geschieht etwas sehr Tiefgreifendes, wenn wir den Veränderungsmodus beibehalten und beschließen, uns beständig weiterzuentwickeln: Aus Veränderung wird Verwandlung. Das passiert nicht sofort, sondern nach einer gewissen Zeit (meist nach fünf bis sieben Jahren). Irgendwann merken wir, dass wir verwandelt sind. Wir sind nicht mehr die Person, die wir vorher waren.

Der Unterschied zwischen Veränderung und Verwandlung ist gravierend. Von außen betrachtet sieht beides gleich aus. Wenn wir uns jemanden ansehen, der sich verändert hat, und jemanden, der verwandelt wurde, erkennen wir äußerlich keine großen Unterschiede. Aber innerlich ist die verwandelte Person *deutlich* anders. Wodurch? Dieser Mensch möchte nicht mehr zu dem zurück, wie es früher war. Anders als in der Geschichte von Mose und den Israeliten wollen die Sklaven nicht mehr nach Ägypten umkehren. Wenn wahre Verwandlung geschieht, dann ist ein Mensch mehr auf die Zukunft als auf die Vergangenheit ausgerichtet.

Damit eine solche Verwandlung bei uns Wurzeln schlagen kann, müssen wir uns permanent verändern, experimentieren, Risiken eingehen. Wir werden diese tiefgreifende Verwandlung nicht gleich spüren, aber irgendwann werden wir aufwachen und erkennen, dass wir nicht mehr alles so beibehalten wollen, wie es ist. Wir haben das Gefühl, dass wir die »guten alten Zeiten« hinter uns lassen sollten und die besten Zeiten noch vor uns liegen. Und das weckt in uns Hoffnung, Begeisterung und Freude.

Nicht realisierte Veränderungen: ein Grund zur Reue

Noch ein letzter Gedanke zu diesem Thema: Veränderungen, die wir nicht realisiert haben, bewirken häufig das, was niemand sich wünscht – Reue.

Menschen, die es nicht geschafft haben, Veränderungen in Angriff zu nehmen, blicken in der Regel später mit Bedauern zurück und sehnen sich nach dem, was hätte sein können. Vielleicht kennen Sie das aus Ihrem eigenen Leben. Der Job, den Sie hätten annehmen können, zu dem Sie sich aber viel zu lange nicht entschließen konnten – Reue. Die Frau, die Sie ansprechen wollten, aber nicht den Mut dazu hatten – Reue. Die Aktie, die Sie hätten kaufen sollen, es aber nicht taten – Reue. Die Entschuldigung, die Sie Ihrem Vater gegenüber hätten aussprechen sollen, bevor er starb – tiefe Reue.

Veränderungen sind schwer, aber wenn es die richtigen sind, dann bewirken sie so viel Gutes. Vielleicht möchten Sie am liebsten alles so machen wie bisher und die Dinge beibehalten, wie sie sind. Doch um der nächsten Generation willen und auch im Blick darauf, dass Sie Ihr ganzes Leben lang noch viel Sinnvolles weiterzugeben haben, sollten Sie es nicht bei guten Vorsätzen belassen. Werden Sie aktiv. Verändern Sie sich. Sonst bereuen Sie es am Ende.

Teil V
Hochmut

9

Es sind nicht nur die Narzissten

Wie der Hochmut bei uns die Oberhand gewinnt

Vor ein paar Jahren nahm ich eine ganz besondere Fastenzeit auf mich: Ich verzichtete zwölf Monate lang auf unnötige Ausgaben. Meine Assistentin Sarah Piercy hatte mich dazu inspiriert, als sie beschloss, ein Jahr lang kein Geld für sich selbst auszugeben. Ich kaufe mir furchtbar gerne Dinge und mein Appetit auf mehr ist eine Konstante in meinem Leben. Also dachte ich mir, dass mir eine solche Fastenzeit ganz guttun würde.

Folgende Grundregeln stellte ich für mich auf: Keine neuen Kleider (nur Secondhand), keine neuen Geräte (das war der *schwerste* Teil) und auch sonst keine unnötigen Anschaffungen. Außerdem mussten alle Gutscheine, die ich bekam, entweder verschenkt oder für andere eingesetzt werden. Die Leute, die von meiner Fastenzeit erfuhren, stellten mir viele Fragen. Eine meiner Lieblingsfragen lautete: *»Hast du dir etwas zu essen gekauft?«* – *»Nein, ich habe ein Jahr lang weder gegessen noch getrunken.«* (Natürlich habe ich mir was zu essen gekauft!)

Drei Monate dieser besonderen Fastenzeit lagen schon hinter mir. Ich war unterwegs zu einem Termin, etwa eine Autostunde von zu Hause entfernt, als mir mein Teebecher herunterfiel. Das gab nicht nur einen kleinen Fleck auf meiner

Hose, sondern sie war *völlig durchnässt.* Ausgerechnet an einer Stelle, wo es so aussah, als hätte ich es nicht rechtzeitig zur Toilette geschafft. Sofort dachte ich: *Ich habe gleich einen Termin. Ich muss mir eine neue Hose kaufen. Hier kann ich mal eine Ausnahme machen und mein Ausgaben-Fasten unterbrechen. Ich kann doch nicht mit so einer fleckigen Hose herumlaufen. Das geht jetzt einfach nicht anders.*

Als wäre es eine glückliche Fügung, kam ich gerade an einem Kaufhaus vorbei, also fuhr ich dort auf den Parkplatz. Noch im Auto fing ich mit mir selbst zu diskutieren an. Ungefähr so:

»Du kannst diese Hose doch anlassen. Es ist ja nur ein Fleck.«

»Nein, das wäre peinlich. So würde ich nie herumlaufen. Und es ist schon ein großer Fleck. Wenn ich mir jetzt eine Hose kaufe, dann gilt das nicht als Fastenbrechen, oder? Das hier ist ja auch nur so ein Billigkaufhaus, wo ich normalerweise nicht einkaufe. Ich breche hier also keine Regeln.«

»Was sind denn wirklich deine Motive, Carey? Eigentlich willst du doch bloß dein Image wahren. Es ist dir peinlich, mit einem Fleck an einer so blöden Stelle herumzulaufen. Und jetzt benimmst du dich auch noch elitär, weil du normalerweise zu anspruchsvoll wärst, um in einem Kaufhaus wie diesem einzukaufen.«

»Halt die Klappe, Carey.«

Erkennen Sie, wie der Hochmut sich hier breitmacht? Natürlich will niemand in der Öffentlichkeit mit fleckigen Hosen herumlaufen. Wir befürchten, verurteilt, abgelehnt oder gedemütigt zu werden. Wir wollen nicht so gern, dass andere auf uns herabschauen. Wir müssen unseren guten Ruf wahren.

Was das Ganze noch schlimmer machte: Erst am Tag davor hatte ich in meinem Blog verkündet, wie erfolgreich ich das erste Vierteljahr meines Ausgaben-Fastens hinter mich gebracht und nicht ein einziges Mal die Regeln gebrochen hatte. Und jetzt schrieb ich die Regeln in meinem Kopf neu, damit ich behaupten konnte, ich hätte nicht geschummelt. Sehen Sie, was der Stolz mit uns macht?

Mein Stolz trieb mich durch die Türen des Kaufhauses. Doch als ich hineinging, nahm mein innerer Konflikt zu und ich bekam immer mehr Schuldgefühle. Schließlich gab ich nach. Statt in die Herrenabteilung ging ich in die Herrentoilette. Dort hing glücklicherweise einer dieser Turbo-Händetrockner an der Wand. Mit den Händen schüttete ich Wasser auf die besagten Stellen meiner Hose. Wenn sich die Leute schon vorher gefragt hatten, ob ich wohl in die Hose gemacht hatte, dann hätte ich spätestens jetzt die letzten Zweifel ausgeräumt. Die Hose war klatschnass. Großartig.

Wir wollen nicht so gern, dass andere auf uns herabschauen. Wir müssen unseren guten Ruf wahren.

Ich verbrachte zehn Minuten vor dem automatischen Händetrockner und drehte mich hin und her, um meine Hose trocken zu bekommen. Noch interessanter wurde diese Aktion dadurch, dass der Trockner sich etwas außerhalb der Tür befand. Folglich hatten mich die Kunden, die an mehreren Kassen Schlange standen, erstklassig im Blick. Doch immerhin verschwand der Fleck fast vollständig und ich war beinahe trocken, als ich den Laden wieder verließ.

Was ich daraus lernte? Ich kehrte zu meinem Wagen zurück als jemand, der erkannt hatte, wie hochmütig er war. Auf keinen Fall wollte ich mit schmutzigen Kleidern gesehen werden, geschweige denn den Eindruck hinterlassen, ich sei inkontinent. Ich fürchtete, die Leute würden mich verurteilen oder verachten. Ich besaß nicht die Demut zu riskieren, dass andere mich missverstanden, verurteilten oder für uncool hielten, nicht einmal für eine Stunde, bis ich wieder zu Hause war.

Der Hochmut sitzt bei uns ganz tief. Er ist eine der schwersten Sünden gegen Gott. Mein Hochmut hatte dazu geführt, dass ich Folgendes glaubte:

- Was andere Leute denken, ist wichtiger als das, was Gott denkt.
- Seine Liebe zu mir genügt nicht.
- Seine Anerkennung reicht nicht aus; ich muss auch die Anerkennung der Menschen haben.

- Der äußere Schein zählt viel.
- Ich bin, was andere von mir denken.

Tief drinnen offenbarte mir dieses Erlebnis, dass ich mich selbst für ungenügend halte und meine Kleidung anscheinend ein Statement über mich abgibt, weil ich selbst nicht dazu in der Lage bin. Natürlich sind wir zivilisierte Menschen, die einigermaßen modern gekleidet sein wollen, aber es gibt hier auch noch tiefer liegende Motive, nicht wahr?

Der ist so eitel

Hochmut ist leicht auszumachen, zumindest *bei anderen*. Wir alle kennen Menschen, die zu stolz sind, um Ratschläge anzunehmen, obwohl sie diese eigentlich dringend brauchen; die an schlechten Methoden festhalten, weil sie nicht bereit sind für Veränderungen; die gern auf andere herabsehen und ständig nur über ihre eigenen Erfolge reden. Leute, die mit allem prahlen, was sie erworben, erreicht und erlebt haben.

Wie wird man so? Wie wird man zu einer Person, die sich so verhält, dass andere genervt die Augen verdrehen, peinlich berührt sind oder gar nicht mehr zuhören? Wie wird man zu einem Menschen, der sich hauptsächlich um sich selbst dreht?

Hochmut hat viele Verkleidungen. Weil er überall eindringen will, muss er sehr subtil vorgehen. Wenn es ihn nur in einem Gewand gäbe, würden wir ihm sofort Einhalt gebieten. Aber so kann er sich ausbreiten. Hochmut ändert seine Gestalt und schleicht sich bei uns ein, ganz subtil. Lassen Sie uns erst einmal die offensichtlichste Form des Hochmuts betrachten, damit wir uns dann intensiver mit dem beschäftigen können, was Sie und mich am ehesten betrifft. Die offensichtlichste Form des Hochmuts ist der Narzissmus. Narzissten glauben tatsächlich, dass sie Gottes großes Geschenk an die Menschheit sind. Sie wollen immer im Mittelpunkt stehen; sie dominieren Gespräche und fallen anderen ins Wort; sie denken, sie seien etwas Besseres, müssen um jeden Preis die Oberhand behalten, können sich über die Erfolge anderer nicht freuen und haben immer eine Ausrede, wenn sie nicht Erster geworden sind. Sie sind von sich selbst besessen, weil sie meinen, sie seien ach so großartig.

Wenn Sie sich hier wiedererkennen, dann sparen Sie sich viel Zeit, wenn Sie fremde Hilfe in Anspruch nehmen. Echte Hilfe. Suchen Sie einen Seelsorger auf, machen Sie einen Termin beim Therapeuten oder begeben Sie sich in eine Klinik.

Alle anderen sind wahrscheinlich keine kompletten Egomanen oder krankhafte Narzissten – aber hat sie der Hochmut dann nicht im Griff? Seltsamerweise denken die meisten Menschen von sich, sie seien nicht eingebildet. Dabei ist das Gegenteil der Fall. Es sollte uns nicht überraschen, dass Hochmut tief in uns verankert ist, denn er gilt in vielerlei Hinsicht als die Sünde schlechthin. Hochmut ist die Wurzel unserer Auflehnung gegen Gott, gegen andere Menschen und sogar gegen das, was für uns das Beste wäre.

Hochmut ist die Wurzel unserer Auflehnung gegen Gott, gegen andere Menschen und sogar gegen das, was für uns das Beste wäre.

Hochmut ist im Grunde so etwas wie Selbstbesessenheit. Aus ihm entspringt unser Wunsch, uns selbst zu schützen und uns vorteilhaft darzustellen, Menschen und Situationen zu manipulieren, uns vorzudrängen, anderen etwas vorzuspielen, uns selbst aufzublasen und zu prahlen. Der Hochmut durchdringt einfach alles, sodass wir selbst dann, wenn es uns gelungen ist, demütig zu werden, am liebsten noch mit unserer Bescheidenheit prahlen würden, wie Benjamin Franklin beobachtete. Hochmut ist auch das Kennzeichen törichter Menschen. Torheit ist nichts anderes als Wissen, das nicht angewendet wird. Ein Tor weiß eigentlich, worauf es ankommt, aber es ist ihm egal. Er weiß ja alles besser. Wie er die Dinge anpackt, ist es richtig, und wenn er im Graben landet, dann ist es nicht seine Schuld. Die anderen sollen ihm bloß keine Vorwürfe machen.

Hochmut ist, wie wir noch sehen werden, selbst in den Herzen unsicherer Menschen aktiv – Menschen, die sich selbst nicht für so großartig halten und insgeheim auch nicht glauben, dass sie das jemals sein werden. Wenn wir ehrlich sind, dann merken wir, dass der Hochmut sich überall in unserem Leben breitmachen will, und immer, wenn er das tut, endet es tödlich.

Was der Hochmut tötet

Warum sollen wir uns vor Hochmut hüten? Weil er vieles von dem zerstört, was uns wichtig ist oder wichtig sein sollte, wenn wir ihn nicht in Schach halten. Hochmut hinterlässt eine Spur der Verwüstung bei allem, was wir wertschätzen oder wertschätzen sollten. Er zerstört unsere Fähigkeit zu Empathie, er dämpft unser Mitgefühl, führt zu Streit und Zwiespalt, erstickt die Liebe, befeuert die Eifersucht, lässt unsere Seele abstumpfen und redet uns ein, das sei alles normal. Er kann uns in jemanden verwandeln, den wir selbst nicht ausstehen können. Er vergiftet unsere Beziehungen auf eine Weise, die vielleicht nicht tödlich ist, aber uns so beeinträchtigt, dass wir alle Freude verlieren.

Hochmut führt zu einer pessimistischen Lebenseinstellung und beschleunigt den Burn-out. Er weckt in uns das Gefühl der Isolation und kann dafür sorgen, dass wir irrelevant werden. Und wenn ihm all dies gelungen ist, hinterlässt er eine Leere in uns, ganz unabhängig davon, was wir in unserem Leben schon erreicht haben. Hochmut kostet uns Freundschaften, vertraute Beziehungen, Respekt, Ruhe, inneren Frieden, Weisheit und sogar Geld. Mehr könnte eigentlich nicht auf dem Spiel stehen.

Hochmut – ein Problem nicht nur für Egomanen

Das größte Problem mit dem Hochmut besteht darin, dass er sich bei den meisten von uns überall breitgemacht hat. Zwar denken wir nicht den ganzen Tag darüber nach, wie toll wir sind, sondern haben eher das nagende Gefühl, dass wir es nicht sind. Doch auch das kann zu einer Selbstbesessenheit führen. Durch sie laden wir aber den Hochmut geradezu ein, mitten in unserer Seele seine Kreise zu ziehen. Mit dieser Gefahr habe ich in meinem Leben oft zu kämpfen.

Hochmut gibt es überall, selbst dort, wo ich es überhaupt nicht erwarte. Wie damals in dem Kaufhaus, als es so aussah, als hätte ich in die Hosen gemacht. Außerdem bin ich ein wenig besessen von ultrasauberen Autos, von Rasenflächen, die im Rautenmuster gemäht sind, und von einem Arbeitsplatz, der ordentlich und übersichtlich aussieht. Manches davon ist ganz gesund, anderes überhaupt nicht. Ich persönlich bin der Überzeugung, dass meine Frau auch ohne Lippenstift und Make-up gut aussieht, aber sie fühlt sich unsicher, wenn sie ungeschminkt in die Öffentlichkeit geht. Das kann ich gar nicht verstehen, denn ich liebe sie so, wie sie ist. Vor einiger Zeit ist mir jedoch klar geworden, dass der Lippenstift für sie das ist, was für mich mein sauberes Auto bedeutet. Ich denke nämlich, dass die Leute auf mich herabschauen, wenn ich mit einem dreckigen Wagen aufkreuze. Ist es möglich, dass Hochmut dort am besten gedeiht, wo wir unsicher sind?

Ist es möglich, dass Hochmut dort am besten gedeiht, wo wir unsicher sind?

Wie Unsicherheit unseren Hochmut steigert

Hochmut treibt einen Keil zwischen das, was *wir* über uns denken, und das, was *Gott* über uns denkt. Woran erkennen wir, dass unsere Verunsicherung – das Empfinden, nicht gut genug zu sein – dazu führt, dass wir uns zu sehr um uns selbst drehen?

1. Wir vergleichen uns mit anderen

Haben Sie sich schon einmal mit anderen verglichen? Klar haben Sie das – schließlich sind Sie ein Mensch.

Wir alle können viel von anderen lernen. Verunsicherte Menschen sind jedoch weniger von dem Wunsch beseelt *dazuzulernen* als vielmehr von der Sehnsucht herauszufinden, ob sie besser oder schlechter sind als andere. Es ist ein Riesenunterschied, ob wir andere beobachten, um selbst zu wachsen, zu lernen, Mitgefühl zu entwickeln oder uns mit ihnen zu freuen – oder ob wir andere beobachten, um herauszufinden, wie gut wir selbst abschneiden. Das eine ist ein gesundes Verhalten, das andere zerstörerisch. Und das Vergleichen ist mit einer Menge Sünden verbunden.

Vielleicht finden Sie sich selbst nicht so toll. Aber Sie trösten sich mit dem Gedanken, dass Sie zumindest nicht so schlecht sind wie manch anderer. Hochmut führt also dazu, dass Sie sich Leute herauspicken, an denen Sie Ihre Überlegenheit beweisen können. Sie haben vielleicht nicht Ihre Traumfigur, aber Sie sind zumindest nicht so übergewichtig wie Ihre Kollegin. Sie haben zwar keinen Doktortitel, sind aber klüger als die meisten aus Ihrem Jahrgang. Sie fahren zwar keinen BMW, aber Ihr Wagen ist nicht so verbeult und zerkratzt wie der Ihres Schwagers. Sie suchen sich also Menschen, an denen sich Ihrer Meinung nach ablesen lässt, dass Sie klüger, reicher, schneller oder attraktiver sind. Mein Therapeut beschreibt diesen Sachverhalt treffend als »die Arroganz, die aus dem Vergleichen entsteht«.

Wenn Sie meinen, von dieser Situation auch betroffen zu sein, dann ist das nicht verwunderlich. Praktisch jeder Werbespot, den wir zu sehen bekommen, verfolgt nämlich zwei Ziele: Erstens soll er uns davon überzeugen, dass wir in unserem Leben im Vergleich zur übrigen Bevölkerung nicht besonders gut abschneiden, und zweitens soll er uns klarmachen, dass genau das eine Produkt unser Leben deutlich verbessern wird. Wir werden also vom Unterlegenen zum Überlegenen, wenn wir es uns kaufen.

2. Unser Selbstwert hängt von unserer Leistung ab

Das ist ein Problem für alle diejenigen unter uns, die von ihren Erfolgen angetrieben werden, und zu ihnen gehöre ich auch. Ich bin fortschrittsabhängig. Wenn sich die Dinge nicht nach vorn und nach oben entwickeln, dann bin ich sofort alarmiert. In gewisser Hinsicht ist diese Lebenseinstellung gut, aber sie kann sich auch negativ auf unser Selbstwertgefühl auswirken. Ein sicheres Zeichen für mangelndes Selbstwertgefühl ist, wenn wir unseren Selbstwert davon abhängig machen, was wir leisten und was andere über uns sagen. Eigentlich sollte unsere Identität gefestigter sein und nicht abhängig von unseren neuesten Erfolgen.

Woran erkennen wir, dass unsere Identität zu sehr an unsere Leistungen geknüpft ist? Timothy Keller hat es einmal so ausgedrückt: »Wenn die Arbeit unsere Identität ist, dann steigt uns der Erfolg zu Kopf und der Misserfolg trifft uns ins Herz.« Vielleicht ist es bei Ihnen nicht Ihr Job, sondern etwas anderes, das Sie eng mit Ihrer Identität verwoben haben. Dann werden Sie auch hier feststellen, dass Ihnen der Erfolg zu Kopf steigt und der Misserfolg Sie ins Herz trifft.

Hier mögen manche vielleicht einwenden, dass wir dann ja gleich alle kapitulieren könnten. Denn immerhin verbessert der Fortschritt ja auch unser Leben. Doch es ist ein großer Unterschied, ob wir eine Aufgabe ernst nehmen oder ob wir sie persönlich nehmen. Menschen mit einem gesunden Selbstwertgefühl haben erkannt: Wer sie sind und was sie tun, das sind zwei verschiedene Paar Schuhe.

3. Wir können uns nicht über die Erfolge anderer freuen

Verunsicherte Menschen haben selten Grund zur Freude. Es fällt ihnen schwer, sich über die eigenen Erfolge zu freuen, weil sie sich immer fragen, ob sie es gut genug gemacht haben. Und es gelingt ihnen auch nicht, sich über die Erfolge anderer zu freuen, weil sie sich dadurch bedroht fühlen. Der Kuchen ist scheinbar nicht groß genug, damit alle ein Stück abbekommen.

Wenn wir unsicher sind, dann bedeutet der Sieg des anderen für uns eine Niederlage und umgekehrt. Es ist ein Nullsummenspiel. Wenn ein anderer Mensch gute Leistungen erbringt, dann fragen wir uns unwillkürlich, warum wir nicht das gleiche Ergebnis erzielt haben, oder wir meinen, nicht dieselben Chancen gehabt zu haben. Weil wir uns selbst negativ betrachten, sehen wir auch die anderen in einem schlechten Licht. Und wieder hat unser mangelndes Selbstwertgefühl dafür gesorgt, dass wir uns um uns selbst drehen und die anderen ausschließen.

4. Wir verdrängen begabte Menschen aus unserem Leben

Der Hochmut lässt anderen Menschen keinen Raum. Wir ertappen uns dabei, wie wir bei Familientreffen zu unserer äußerst erfolgreichen Schwester auf Distanz gehen und außer einer kurzen Begrüßung nicht viel mit ihr zu tun haben wollen. Wir fühlen uns zu Freunden hingezogen, die weniger erreicht haben als wir, damit wir die besseren Storys zu erzählen haben und uns überlegen fühlen können. Wenn es in unserem sozialen Umfeld Menschen gibt, die im Leben erfolgreicher waren als wir, dann spüren wir einen tiefen Neid und ziehen hinter ihrem Rücken über sie her. Hochmütige Menschen wollen immer die talentiertesten und fähigsten sein. Folglich sind sie von weitaus weniger begabten Leuten umgeben als diejenigen, die mehr Selbstbewusstsein haben und sich weniger um sich selbst drehen.

Stellen Sie sich also die Frage: *Wie wohl fühle ich mich in der Umgebung von Menschen, die meiner Meinung nach besser sind als ich, sogar auf dem Gebiet, wo ich ziemlich gut bin?* Auf diese Weise bekommen Sie ein Gespür dafür, wie verunsichert Sie sind. Ein Kennzeichen bescheidener Menschen ist ihre Fähigkeit, um ihres Teams oder um der Sache willen Menschen anzuziehen und zu halten, die begabter und kompetenter sind als sie selbst.

5. Wir wollen überall mitreden
Hochmütige Menschen sind kontrollsüchtig. Wenn die Unsicherheit unsere Triebfeder ist, dann wollen wir überall unser Wissen, unsere Erkenntnisse oder vielleicht auch nur eine Anekdote zum Besten geben. Es fühlt sich für uns unvollständig an, wenn ein anderer im Rampenlicht steht und wir übersehen werden. Wir neigen sogar zur Besserwisserei, egal ob wir wirklich gut Bescheid wissen oder uns nur etwas ausdenken, um andere in Gesprächen auszustechen. Schon im Vorschulalter sind Besserwisser ziemlich nervig – erst recht, wenn sie erwachsen sind.

Tatsächlich sind die meisten Menschen nur in ein oder zwei Bereichen wirklich talentiert und kennen sich gut aus. Und dorthin sind sie in der Regel nur mit fremder Hilfe und Unterstützung gelangt. Wenn wir den Rat und den Input anderer wertschätzen, insbesondere in den Bereichen, in denen wir selber glänzen, sind wir auf dem besten Weg zu größerer Weisheit.

Sehen Sie die Alarmzeichen?

Nachdem wir die weniger offensichtlichen Formen von Hochmut beim Namen genannt haben: Erkennen Sie Anzeichen davon bei sich selbst? Die meisten Menschen sehen den Hochmut nicht kommen, weil er sich so gut tarnt, so unauffällig daherkommt. Subtile Formen von Hochmut rauben uns nachts den Schlaf und setzen uns tagsüber unter Stress. Sie reden uns ein, wir seien nicht gut genug und uns würde etwas Wichtiges fehlen. Sie machen uns Angst davor zu versagen, ehrlich zu sein und so gesehen zu werden, wie wir wirklich sind. Hochmut mischt sich unter all diese Gefühle, weil er uns dazu gebracht hat, wie besessen von uns selbst zu sein.

Was also macht Hochmut mit uns? Wenn wir ihn gewähren lassen und er sich ungezähmt ausbreiten kann, führt das dazu, dass wir hartherzig werden.

Hochmut macht uns hartherzig

Wenn wir gegen Hochmut nicht vorgehen, dann stumpft unser Herz ab. Er macht uns taub gegenüber unserem eigenen Gewissen und den Ratschlägen anderer. Er redet uns ein, dass die Regeln nicht für uns gelten oder dass wir sie missachten können, ohne Konsequenzen befürchten zu müssen.

Wenn Sie schon einmal das Alte Testament gelesen haben – den Teil der Bibel, der die Geschichte des Volkes Gottes erzählt, bevor Jesus kam –, dann wissen Sie, dass der Zustand des menschlichen Herzens dort ein immer wiederkehrendes Thema ist. Je öfter ich die Texte lese, in denen die Hartherzigkeit des Menschen beschrieben wird, desto besorgter werde ich. Denn das scheint ein weitverbreiteter Zustand zu sein.

David war einer der größten Könige, die je über Israel regiert haben. Er verwandelte das Volk der Israeliten – einen zusammengewürfelten Haufen ehemaliger Flüchtlinge, der sich allmählich zu einer Nation zusammenschloss – in eine globale Supermacht. Und nach allem, was wir wissen, bewahrte David sich dabei ein reines, offenes Herz. Das lässt sich nicht nur aus den Beschreibungen zeitgenössischer Autoren ableiten, sondern auch aus Davids eigenem Tagebuch (das wir im Buch der Psalmen vorfinden). Hier entdecken wir das Innenleben eines Mannes, der sich nach Gott sehnte. So blieb es anscheinend, bis David den Höhepunkt seiner Macht erreichte.

Eines Nachmittags spaziert David auf dem flachen Dach seines Hauses umher, obwohl er eigentlich mit seinen Truppen auf einem Feldzug sein sollte. Von dort oben entdeckt er eine schöne Frau namens Batseba, die gerade ein Bad nimmt. Wie sich herausstellt, ist sie verheiratet und ihr Mann ist an der Front, da, wo David eigentlich auch sein sollte. Offensichtlich ist das David jedoch egal. Er lässt die Frau zu sich rufen, verführt sie und sie wird schwanger.

Um sein unmoralisches Verhalten zu vertuschen, lässt David Batsebas Mann Uria aus der Schlacht holen, damit dieser nach Hause zurückkehren kann und, wie David hofft, bei dieser Gelegenheit mit seiner Frau ins Bett geht. Dann würde es so aussehen, als sei Uria der Vater des Kindes. Allerdings besitzt Uria mehr Anstand als der König. Er weigert sich, nach Hause zu gehen und mit seiner Frau zu schlafen, während sich sein Land im Krieg befindet. Also übernachtet er außerhalb des Palastes.

Als David davon erfährt, gerät er in Panik. Am nächsten Tag beschließt er, Uria betrunken zu machen, weil der dann bestimmt das tun wird, was Davids Meinung nach jeder Mann am liebsten tut, wenn er ein paar Drinks intus hat: nach Hause gehen und seiner Frau ein eindeutiges Angebot machen. Doch auch damit hat David keinen Erfolg, solange Urias Freunde noch in der Schlacht kämpfen.

Wenn wir gegen Hochmut nicht vorgehen, dann stumpft unser Herz ab.

Schließlich kommt David zu der Überzeugung, dass er nur noch eine Option hat: Uria muss sterben. Er befiehlt seinem Kommandanten, Uria an vorderster Front kämpfen zu lassen, wo er mit großer Wahrscheinlichkeit fallen wird. Nur so ein Kollateralschaden – wie das eben manchmal ist. Und tatsächlich kommt Uria in einer heftigen Schlacht ums Leben. Jetzt kann er die Wahrheit nicht mehr ans Licht bringen und das Unrecht empört anprangern. Davids Zynismus gipfelt am Ende darin, dass er Batseba zur Frau nimmt.

Sie haben sicher bereits gemerkt, was zu dieser schrecklichen Geschichte beigetragen hat: der Hochmut. Ein Leiter, der bisher mehr richtig als falsch gemacht hat, lässt es zu, dass er auf dem Zenit seiner Macht hartherzig wird. Er wird gleichgültig, ordnet sich nicht mehr unter, glaubt, dass die Gesetze für ihn nicht mehr gelten, und beginnt, seinen Begierden ungebremst zu folgen. Sein Herz hat sich verschlossen.

Aus einem der weisesten Menschen jener Zeit wird ein törichter Mann. Eigentlich wusste er es doch besser, aber etwas in ihm ist zerbrochen. Was ihn normalerweise berührt oder sein Gewissen geweckt hätte, erzielt bei ihm keine Wirkung mehr. Und so beginnt die tödliche Spirale.

Wenn wir Davids Leben vor der Affäre mit Batseba und danach betrachten, sehen wir einen Mann, dessen Leben nie wieder so sein wird wie vorher. Nicht nur, dass Batseba und er ihr gemeinsames Kind verlieren, auch seine ganze Familie scheint in eine Abwärtsspirale zu geraten. Spaltung, Verrat und sogar eine Vergewaltigung hinterlassen ihre Spuren in der Linie Davids. Ein Mensch, der sich vorher immer dem Herzen Gottes zuwandte, sucht jetzt nur noch das Seine – mit tragischen Konsequenzen.

Dieses Thema zieht sich wie ein roter Faden durch die ganze Bibel: Gott möchte gern so viel mehr im Leben seines Volkes bewirken, aber er kann es nicht, weil die Menschen ihr Herz verhärtet haben. Sicherlich möchten Sie nicht dasselbe Schicksal erleiden. Aber wie sieht ein verhärtetes Herz genau aus? Es gibt mindestens vier Kennzeichen, auf die wir achtgeben sollten.

1. Überlegenheitsgefühl

Ein hochmütiges und hartes Herz gibt uns das Gefühl, anderen überlegen zu sein: Vielleicht bin ich nicht der Beste, aber ich kleide mich ein bisschen besser, habe eine bessere Ausbildung, ein etwas schöneres Haus und einen exotischeren Urlaub als die anderen. Natürlich bin ich nicht der Tollste, aber immerhin besser als die anderen, die in den Billig-Shops einkaufen, oder als mein Cousin, der so ein rostiges Vehikel in der Garage stehen hat. Sie sehen, wie hässlich dieses Überlegenheitsgefühl werden kann.

2. Richtgeist

Aus dem vergifteten Brunnen unseres Überlegenheitsgefühls entsteht eine verurteilende Haltung. Denn um einen Vorsprung vor den anderen zu haben, müssen wir uns ja Gründe dafür ausdenken, warum sie hinter uns liegen. Wir untermauern unseren eher spärlichen Erfolg also, indem wir nach Erklärungen für unser angeblich besseres Abschneiden suchen. Unser Kollege tut uns ja leid, weil es ihm so schlecht geht; aber wenn er mehr gearbeitet und sich ins Zeug gelegt hätte so wie wir, dann sähe es jetzt besser für ihn aus.

Wie traurig, dass die Frau aus unserem Hauskreis anscheinend nicht abnehmen kann. Aber wir sind uns ziemlich sicher, dass sie nicht von Kohl und Kokosnussöl lebt. Bestimmt findet man in ihrer Mülltonne Eiskremverpackungen. Wenn wir so viel essen würden wie sie, dann wären wir auch so dick.

Wir schauen auf unseren Joint rauchenden Nachbarn herab, weil wir so etwas ja nie tun würden (das sagen wir, während wir unser 450-Gramm-Steak mit leckeren Süßkartoffel-Pommes verschlingen). Denn selbstgerechte Christen berauschen sich nicht mit Drogen, sondern mit Essen.

3. Unangreifbar

Unser verhärtetes Herz lässt uns in der Meinung verharren, uns vor niemandem ernsthaft rechtfertigen zu müssen. In dieser Hinsicht können wir sehr kreativ werden.

Manchmal redet der Hochmut uns ein, wir müssten uns von keinem etwas sagen lassen. Also hören wir nicht mehr auf unseren Partner, unsere Kinder, Freunde, Kollegen oder Vorgesetzte. Wenn wir die Bibel oder ein anderes Buch lesen, das uns nahelegt, wir verhielten uns falsch, dann haben wir schnell wasserdichte Argumente zur Hand, warum unsere Situation ganz anders ist oder warum der Text nicht für uns gilt.

Wenn wir unseren Hochmut nicht eindämmen, wird er uns unerbittlich dazu bringen, alles zum Schweigen zu bringen, was ihn infrage stellt.

Umgekehrt kann unser Hochmut auch dazu führen, dass wir uns nur noch mit Menschen umgeben, die uns das sagen, was wir hören wollen. Sie widersprechen uns nie, äußern nie ihre Meinung und konfrontieren uns nie mit den harten Fakten. Oder wir haben im Lauf der Zeit alle ausgeschaltet, die einen anderen Standpunkt vertreten als wir selbst. Sie haben uns widersprochen, warum sollten wir uns dann noch mit ihnen abgeben?

Wenn wir unseren Hochmut nicht eindämmen, wird er uns unerbittlich dazu bringen, alles zum Schweigen zu bringen, was ihn infrage stellt. Vor anderen unser Verhalten rechtfertigen zu müssen, ist für ihn eine der größten Bedrohungen.

4. Isolation

Letztendlich bringt unser Hochmut uns in eine sehr seltsame Situation. Wir denken zwar, dass unser Prahlen und unsere Hingabe an den eigenen Erfolg uns in den Augen anderer besser aussehen lässt, doch in Wirklichkeit geschieht genau das Gegenteil.

Die einzige Person, die von unserem Hochmut beeindruckt ist, sind wir selbst. Niemand sonst fühlt sich von unserer Arroganz und Selbstzentriertheit angezogen. Die anderen suchen lieber das Weite oder ertragen uns einfach, weil sie es eben müssen. Immerhin sind sie unsere Kinder oder sie müssen für oder mit uns arbeiten. Aber sie sind nicht motiviert, auch nur eine Sekunde länger als nötig mit uns zusammen zu sein. Wir mögen unser ganzes Leben am Bau unseres eigenen Reiches arbeiten, aber dann sollten wir auch wissen: Ein Leben, das nur uns selbst gewidmet ist, bleibt am Ende einsam. Hochmut führt uns letztendlich in die Isolation.

Hochmut kommt vor dem Fall

Wir brauchen nicht lange zu überlegen, bis uns Politiker oder Geschäftsleute einfallen, denen ihr Erfolg zu Kopf gestiegen ist und die dadurch zu Fall kamen. Führungskräfte werden aus Gremien gedrängt, weil sie nicht zuhören wollen oder beim Übertreten von Regeln erwischt wurden. Politiker verlieren ihre Posten, weil sie in den Augen der anderen kein Gespür für die Realität mehr haben oder ungeeignet sind.

Doch Hochmut lässt nicht nur Führungskräfte ins Schleudern geraten; er infiziert uns alle. Wenn ein Pfarrer oder eine

Pastorin heutzutage in die Schlagzeilen gerät, dann meistens, weil er oder sie eine außereheliche Affäre eingegangen ist oder Geld unterschlagen hat. Meistens, aber nicht immer. In letzter Zeit mehren sich ernüchternde Berichte von Pastoren, die mit Hochmut zu kämpfen haben. Scott Thumma, Soziologe am Hartford Seminary, hat eindrücklich dargelegt, warum der Hochmut gerade bei Gemeindeleitern ein so großes Problem ist: »Mein Eindruck ist, dass viele bekannte religiöse Führungspersönlichkeiten sich der Gefahr durch Versuchungen sexueller oder finanzieller Art durchaus bewusst sind und diese unbedingt vermeiden wollen. Dabei vergessen sie jedoch: Hochmut kommt vor dem Fall.«

Der bekannte Pastor und Autor John Piper gab – was ihm hoch anzurechnen ist – eine schmerzliche Erklärung für seine zehnmonatige Sabbatzeit ab. Öffentlich erklärte er: »Meine Seele, meine Ehe, meine Familie und mein pastoraler Dienst brauchen einen Realitätscheck durch den Heiligen Geist.« Er schrieb, er habe gemerkt, dass er »mehrere Arten von Hochmut« in seiner Seele habe, die ihn zwar nicht als Leiter disqualifizierten, ihm aber großen Kummer bereiteten. Also nahm er sich eine Sabbatzeit, um diesen Problemen an die Wurzel zu gehen. Ein Jahr später verdeutlichte Piper, dass seine Auszeit dazu gedient habe, seine »charakteristischen Sünden« anzugehen, wozu »Egoismus, Wut, Selbstmitleid, Schuldzuweisungen und Missmut« gehörten. Indem er dies tat, bewies Piper ein hohes Maß an Demut, Ehrlichkeit und Integrität. Ich persönlich kann jedes einzelne Problem, das Piper erwähnte, gut nachvollziehen, denn ich kenne es aus verschiedenen Zeiten meines eigenen Lebens. Vielleicht geht es Ihnen ähnlich. Meine Frau sagte einmal zu mir: »Vielleicht sollten wir ja alle zurücktreten. In gewisser Hinsicht haben doch gerade diejenigen, die zurückgetreten sind, das wirklich Ehrenhafte getan, oder?«

Wie stellen wir sicher, dass unser Leben nicht zu einer Geschichte wird, die wir lieber nicht erzählen wollen?

So weit kann der Hochmut führen. Sie und ich sind vielleicht nicht so berühmt, dass wir mit unseren Problemen in die Schlagzeilen geraten, aber unser Hochmut macht die Schlagzeilen zu Hause und bei den Menschen, die uns am nächsten stehen. Unsere Ehepartner und unsere Kinder spüren unseren Hochmut in seiner ganzen Wucht, egal ob er sich in törichten Entscheidungen niederschlägt, für die unsere Familie den Preis zahlen muss, in Hartherzigkeit, die sie ausschließt, oder in einer verurteilenden Überheblichkeit, die andere nur schwer ertragen können.

Wie aber bekämpfen wir unseren Hochmut, diesen hässlichen Fleck, den Sie vielleicht bei sich entdeckt haben und ich definitiv bei mir selbst? Wie stellen wir sicher, dass unser Leben nicht zu einer Geschichte wird, die wir lieber nicht erzählen wollen? Beginnen wir doch damit, dass wir die Demut in unserem Leben pflegen – ein Thema, zu dem uns unsere Überlegungen als Nächstes führen.

10

Bescheidenheit als Lebensstil

Nur die Demut befreit uns von dem,
was der Hochmut uns eingebrockt hat

Der Hochmut hat etwas Hinterhältiges an sich; er schleicht sich unbemerkt an und kommt wie ein ungebetener Gast. Meine Reisegewohnheiten mögen hier einmal als Beispiel dienen. Vor meiner Hochzeitsreise war ich nur ein einziges Mal geflogen. Und selbst nachdem wir verheiratet waren, reisten wir nur selten per Flugzeug. Es war einfach zu teuer für uns. Folglich war ich jahrelang regelrecht dankbar, wenn sich mir die seltene Gelegenheit zu einem Flug bot. Ja, ehrlich gesagt sogar ein wenig begeistert.

Doch als ich anfing, als Referent auf Konferenzen und anderen Veranstaltungen zu sprechen, änderte sich das Ganze. Ich stellte allmählich fest, dass nicht alle Sitze im Flugzeug gleichermaßen beschaffen sind, und da ich fast ein Meter neunzig groß bin, dachte ich, ich bräuchte eine bessere Sitzreihe und Sitzposition. Nachdem ich das entdeckt hatte, dauerte es nicht lange, bis mir klar wurde, dass ein Sitzplatz am Gang mit einer Trennwand sogar noch besser ist als ein Sitz am Ausgang. *Wenn man so groß ist wie ich,* dachte ich mir, *ist es doch hilfreich, ein wenig mehr Beinfreiheit zu haben.*

Dann flog ich das erste Mal Businessclass. Es war ein kostenloses Upgrade, um das ich nicht gebeten hatte. Die Flugbegleiterin rief mich mit Namen auf. Die Sitze waren breit und weich mit genug Beinfreiheit, selbst für einen Profi-Basketballer. Das Essen gab es kostenlos und es war sehr lecker. Upgrades dieser Art sind wie eine Einstiegsdroge für einen Vielflieger, der so gestrickt ist wie ich.

Mein neues Luxusleben währte jedoch nur kurz. Nach diesem ersten Businessclass-Flug stieg ich wieder in eine Maschine ein, um dann festzustellen, dass ich in der *hintersten Reihe* saß. Und noch schlimmer: Es war der *mittlere* Sitzplatz in der hintersten Reihe. Wenn Sie schon ab und zu geflogen sind, dann wissen Sie, dass es nichts Schlimmeres gibt als einen Sitzplatz in der Mitte. Auf beiden Seiten befinden sich Armlehnen, um die man mit seinen Sitznachbarn kämpfen muss. Und mindestens einer dieser Sitznachbarn wird sich irgendwann während des Fluges zu einem herüberlehnen oder es ignorieren, dass man Kopfhörer aufgesetzt hat, und ein Gespräch anfangen, das Stunden dauern kann ...

Ich war unglaublich sauer darüber. Meine Dankbarkeit ging gegen null, es blieb nur noch Ärger übrig. Am liebsten hätte ich einen Blog gepostet mit dem Titel »Die fünf miesesten Eigenschaften eines mittleren Sitzes in der hintersten Reihe«. Ich schrieb meiner Assistentin Sarah eine Textnachricht mit der Frage, wie es um alles in der Welt dazu kommen konnte, dass ich in Reihe 35 gelandet war. Ich jammerte wie ein weinerliches Kleinkind. Jemand hätte mir an jenem Tag einen Schnuller verpassen sollen – ich hätte ihn verdient gehabt.

Ich hatte mich an einen gewissen Rang und Status gewöhnt und, schlimmer noch: Ich war der Meinung, dass dieser mir auch zustehe. Mein Hochmut hatte mich davon überzeugt, Besseres verdient zu haben. Das Problem mit dem Erfolg (und sei er noch so klein) ist, dass wir von dem ganzen Drumherum abhängig werden. Und der Hochmut redet uns ein, wir hätten ein Recht auf all dies.

Wie aber zähmen wir den Hochmut in all seinen Formen, wenn er wie ein wildes Tier unter uns wütet?

Durch Demut.

Mein Hochmut hatte mich davon überzeugt, Besseres verdient zu haben.

Nichts ist für den Hochmut tödlicher. Nur die Demut befreit uns von dem, was der Hochmut uns eingebrockt hat.

Aber wie werden wir zu demütigeren Menschen? Es ist ja nicht so, dass wir eines Morgens aufwachen, zu uns selbst sagen: »Heute bist du gefälligst demütig«, und dass wir dann einen Tag verleben, der durch eine geradezu heilige Unterwürfigkeit gekennzeichnet ist. Wenn das so sein könnte, dann wäre das toll, aber mir ist es nie gelungen. In Wirklichkeit können wir Demut auf dreierlei Weise finden.

Am einfachsten ist es meiner Meinung nach, wenn wir uns Bescheidenheit als Tugend oder Gewohnheit schon in frühen Jahren zugelegt haben, aber so etwas gibt es selten. Für die meisten von uns ist dieser Prozess etwas schmerzhafter. Wenn die Bescheidenheit schon seit Ihrer Kindheit Ihren Charakter geprägt hat, dann herzlichen Glückwunsch! Für alle anderen unter uns, bei denen das nicht so ist, gelten die folgenden Abschnitte.

Eine zweite (wenn auch nicht wünschenswerte) Möglichkeit, sich Demut anzueignen, geschieht durch Demütigung. Wenn wir gedemütigt werden, werden wir zu demütigen Menschen *gemacht* entweder durch unsere Lebensumstände oder durch eine andere Person. Wenn uns gekündigt wurde, wenn wir Insolvenz anmelden müssen, wenn wir von einem Freund oder einer Freundin fallen gelassen wurden oder einen riesigen Fleck auf der Hose haben, dann sind das alles möglicherweise demütigende Erlebnisse. Immer wenn uns etwas peinlich ist, lauern Demütigung und Stolz gleich um die Ecke. Eine Demütigung ist per Definition *unfreiwillige* Demut. Sie kommt zu uns, obwohl sie das Letzte ist, was wir uns wünschen. Wenn wir flach auf dem Boden liegen, dann können wir nicht tiefer sinken. Vom Boden können wir nicht herunterfallen. Wir *wurden* nach ganz unten *befördert* und das ist das Wesen dessen, was die Tugend der Demut ausmacht. Abgesehen davon, dass wir uns das nicht *ausgesucht* haben. Es wurde uns aufgezwungen. Die Gefahr der Demütigung besteht nicht im Vorgang der Demütigung selbst, sondern darin, dass wir die Situation schnell wieder hinter uns lassen. Wir wollen sie so rasch wie möglich von uns abschütteln. Es ist für uns viel zu einfach aufzustehen und wegzugehen und damit nicht nur die peinliche Situation loszuwerden, sondern auch all die Lektionen, die wir daraus hätten lernen können.

Die meisten unter uns möchten so viel Distanz wie möglich zwischen sich und die Demütigung bringen – und das, so schnell es geht. Demut aber bleibt nur, wenn wir sie einladen. Ja, mehr noch: wenn wir uns ihr unterordnen, sie herbeisehnen, sie verfeinern, weiterentwickeln und pflegen. Sonst verlässt sie uns wieder und der Hochmut kehrt zurück, sobald die Schrammen an unseren Knien verheilt sind.

Das führt uns zu der dritten und vielleicht am meisten verbreiteten Möglichkeit, wie Demut zu uns kommt und bei uns bleibt: indem wir sie in unser Leben einladen und sie pflegen. Wir lernen, was Demut heißt, und gewöhnen uns einen entsprechenden Lebensstil an. Wenn das geschieht, dann hat der Hochmut keinen Raum mehr. Er wird nicht bei uns bleiben, geschweige denn wachsen. Das alles ist aber ein schwieriger Prozess, denn Demut ist gerade für die Leute, die sie am meisten nötig hätten, nie attraktiv. Auf sie wirkt Hochmut viel anziehender. Doch wir erinnern uns: Hochmut ist nur für die Hochmütigen attraktiv. Wir mögen keine hochnäsigen Leute, sondern eher die bescheidenen. Es ist, als ob Hochmut und Demut uns eine Art umgekehrtes Spiegelbild liefern: Was wir am meisten brauchen (Demut) sieht für uns unattraktiv aus, aber was die anderen an uns hassen (Hochmut), das finden wir überaus anziehend.

Und darum müssen wir die Demut bewusst annehmen, weiterentwickeln und wertschätzen, damit sie in unserem Leben Wurzeln schlagen kann. Wie aber geschieht das? Wie kultivieren wir Demut? Auf den ersten Blick könnte man meinen, es handle sich hier um eine innere Einstellung, und in gewisser

Hinsicht ist das auch so. Doch Demut als innere Einstellung zu pflegen ist schwierig, weil wir es hier mit etwas schwer Fassbarem zu tun haben.

Demut aber bleibt nur, wenn wir sie einladen.

Woran kann ich denn erkennen, ob ich demütig bin? Indem ich mein Verhalten in einigen wichtigen Bereichen beobachte, die wir uns gleich näher anschauen werden. Demütige Menschen handeln anders als hochmütige. Wenn wir uns dieses Verhalten aneignen, wird die innere Einstellung mit großer Wahrscheinlichkeit folgen. Und selbst wenn es in uns weiterhin eine Mischung aus Hochmut und Demut gibt, können wir wenigstens den Menschen in unserer Umgebung mit Demut begegnen.

Ich musste das Ganze auf die harte Tour lernen (was daran zu sehen ist, dass die Menschen in meiner Umgebung auch ein paar »Schrammen« und »blaue Flecken« davongetragen haben). Hier also ein paar Hinweise, die Ihnen helfen sollen, Demut zu pflegen und zu praktizieren.

Verlieren Sie nicht die Dankbarkeit

Wissen Sie noch, wie es war, wenn Sie als Kind etwas auf Ihre Weihnachtswunschliste geschrieben und es dann tatsächlich bekommen haben? Mir ging es so, als ich einmal einen kleinen orangefarbenen Traktor bekam. Ich war völlig aus dem Häuschen.

Als Kinder waren wir oft dankbar, vor allem weil wir wussten, dass wir uns nichts selber leisten konnten. Wir hatten einfach nicht die Mittel. Und das galt für so simple Dinge wie eine Kugel Eis an einem heißen Sommertag bis hin zu der großen Portion Pommes, die wir uns bestellen durften, wenn die Familie essen ging. Wir waren dankbar, weil wir wussten, dass wir von der Güte anderer Menschen abhängig waren.

Wann begann sich das zu ändern? Die meisten Leute können sich erst selbst etwas leisten, wenn sie ihren ersten Job haben.

Ich weiß noch, wie ich mir mit dreizehn meine erste Schallplatte kaufte, als ich ein bisschen eigenes Geld hatte. Ich war dankbar und aufgeregt, weil ich endlich in den Schallplattenladen gehen und mir meine eigenen Alben kaufen konnte.

Doch es ist etwas anderes, ob man seine erste Schallplatte kauft oder seine elfte. Zehn Dollar zur Verfügung zu haben ist sehr aufregend, wenn es die ersten zehn sind. Doch als Highschool-Schüler nur dreizehn Dollar auf der Bank zu haben, wenn man zwischen drei Kartons voller Schallplatten lebt, ist etwas anderes. Je mehr man besitzt, desto leichter verliert man seine Dankbarkeit. Der Mangel lässt Menschen für alles dankbar sein, was sie haben; doch die meisten von uns leben im Überfluss.

Ein weiterer Faktor macht sich auch noch bemerkbar: Wenn wir nicht mehr fünf, sondern fünfunddreißig sind, dann haben wir schon einiges erreicht. Wir haben uns angestrengt. Unsere Arbeitstage sind lang. Wir haben das Studium geschafft, während andere es abgebrochen haben. Wir haben gespart, um uns ein Haus leisten zu können. Wir haben unser Geld oder unsere Zukunft nicht im Casino verspielt. Wir waren vernünftig.

Folglich fangen wir an zu glauben, wir hätten das alles verdient, was wir haben. Wir meinen, es stehe uns zu. Wenn ich mich bei solchen Gedanken ertappe, dann zwinge ich mich, daran zu denken, dass alles, was ich habe, ein Geschenk Gottes ist. Dazu gehört auch mein Verstand, der es mir ermöglicht, diese Worte zu schreiben; dazu gehört mein Atem, der mich (so Gott will) bis zum nächsten Satz am Leben erhält; dazu gehören die Tastatur, auf der ich tippe, und der Urlaub, den ich gerade genommen habe. Gott macht all dies möglich. Er sorgt gnädig für mich. Und ehrlich gesagt macht mein Glaube mir auch deutlich, dass Gott mir das alles nicht nur zu meinem eigenen Nutzen gegeben hat. Gott hat es mir geschenkt, damit ich es mit anderen teile und für sie einsetze.

Auch wenn ich mich gerade in einer Lebensphase befinde, die bisher im Großen und Ganzen gut verlaufen ist, wäre es lächerlich, wenn ich das mir allein auf die Fahnen schreiben würde. Es ist schließlich nicht mein Verdienst, wenn Leute meine

Bücher lesen, meine Vorträge hören oder meine Podcasts herunterladen. Ich werde immer wieder gefragt, wie man Zuhörer gewinnt, und natürlich kann ich hier ein paar Hinweise geben. Aber in Wahrheit bleibt vieles ein *Rätsel.* Es liegt *Gnade* darin. Ein Element der Vorsehung, das ich nicht komplett verstehen kann und das ich sicherlich nicht selbst geschaffen habe. Die besten Führungskräfte aus der Wirtschaft artikulieren das ganz ähnlich. Sie reden von harter Arbeit und Entschlossenheit, aber die ganz Großen sprechen auch oft von Glück oder Zufall. Sie haben erkannt, dass sie nicht so klug sind, wie ihr Erfolg es nahelegt. Was sie Glück nennen, nenne ich Vorsehung. Ich habe in meinem Leben so viel Gnade erfahren. Wie leicht kann man das übersehen, wenn man sich nicht (bewusst) dazu *entschließt,* seine Dankbarkeit nicht zu verlieren. Ich bin sicher, dass es Ihnen ähnlich geht. Dankbarkeit fördert die Demut, weil sie uns aus der Hauptrolle in unserer Geschichte verdrängt.

Je mehr man besitzt, desto leichter verliert man seine Dankbarkeit.

Wie aber können wir dafür sorgen, dass wir die Dankbarkeit nicht verlieren? Erstens sollten wir unsere Dankbarkeit regelmäßig zum Ausdruck bringen. Wenn Sie beten, dann danken Sie Gott. Zweitens sollten wir den Geber mehr lieben als die Gaben. Drittens sollten Sie sich nie selber für Ihre Erfolgsgeschichte auf die Schultern klopfen. Machen Sie auch dann, wenn Sie öffentlich sprechen, deutlich, welche Rolle Gnade und Vorsehung in Ihrem Leben spielen.

Wofür sind Sie dankbar? Oder besser gefragt: Wofür *sollten* Sie dankbar sein?

Nehmen Sie den niederen Rang ein

Was bedeutet das genau – den niederen Rang einnehmen? Viele von uns werden sich sicherlich noch an Zeiten erinnern können, in denen sie praktisch nichts besaßen. Denken Sie an damals, als Sie noch zur Schule gingen oder studierten oder als Sie von zu Hause auszogen. Sie lebten von billigen Nudeln, fuhren Bus und träumten von einem eigenen Auto. Sie brauchten anderen nichts vorzumachen, denn es gab ohnehin nicht viel, mit dem Sie hätten prahlen können oder an das Sie Ihr Herz hängen konnten.

Wenn Sie im Beruf erfolgreich waren, dann hat sich Ihr Lebensstil inzwischen wahrscheinlich etwas verbessert. Vielleicht sogar sehr. Es fing damit an, dass Sie Ihr eigenes Zimmer hatten. Dann vielleicht das eigene Konto. Als Nächstes ein eigenes Büro. Und schließlich sogar ein schönes Büro. Sie konnten sich bei Sportveranstaltungen die teureren Tickets leisten und merkten auch sonst, dass Ihnen jeder VIP-Status gefällt, der sich Ihnen bietet.

Hochmütige Führungskräfte genießen ihre Titel, ihre schönen Büros und all das Lob und die Vorteile, die mit ihrer Position verbunden sind. Die Hochmütigen nehmen die obersten Plätze ein. Sie wollen immer etwas Besseres und immer mehr.

Demütige Menschen dagegen nehmen die unteren Ränge ein; sie möchten lieber dienen, als bedient zu werden. Titel sind ihnen nicht wichtig und es macht ihnen nichts aus, das Geschirr abzuwaschen oder den Fußboden zu fegen. Sie bringen auch gerne den Müll raus und bieten anderen im Bus oder in der U-Bahn ihren Sitzplatz an. Sie melden sich freiwillig für unangenehme Aufgaben und Projekte, die sonst keiner übernehmen will. Mit ihrer bescheidenen Haltung ist nichts unter ihrer Würde.

Doch wenn wir die niederen Ränge einnehmen, heißt das nicht, dass wir im Beruf oder anderswo auf Dauer in der Hierarchie ganz unten stehen bleiben. Im Gegenteil: Bescheidene Menschen fallen oft positiv auf und werden für ihre Großzügigkeit und sorgfältige Arbeit belohnt. Wie sollen wir aber mit den besonderen Vorteilen und Vergünstigungen umgehen, die uns dann zuteilwerden? Vielleicht haben Sie ja ein nettes Büro, ein schönes Auto oder ein Haus am See. Dann gibt es hierfür eine einfache Übung: *Teilen Sie diese Dinge mit anderen.* Wenn

Gott Ihnen etwas Gutes geschenkt hat, ist das wunderbar. Aber sicherlich hat er damit nicht bezweckt, dass Sie das alles für sich behalten. Teilen Sie mit anderen, vor allem mit denen, die nicht das haben, was Sie besitzen.

Lassen Sie das Notizbuch aufgeschlagen

Wenn wir unseren Hochmut nicht unter Kontrolle halten, wird er uns blenden. Wir werden uns weigern, von Menschen zu lernen, die wir für untergeordnet oder gleichrangig halten. Wir ziehen uns zurück, wenn jemand uns seinen Rat anbietet, und denken: *Was weiß der schon darüber?* Oder: *Für wen hält die sich, dass sie anderen Ratschläge erteilen will?*

Der Hochmut, der durch mangelndes Selbstwertgefühl angetrieben wird, verhindert, dass wir uns durch andere belehren oder leiten lassen. Wir wollen nicht von Leuten lernen, die wir für klüger oder erfolgreicher halten als uns selbst. Neid blockiert alle Lernerfahrungen und verhindert hilfreiche Gespräche.

Die Demut ist nicht so. Die Demut ist bereit, überall und von jedem zu lernen. Sie lässt ihr Notizbuch aufgeschlagen. Das kann eines aus Papier sein oder ein digitales auf dem Smartphone. Was auch immer Ihre Methode ist: Halten Sie alles Wichtige fest, wenn Sie mit jemandem essen gehen, einen Kurs besuchen oder an einem Gespräch teilnehmen. Nutzen Sie die Erkenntnisse anderer.

Werden Sie immer von brillanten Leuten umgeben sein? Natürlich nicht. Aber das bedeutet nicht, dass es für Sie nichts zu lernen gibt. Bewahren Sie Ihre offene Einstellung und halten Sie Ihren Stift bereit, egal mit wem Sie zusammen sind. Und vor allem, wenn es eine Person ist, die Sie beneiden oder der gegenüber Sie sich für besser halten. Die Demut lässt ihr Notizbuch stets aufgeschlagen.

Rücken Sie andere ins Rampenlicht

Der Hochmut will immer anerkannt, beachtet und gefeiert werden. Manchmal redet er uns ein, dass wir das verdient haben. Oder er lässt uns glauben, dass wir übersehen wurden und die Welt doch eigentlich erkennen sollte, welchen Schatz sie an uns hat.

Folglich versucht der Hochmut sich selbst so gut wie möglich ins Rampenlicht zu rücken. Soll ich die Rede halten? Klar. Die Sitzung leiten? Kein Problem. Das nächste Projekt unter meine Fittiche nehmen? Selbstverständlich. Bekomme ich die Gelegenheit zu glänzen? Dann bin ich sofort dabei. Die Stimme des Hochmuts in unserem Kopf sagt: *Endlich hat jemand erkannt, wie wertvoll ich bin. Immerhin bin ich ja so talentiert und habe so hart gearbeitet; warum sollte ein anderer das übernehmen?* Und wenn unsere Selbstzentriertheit durch Unsicherheit verursacht wird, dann redet der Hochmut uns ein: *Es hat so lange gedauert, bis ich diesen Punkt erreicht habe. Wenn ich diese Gelegenheit nicht beim Schopf packe, bekomme ich vielleicht nie wieder so eine Chance. Nie mehr. Und am besten beziehe ich die anderen gar nicht groß mit ein, damit sie nicht merken, dass sie schlauer sind als ich.*

Die Demut denkt und handelt überhaupt nicht so. Sie stellt bewusst andere Menschen ins Rampenlicht. Die Demut ist nie neidisch. Sie freut sich über den Erfolg der anderen. Ja, manchmal freuen sich demütige Menschen sogar mehr über den Erfolg der anderen als über ihren eigenen. So ist das mit der Demut.

Es mag sich widersprüchlich anhören, aber wenn wir andere ins Rampenlicht rücken, ist das eine der besten Jobgarantien für uns selbst. Wenn es uns gelingt, Führungskräfte hervorzubringen, die so gut sind wie wir oder sogar noch besser, wird jedes Unternehmen uns sofort engagieren. Anderen zum Erfolg zu verhelfen und die Bühne mit ihnen zu teilen, macht uns nicht weniger wertvoll, sondern viel wertvoller. Als demütige Menschen erkennen wir, dass die Sache, der wir dienen, größer ist als wir selbst.

Sie sind sich nicht sicher, ob Sie schon so weit sind, dass Sie anderen Leuten den Vortritt lassen können? Dann lautet mein Rat: Beginnen Sie damit, noch bevor Sie sich dazu bereit fühlen. Wenn die Stimme in Ihrem Kopf Ihnen lautstark Botschaften des Neids und der Unsicherheit vermittelt, stellen Sie andere trotzdem ins Rampenlicht. Feiern Sie die Erfolge der anderen öffentlich. Wenn Sie das tun, treiben Sie einen silbernen Nagel ins Herz des Hochmuts. Andere ins Rampenlicht zu stellen, durchbricht die Festung des Neids (und sogar der Furcht) in Ihrem Leben.

Die Demut ist nie neidisch. Sie freut sich über den Erfolg der anderen.

Seien Sie fast schon peinlich ehrlich zu sich (und zu Gott)

Der Hochmut ist wie ein Unkraut und die Demut wie unser Rasen. Unkraut braucht so gut wie keinen Dünger oder Wasser, um zu wachsen; es taucht einfach auf und übernimmt mühelos die Kontrolle. Unser Rasen dagegen muss gedüngt, vertikutiert, bewässert und gepflegt werden, um gesund wachsen zu können.

Der beste Weg, um den Kampf gegen den Hochmut zu gewinnen, besteht darin, so ehrlich gegenüber sich selbst und Gott zu werden, dass es fast schon peinlich ist. Überprüfen Sie also ständig Ihre Motive. Beten Sie darüber. Bitten Sie andere Menschen um einen Realitätscheck (manchmal entdecken sie Motive, die uns selbst verborgen sind). Wenn Sie einen Hauch von Egoismus bei sich selbst spüren, sollten Sie dazu stehen und diesen in seiner ganzen Hässlichkeit vor Gott bringen.

Falls Sie regelmäßig in der Bibel lesen – ist es Ihnen schon einmal passiert, dass Sie das Gefühl hatten, die Bibel lese Sie statt umgekehrt? Mir ging es vor ein paar Jahren so, als ich einen Text aus dem Neuen Testament las. Dieser Abschnitt aus dem Jakobusbrief hat mich regelrecht umgehauen, denn er beschrieb genau das, was ich in diesem Moment empfand. Lesen Sie selbst:

> Hält sich jemand von euch für klug und weise? Dann soll das an seinem ganzen Leben abzulesen sein, an seiner Freundlichkeit und Güte. Sie sind Kennzeichen der wahren Weisheit. Seid ihr aber gehässig, voller Neid und Streitsucht, dann braucht ihr euch auf eure angebliche Weisheit nichts einzubilden. In Wirklichkeit verdreht ihr so die Wahrheit. Eine solche Weisheit kann niemals von Gott kommen. Sie ist irdisch, ungeistlich, ja teuflisch. Wo Neid und Streitsucht herrschen, da gerät alles in Unordnung; da wird jeder Gemeinheit Tür und Tor geöffnet. Die Weisheit aber, die von Gott kommt, ist vor allem aufrichtig; außerdem sucht sie den Frieden, sie ist freundlich, bereit nachzugeben und lässt sich etwas sagen. Sie hat Mitleid mit anderen und bewirkt Gutes; sie ist unparteiisch, ohne Vorurteile und ohne alle Heuchelei. Nur wer selbst Frieden stiftet, wird die Gerechtigkeit ernten, die dort aufgeht, wo Frieden herrscht.

Als ich vor ein paar Jahren diesen Abschnitt las, war ich am Boden zerstört. Gepackt. Überführt. Warum? Weil er genau meine Gefühle beschrieb – und zwar nicht der schöne Teil in den Versen 17-18, sondern der schreckliche Teil in den Versen 14-16, der mir im Grunde genommen sagte, dass meine Emotionen mit dem Teufel im Bund standen.

Zu jener Zeit war ich neidisch auf einen anderen geistlichen Leiter, den ich für einen besseren Redner hielt als mich. Ich hatte zugelassen, dass mich dieser Neid auffraß. Ich fühlte mich egoistisch und unsicher und wollte das Rampenlicht möglichst wenig mit anderen teilen. Der Hochmut ließ etwas Hässliches in meinem Herzen wachsen, das absolut nicht von Gott kam. Es war genau das Gegenteil von dem, was Gott uns schenkt.

Statt den Bibeltext beiseitezuschieben und zu ignorieren, gab ich zu, dass er mich wirklich beschrieb. Ich bekannte meinen Hochmut als Schuld. Ich wollte nicht, dass diese Worte mich charakterisierten, wusste aber genau, dass es so war. Statt einfach zur Tagesordnung überzugehen, schlug ich den Text am nächsten Tag wieder auf und betete, während ich ihn las. Ich wollte diese sechs Verse nicht hinter mir lassen, bis die abscheulichen Dinge, die dort beschrieben waren, endlich ihren Griff um mein Herz lockerten. Das dauerte über eine Woche.

Der Hochmut ließ etwas Hässliches in meinem Herzen wachsen, das absolut nicht von Gott kam.

Jedes Mal, wenn ich den Text seither lese, halte ich inne und danke Gott für das, was er damals in mir bewirkt hat. Ich bin so dankbar. Aber einen solchen Durchbruch erzielt man nicht ohne brutale Ehrlichkeit in Bezug auf das, was wirklich in einem selbst vorgeht.

Was müssen Sie tun, um so ehrlich gegenüber sich selbst und Gott zu sein? Was sollten Sie als Schuld bekennen? Welche Beschreibung trifft auf Sie zu, obwohl Sie das nicht wollen?

Dabei sollten Sie wissen: Von allen Lügen, die wir erzählen, sind die, die wir uns selbst erzählen, die tödlichsten. Wenn wir sie nicht als Schuld bekennen und an ihnen arbeiten, werden sie die Menschen unserer Umgebung (und uns selbst) unablässig schädigen. Werden Sie ehrlich vor sich selbst und vor Gott. Jeder kennt Ihre Schwächen. Auch Gott. Warum geben Sie sie dann nicht zu?

Es ist leicht, den Hochmut bei anderen festzustellen. Wer ihn aber bei sich selbst feststellt und sich in Demut zu üben beginnt, wird am Ende ein viel reicheres und erfüllteres Leben führen.

Teil VI
Burn-out

11

Wie ein Sturz von der Klippe

Woran man einen Burn-out erkennt

Es war im Jahr 2006. Meine Familie und ich waren gerade wieder in Toronto gelandet, nachdem wir in den USA gewesen waren, in der North Point Church in Alpharetta im Bundesstaat Georgia, nördlich von Atlanta. Vielleicht haben Sie noch nie von der North Point Church gehört – ich damals jedoch schon sehr viel. Diese Gemeinde war durch ihre Pionierarbeit bekannt geworden und was sich daraus entwickelt hatte, war erstaunlich. Schon seit einigen Jahren verfolgte ich interessiert, was dort passierte.

2005 lernte ich Reggie Joiner kennen, einen brillant kreativen Denker und Gemeindeleiter. Wir freundeten uns rasch an und Reggie lud mich ein, im Mai 2006 auf einer Konferenz in der North Point Church zu sprechen. Zuerst dachte ich, er wolle mich für die Leitung einer Kleingruppe engagieren, doch er hatte Größeres mit mir vor. »Könnten Sie einen der Hauptvorträge halten?«, fragte er mich. Wenn Sie diese Gemeinde auch nur ein kleines bisschen kennen, dann wissen Sie, dass einen Vortrag dort zu halten ungefähr so ist, als würde man in der Champions League mitspielen.

Ich kann mich noch gut an den Tag erinnern, an dem ich

sprechen sollte. Ich übte meinen Text und feilte endlos an den Formulierungen, trug ihn hundertmal meiner Frau und den Kindern vor und bügelte mein Hemd im Hotelzimmer bis zur Perfektion. Ich hielt mich für gut vorbereitet, aber dann wurde ich doch ziemlich nervös, als mir der Mitarbeiter vom Technikteam beim Soundcheck das Mikrofon überreichte.

Ich wurde dem Publikum vorgestellt und als ich vor den 2.500 Gästen aus aller Welt die Bühne betrat, sah ich meine Frau und meine Söhne in der ersten Reihe neben Reggie und seinem Vorgesetzten Andy Stanley sitzen. Das machte mich nicht gerade ruhiger.

Was geschah dann? Mein Vortrag lief im Großen und Ganzen gut. Sehr gut sogar. Manche Leute meinten, das wäre wie ein Sieg in Wimbledon gewesen. Selbst mehr als zehn Jahre später werde ich immer noch auf diesen Vortrag angesprochen. Es sei der beste gewesen, den ich je gehalten hätte, versicherten mir einige. (Das allerdings empfinde ich nicht nur als Kompliment – wenn man mit vierzig den Höhepunkt seiner Karriere erreicht hat und es danach nur noch abwärts gehen kann …)

In vielerlei Hinsicht hatte ich jedoch selbst auch das Gefühl, am Gipfel angelangt zu sein. Gerade hatte ich in einer der einflussreichsten Gemeinden Amerikas einen Vortrag gehalten, der offenbar gut angekommen war. Zu Hause in Kanada leitete ich die am schnellsten wachsende Gemeinde unserer Denomination, die dazu noch eine der größten Gemeinden war. Unsere Arbeit hatte landesweit Aufmerksamkeit erregt – und nicht nur das, sondern sie war offenbar auch international auf Interesse gestoßen.

Besser kann es eigentlich nicht werden, oder?

Deshalb war ich überhaupt nicht auf das vorbereitet, was dann kam.

Als unser Flugzeug in Toronto landete, hatte ich das Gefühl, von einer Klippe zu stürzen.

Schon als ich zwischen dreißig und vierzig gewesen war, hatten mich andere immer wieder gewarnt, ich könnte einen Burn-out erleiden, wenn ich nicht aufpasste. Ich aber hörte nicht auf sie, denn ich hielt mich natürlich für viel schlauer. Einen Burn-out, den bekamen nur andere (schwächere) Leute, aber ich kannte mich ja gut genug und meine Arbeit war so wichtig, dass mir das nicht passieren würde.

Ich hatte schon früher manchmal das Gefühl gehabt, kurz vor dem Burn-out zu stehen, hatte die Klippe aber rechtzeitig erkannt und mich von ihr zurückgezogen. Ich ruhte mich aus, nahm ein paar Tage Urlaub, schraubte mein Pensum eine Weile zurück. Und siehe da, das Problem war gelöst.

Zum ersten Mal in meinem Leben stürzte ich kopfüber in den Abgrund.

Diese Strategie, so glaubte ich, würde ich für immer fortsetzen können. Doch eines Tages funktionierte sie nicht mehr.

So ist es mit dem Burn-out. Wenn man erst einmal von der Klippe gefallen ist, gibt es kein Halten mehr. Man befindet sich im freien Fall und jeder verzweifelte Versuch, sich noch irgendwo festzuklammern, schlägt fehl. Zum ersten Mal in meinem Leben stürzte ich kopfüber in den Abgrund.

Ein Burn-out ist ... kompliziert

Was passierte damals im Sommer 2006 genau mit mir? Das frage ich mich heute noch. Wer kann schon sagen, was der Seele eines Menschen so sehr zusetzt, dass er einen Zusammenbruch erleidet?

Vermutlich werde ich in diesem Leben wohl nie so ganz genau erfahren, was da eigentlich mit mir geschah. Ein Burn-out ist ein komplizierter Vorgang. Aber eines weiß ich: Ich hatte mich so sehr um andere gekümmert, dass ich mein eigenes Herz und meine Seele vernachlässigt hatte. Und zudem hatte ich auch nicht zugelassen, dass andere sich um mich kümmerten, obwohl sie es gerne wollten. Also befand ich mich drei Monate lang in einer Abwärtsspirale, bis ich ganz unten ankam. Ein ganzes Jahrzehnt lang war ich mit Höchstgeschwindigkeit unterwegs gewesen, ja vielleicht sogar drei Jahrzehnte. So ist es, wenn man vom Ehrgeiz getrieben wird. Als Teenager hatte ich drei Jobs gleichzeitig gehabt – und zwar nicht, weil ich sie unbedingt brauchte, sondern weil ich es so wollte. Als Student bekam ich die besten Noten und absolvierte drei Studiengänge, während ich gleichzeitig verschiedene Arbeitsstellen hatte, heiratete und eine Familie gründete. Als junger Pastor war *Nein* für mich ein Fremdwort. Ich dachte, ausreichender Schlaf und Sport seien nur etwas für Leute, die Zeit dafür haben.

Meine zunehmende Ermüdung spielte zwar eine große Rolle, aber ein Burn-out geht noch tiefer. Bei einem Burn-out gibt es nicht nur eine physische Komponente, sondern auch eine, die den Geist, die Seele und die Beziehung zu anderen betrifft. Auf solche Dinge hatte ich nicht viel geachtet, bis diese mich am Ende so in die Enge trieben, dass mein Leben zu einem abrupten Stillstand kam.

Geistlich gesehen befand ich mich auf einem sehr seltsamen Territorium. Ich verlor meinen Glauben zwar nicht und hörte auch nie auf, in der Bibel zu lesen und zu beten. Aber weil ich mich durch den Burn-out wie benommen fühlte, konnte ich meinen Glauben nicht mehr spüren. Ich betete, doch meine Worte schienen von der Zimmerdecke abzuprallen. Ich las die Bibel, aber ich hatte nicht mehr den Eindruck, dass sie mich las.

Auch die Beziehungen zu anderen Menschen fühlten sich plötzlich seltsam an. Es war, als hätte ich das letzte Jahrzehnt mit Leuten verbracht, die alle jeweils eine kleine Scheibe von mir abgeschnitten hatten. So kann es im Leben manchmal gehen, wenn man nicht aufpasst; vor allem, wenn man sich in einer leitenden Position befindet: Es scheint so, als ob jeder ein Stück von einem will – nur ein paar Minuten unserer Zeit, nur einen kleinen Ratschlag, nur einen Moment, um etwas durchzusehen. Und wir geben und geben, ohne die Reserven wieder aufzufüllen, bis irgendwann nichts mehr übrig ist.

Die seelische Komponente meines Burn-outs ging wahrscheinlich am tiefsten. Ich begab mich in eine Therapie, die mir auf lange Sicht zwar sehr half, zwischendurch aber auch äußerst schmerzhaft war.

Im Verlauf mehrerer Jahre hatte ich allmählich erkannt, dass bei mir innerlich vieles ins Schleudern geraten war. Glücklicherweise war nichts davon schlagzeilenträchtig – keine Affäre, kein unterschlagenes Geld, nichts, was besondere Aufmerksamkeit erregt hätte. Es gab aber jede Menge Unsicherheit, Neid, Furcht und eine völlig falsche Auffassung dessen, was meine Identität und ein erfülltes Leben ausmachten. Irgendwann in meiner Kindheit musste ich wohl zu dem Schluss gekommen sein, dass man sich Liebe durch gute Leistungen erwerben muss. Je besser ich wäre, desto mehr würde ich geliebt.

Im Verlauf mehrerer Jahre hatte ich allmählich erkannt, dass bei mir innerlich vieles ins Schleudern geraten war.

Natürlich funktioniert das mit der Liebe so nicht. Aber als junger, ehrgeiziger Gemeindeleiter wusste ich das nicht. Diese verzerrte Perspektive führte zu einem ungesunden Kreislauf der Leistungsabhängigkeit, was für einen in der Öffentlichkeit auftretenden Referenten ziemlich übel ist. Sonntags nach dem Gottesdienst wollte ich beispielsweise regelmäßig von meiner Frau wissen, wie meine Predigt gewesen war. Das Gespräch verlief immer ungefähr so:

»Was hältst du von der Predigt heute, Schatz?«

»Sie war gut.«

»Gut? Einfach nur *gut?* Also nicht gerade super?«

»Klar, sie war echt gut. Richtig klasse, denke ich.«

»Wirklich? Meinst du das ernst? Inwiefern war sie denn klasse?«

»Ich denke, dass sie vielen Leuten geholfen hat. Es war eine solide Schriftauslegung. Und du hast das stark rübergebracht.«

»Aber war sie denn *wirklich* klasse?«

Selbst jetzt noch, wenn ich diese Worte tippe, hört es sich an wie die Unterhaltung eines Erwachsenen mit einem Sechsjährigen. Aber so ist es, wenn es einem an emotionaler Reife fehlt. Meine Unsicherheit war so ausgeprägt, dass es – wie meine Frau mir bei mehr als einer Gelegenheit sagte – keine Worte gab, die groß und umfassend genug waren, um das Vakuum zu füllen.

Es konnte nie genug Leute geben, nie genug Dank, nie genug Anerkennung, um das tiefe Loch in mir zu schließen. Anscheinend reichte es auch nicht, meine Familie, Reggie Joiner und Andy Stanley als begeisterte Zuhörer in der ersten Reihe sitzen zu haben, dazu noch mehrere Tausend Konferenzteilnehmer. Man kann noch so viel Wasser in einen Eimer füllen – es nützt gar nichts, wenn er völlig durchlöchert ist.

Ein langer, dunkler Sommer

All dies und wahrscheinlich noch viel mehr trug dazu bei, dass ich in jenem Sommer 2006 einen Zusammenbruch erlebte.

Innerhalb eines Monats nach unserer Ankunft auf dem Flughafen von Toronto beschleunigte sich mein Sturz in den Abgrund. Meine Kräfte kamen auf einem historischen Tief an, ebenso meine Motivation und meine Stimmung. Was immer mich frühmorgens aus dem Bett getrieben hatte, war verschwunden. Zwar blieb ich nie den ganzen Tag im Bett liegen, aber es gab etliche Tage, an denen ich das am liebsten getan hätte.

Meine Produktivität ging komplett baden. Und da vieles bei meiner Arbeit als Pastor mit meinem Intellekt und meinen Beziehungen zu tun hat, ist dies auch zu hundert Prozent von der geistigen und geistlichen Energie abhängig, die ich aufbringen kann. Davon war nur noch ganz wenig übrig. Es fiel mir schwer, Predigten zu entwerfen. Gespräche mit Menschen waren sehr anstrengend für mich und selbst die einfachsten Dinge wie das Beantworten von E-Mails schienen mir nahezu unmöglich.

Ich entwickelte eine *Anthropophobie* (eine Furcht vor Menschen), die ich nie zuvor gekannt hatte. Eigentlich bin ich eher extrovertiert. Die meiste Zeit meines Lebens war ich gerne mit anderen zusammen gewesen, hatte es genossen, zu großen Gruppen zu sprechen, und brachte immer gute Stimmung in einen Raum voller Menschen. In jenem Sommer jedoch begann ich mich vor allen Menschen zu fürchten.

Ich wurde vollkommen ungesellig. Ich weigerte mich, das Haus zu verlassen, und wollte nur noch mit meiner Frau und den Kindern reden. Wenn wir weggingen – zum Beispiel, um uns mit unserer Kleingruppe zu treffen –, parkte ich unser Auto vor dem Haus, in dem das Treffen stattfinden sollte, und flehte Toni an, nicht hineingehen zu müssen. Und wenn wir doch hineingingen (was gewöhnlich der Fall war), versuchte ich mich mit meinen ein Meter neunzig hinter meiner ein Meter sechzig großen Frau zu verstecken in der Hoffnung, dass sie mich gegen den Rest der Menschheit abschirmen würde.

Ich hatte die Hoffnung verloren, dass Gott mich je wieder gebrauchen könnte.

Was mich bei meinem Burn-out jedoch am meisten verstörte, war der komplette Verlust der Hoffnung. Ich bin von Natur aus eher optimistisch, aber in jenem Sommer und in den Monaten danach fiel es mir schwer, Hoffnung zu finden. Ich hatte die Hoffnung verloren, dass Gott mich je wieder gebrauchen könnte. Ich dachte, er sei fertig mit mir und meinem Dienst. Ich begann mich zu fragen, ob ich überhaupt jemals wieder für irgendjemand oder irgendetwas von Nutzen sein würde.

Ein falscher und tödlicher Freund

In meinem Leben wurde es sogar noch dunkler. Selbst heute, mehr als ein Jahrzehnt später, mag ein Teil von mir sich immer noch nicht eingestehen, dass dies zu meiner Geschichte gehört und wirklich wahr ist. Aber es ist so und ich weiß, dass nur allzu viele Menschen sich mit dieser Erfahrung identifizieren können.

Im Spätsommer kam ich allmählich zu der Überzeugung, dass es besser wäre, diesen Burn-out nicht durchstehen zu müssen, und ich dachte ernsthaft über Selbstmord nach. Die Hoffnung in mir war gestorben.

Im Rückblick weiß ich nicht mehr, wie nahe ich wirklich dran war, meine Gedanken in die Tat umzusetzen. Ich bin kein Fachmann, der beurteilen kann, wie ernst eine solche Bedrohung ist. Ich weiß nur, dass der Gedanke, meinem Leben ein Ende zu setzen und mich auf diese Weise von dem Gefühl der Hoffnungslosigkeit zu befreien, ein falscher Freund von mir wurde. Wenn ich heute, über ein Jahrzehnt später, auf diese Zeit zurückschaue, dann kommt es mir so vor, als sei der Mensch, der damals mit diesem Gedanken kämpfte, ein anderer gewesen ist. Es ist erschreckend, wie eine solche Episode unseren Verstand manipulieren kann, doch genau das macht ein Burn-out mit uns: Er bemächtigt sich unserer Gedanken. Seine Arena ist unsere Gedankenwelt und er wütet darin gnadenlos wie ein gefährliches wildes Tier. Ich bin sehr dankbar, dass ich auf diese Stimmen in meinem Kopf nicht gehört habe, und möchte Ihnen dies weitergeben für den Fall, dass Sie etwas Ähnliches erleben: Hören Sie nicht darauf. Geben Sie diesen Gedanken nicht nach. Geben Sie nicht auf. Denn diese negativen Stimmen lügen. Sie beschreiben nicht die Person, die Sie wirklich sind, und was sie vorschlagen, ist keine Lösung, auch wenn es einem an manchen Tagen so vorkommen mag.

Nicht nur für über Vierzigjährige

Ein paar Jahre nach meinem Burn-out beschloss ich, wenn auch noch etwas nervös, mit anderen Führungskräften über dieses Thema zu sprechen. Ich hegte eine zaghafte Hoffnung, ihnen mit meinen Erfahrungen helfen zu können. Als ich das erste Mal einen Vortrag über meine eigenen Erfahrungen hielt, fing ich – ähnlich wie bei meinem ersten Referat über Pessimismus – mit den Worten an: »Wenn Sie Mitte zwanzig oder Mitte dreißig sind, dann betrifft dieses Thema Sie wahrscheinlich nicht besonders. Für Sie genügt es wohl, wenn Sie meine Ausführungen für einen späteren Zeitpunkt in Ihrem Leben abspeichern. Vielleicht können diese dann für Sie oder für einen Freund oder eine Freundin hilfreich sein.«

Ich war also überhaupt nicht darauf vorbereitet, dass nach meinem Vortrag zahlreiche jüngere Leute Schlange standen, um mit mir reden zu können. Fast alle sagten zu mir: »Mir geht es in vielem genau so, wie Sie es beschrieben haben.«

Damit hatte ich nicht gerechnet. Es ist, als ob Burn-out zu einer Epidemie unter uns geworden ist. Je mehr Leute ich kennenlerne und je mehr ich mich in unserer Kultur umschaue, desto mehr komme ich zu der Überzeugung, dass wahrscheinlich viele Menschen unter einem Burn-out leiden oder zumindest unter einer abgemilderten Form davon. Mit »abgemildert« meine ich, dass jemand die Freude am Leben verloren hat, aber trotzdem weiter funktioniert. Die betreffende Person ist zwar nicht tot, aber sie fühlt sich auch nicht wirklich lebendig. Die Symptome sind nicht so ausgeprägt, dass das Leben dieses Menschen komplett zum Stillstand kommt (so wie bei mir damals). Aber sie sind stark genug, um dem alltäglichen Leben allen Sinn und alles Wunderbare zu rauben.

Es ist, als ob Burn-out zu einer Epidemie unter uns geworden ist.

Alarmsignale

Einige von Ihnen, die dieses Buch lesen, wissen vielleicht, dass sie am Rand der Klippe stehen, die als Burn-out bezeichnet wird. Andere befinden sich womöglich schon im freien Fall. Was jedoch an einem Burn-out sehr verwirrend sein kann (vor allem, wenn er in abgemilderter Form auftritt), ist, dass uns einige seiner Symptome zunächst »normal« vorkommen. Woran können wir dann aber erkennen, dass wir es wirklich mit einem Burn-out zu tun haben?

Ich möchte im Folgenden elf Anzeichen und Symptome beschreiben, die ich selbst während meines Burn-outs erlebt habe. Wenn Sie einen oder zwei davon bei sich wiedererkennen, dann befinden Sie sich wahrscheinlich noch nicht in einem Burn-out. Sie sollten diese Symptome jedoch als Alarmzeichen ernst nehmen. Wenn sechs bis acht Symptome auf Ihr Leben zutreffen, könnte es sein, dass Sie gerade einen Burn-out in abgemilderter Form erleben oder auf die Klippe zusteuern. Sollten es die meisten oder alle Symptome sein, dann erleiden Sie möglicherweise gerade einen kompletten Burn-out. Ich hoffe, dass die Alarmzeichen Ihnen dabei helfen, die Klippe zu erkennen, bevor es zu spät ist.

1. Die Motivation verblasst

Jeder Mensch hat von Zeit zu Zeit mit mangelnder Motivation zu kämpfen, aber ein Burn-out sorgt dafür, dass wir diese über einen längeren Zeitraum ganz verlieren. Wissen Sie noch, wie sich Leidenschaft anfühlt? Sie bewirkt, dass wir uns verlieben, die weißen Wolken am blauen Himmel bewundern, wild herumtanzen, wenn wir an der Uni unserer Wahl aufgenommen wurden, oder vor Rührung weinen, wenn wir unser neugeborenes Kind das erste Mal sehen. Die Leidenschaft sorgt dafür, dass wir unsere Arbeit mit Begeisterung angehen, sie macht uns zu einem talentierten, völlig vertieften Nerd, der sich seinem Hobby mit einem verklärten Lächeln widmet. Sie verwickelt uns in alle möglichen Aktivitäten und gehört zu den Faktoren, die unser Leben und unseren Dienst als Leiter lange Zeit ganz wunderbar machen.

Als ich meinen Burn-out erlitt, ging meine Leidenschaft unter wie die Sonne. Ich wusste zwar, dass das, was ich tat, wichtig war (die Gemeinde vor Ort zu leiten, für meine Familie zu sorgen), aber ich konnte es nicht mehr fühlen. Ich erkannte, dass ein Mensch ohne Leidenschaft kein leidenschaftliches Leben führen kann. Aber ich konnte meine Motivation nicht mehr finden. Sie war gestorben.

2. Kein Empfinden mehr für Höhen und Tiefen

Wenn wir gesund sind, dann *spüren* wir etwas. Wir erleben Höhen und Tiefen. Während meines Burn-outs konnte ich nichts mehr richtig empfinden. Mein stärkstes Gefühl war eine Art Benommenheit. Es war, als ob ich endlos durch eine flache, nichtssagende Landschaft fahren würde. Wenn Freunde von uns ein Kind bekamen, dann wusste ich zwar rein verstandesmäßig, dass dies ein wichtiges Ereignis war, über das man sich freuen sollte, aber ich konnte es nicht spüren. Und umgekehrt: Wenn jemand krank wurde oder Probleme hatte, empfand ich kein Mitgefühl für diese Person. Alles fühlte sich taub an.

Der Burn-out betäubt unser Herz.

Der Burn-out betäubt unser Herz und für mich war das eines der ersten Anzeichen dafür, dass ich mich auf einen Abgrund zubewegte. Drei oder vier Jahre lang hatte ich schon gegen meine innere Abstumpfung angekämpft, bevor ich schließlich kopfüber nach unten stürzte. Selbst heute halte ich nach diesem Alarmsignal Ausschau, weil es mir zeigt, dass vielleicht etwas nicht in Ordnung ist.

Wir sind so geschaffen, dass wir uns freuen, wenn andere sich freuen, und dass wir auch mit ihnen trauern. Wenn das nicht so ist, dann stimmt etwas nicht mit uns.

3. Kleinigkeiten bringen uns aus der Fassung

Es ist nicht so, dass Menschen, die sich in einem Burn-out befinden, keine emotionalen Regungen mehr hätten. Sie haben durchaus welche, allerdings sind diese dann oft unangemessen und unausgewogen.

Kurz vor und während meines Burn-outs brachten mich selbst Kleinigkeiten komplett aus der Fassung. Ein verpasster Termin oder eine nicht ausgeräumte Spülmaschine – ein Problemchen, das normalerweise auf meiner Problemskala zwischen eins und drei gelegen hätte – lag nun bei elf und erhielt eine entsprechende Reaktion von mir. So etwas ist nie gut.

Kleinigkeiten wie riesige Probleme zu behandeln und riesige Probleme wie Kleinigkeiten – das sind Anzeichen, dass etwas grundlegend schiefläuft.

4. Alle zehren an unseren Kräften

Die Beziehungen zu anderen Menschen sind immer gemischte Erfahrungen. Manche Leute geben einem Kraft. Andere nicht. Das ist völlig normal. So ist das Leben hier auf der Erde nun einmal. Aber als ich den Burn-out erlitt, konnte mir *niemand* mehr Kraft geben. Nicht einmal meine Familie, meine Freunde oder das Leitungsteam unserer Gemeinde. In meinem Kopf wusste ich, dass es liebe Menschen sind, aber mein Herz konnte das nicht spüren. Wenn es niemanden mehr gibt, der uns Energie verleiht, dann sind nicht die anderen das Problem, sondern wir selbst.

5. Pessimismus macht sich breit

Wir haben uns schon in den Kapiteln 1 und 2 mit dem Thema Pessimismus beschäftigt. Nun soll er auch hier erwähnt werden als ein weiteres Alarmsignal für einen drohenden Burn-out. Dabei ist es nicht der Pessimismus an sich, um den es hier geht. Ein Mensch kann lange Zeit pessimistisch eingestellt sein, ohne in einen Burn-out zu geraten. Wenn wir aber merken, dass der Pessimismus sich mit zunehmender Geschwindigkeit in unserem Leben breitmacht, dann könnte das ein Zeichen für einen Burn-out sein. Denn in einem gesunden Herzen kann sich der Pessimismus nicht dauerhaft einnisten.

6. Nichts kann uns zufriedenstellen

Einer der schlimmsten Aspekte meines Burn-outs war, dass mich nichts mehr zufriedenzustellen schien. Schlafen nicht. Beten nicht. Liebe Menschen nicht. Erholung nicht. Urlaub nicht. Arbeit nicht. Essen nicht. Das sind Anzeichen für eine Depression und auch für einen Burn-out.

7. Keine klaren Gedanken mehr

Bei einem Burn-out richten unsere Gefühle ein Chaos in unserem Kopf an und wir verlieren die Fähigkeit, klar zu denken. Ich erinnerte mich an das, was ich früher zum Thema Midlife-Crisis und Burn-out gelesen hatte, und wusste daher, dass Menschen während eines Burn-outs in der Gefahr sind, unvernünftige Entscheidungen zu treffen. Also führte ich jeden Tag ein Gespräch mit mir selbst, das sich auf vier Worte reduzieren ließ: *Mach bloß keine Dummheiten!* Dumm wäre es zum Beispiel gewesen, wenn ich meinen Job gekündigt oder andere Leute angeschrien hätte. An manchen Tagen ist es schon ein Gewinn, wenn man solche Unüberlegtheiten vermeiden kann.

8. Die Produktivität auf dem Nullpunkt

Ein Zeichen für den Burn-out, von dem ich schon früher gehört hatte, war meine unglaublich niedrige Produktivität. Ich bin normalerweise ein einigermaßen produktiver Leiter und Mensch (manche würden sogar sagen: sehr produktiv). Doch als ich in den Burn-out geriet, brauchte ich selbst für eine einfache E-Mail manchmal eine ganze Stunde. Ich konnte meine Gedanken einfach nicht sammeln. Mein Tempo wurde immer langsamer. Und es kam mir vor, als hätte sich eine Wolke zwischen mich und all das geschoben, was ich mir vornahm. Wenn Sie viele Stunden arbeiten, aber nur wenig dabei herauskommt, dann sollten Sie achtgeben.

Es kam mir vor, als hätte sich eine Wolke zwischen mich und all das geschoben, was ich mir vornahm.

9. Selbstmedikation

Im Anfangsstadium eines Burn-outs greifen viele Menschen zu einer Art Selbstmedikation, um den Schmerz zu betäuben. Dazu kann gehören: zu viel essen, zu viel Arbeit, sexuelle Abhängigkeiten, Trinken, impulsive Käufe oder sogar Drogen. Wenn das geschieht, dann haben wir den Weg der Selbstmedikation statt der Selbstfürsorge eingeschlagen, um das Problem zu bewältigen. Ich selbst vermied Alkohol, Drogen und außerehelichen Sex. Meine Medikation bestand paradoxerweise darin, dass ich noch mehr arbeitete, was die Abwärtsspirale weiter beschleunigte. Menschen, die vor dem Burn-out stehen, greifen fast immer zur Selbstmedikation statt zur Selbstfürsorge.

10. Es gibt nichts mehr zu lachen

Das hört sich eher harmlos an, ist aber in Wirklichkeit gefährlich. Wenn wir kurz vor dem Burn-out stehen, können wir nicht mehr so lachen wie früher. Ich weiß noch, wie ich während der Zeit meiner Genesung eines Tages laut über etwas lachte, das ich im Radio gehört hatte. In diesem Moment fiel es mir auf: Es war Monate her, dass ich das letzte Mal laut gelacht hatte. In einer Phase des Burn-outs findet man überhaupt nichts mehr komisch und nichts macht einem Spaß. Und wenn wir am Tiefpunkt angelangt sind, gönnen wir es den anderen auch nicht mehr, dass sie ihr Leben genießen.

11. Schlaf und Freizeit sind nicht mehr erholsam

Wenn wir einfach nur müde sind, dann sorgen eine durchgeschlafene Nacht oder ein, zwei Wochen Urlaub dafür, dass wir wieder neue Energie bekommen. So ist es bei einem gesunden Menschen. Wer aber einen Burn-out hat, dem helfen Schlaf und Freizeit nicht mehr. Er könnte einen Monat lang frei haben und es würde keinen Unterschied bewirken. Während des Sommers, in dem ich meinen Burn-out erlitt, nahm ich mir drei Wochen frei und fühlte mich am Ende schlechter als am Anfang. Wenn die freie Zeit bei uns keine Erholung mehr bewirkt, ist das eines der Hauptanzeichen für einen drohenden Burnout.

Sie haben sich hier wiedererkannt?

Vielleicht läuten bei Ihnen jetzt die Alarmglocken, weil auf Sie acht von elf Symptomen zutreffen – oder sogar alle elf. Oder Sie machen sich Sorgen um Ihren Mann/Ihre Frau oder um gute Freunde, bei denen Sie diese Symptome ausgemacht haben. Was können Sie nun tun?

Wenn es bei Ihnen Anzeichen für einen drohenden Burn-out gibt, dann rate ich Ihnen, sich sofort professionelle Hilfe zu suchen. Aus meiner Sicht ist es am besten, zum einen medizinische Hilfe in Anspruch zu nehmen und zusätzlich einen guten, auf diesem Gebiet erfahrenen christlichen Therapeuten um Rat zu fragen. Ihr Arzt oder Ihre Ärztin wird feststellen, wie ernst die Symptome sind, und Ihr/e Therapeut/in wird Ihnen helfen herauszufinden, welche Ursachen und besonderen Situationen zu Ihrem Burn-out beigetragen haben. Wenn Sie sich kurz vor oder in einem Burn-out befinden, dann haben Sie garantiert irgendwelche Probleme. Ich hatte jedenfalls eine ganze Menge davon. Toni hatte mich schon seit Jahren gedrängt, mich in eine Therapie zu begeben, bevor ich es dann wirklich tat. Ich war einfach zu stolz. Ich schickte zwar andere Leute in Therapien, aber selber wollte ich das nicht. Wie dumm von mir! Meine Frau hatte die Probleme erkannt, die ich nicht sehen konnte. Andere sahen die Probleme, die ich nicht erkannte. Und sie hatten recht. Ich verletzte andere Menschen, ohne es zu beabsichtigen.

Unsere ungelöste Vergangenheit gefährdet unsere Zukunft, solange wir uns nicht damit beschäftigen.

Tatsache ist, dass wir alle mit ungelösten Problemen zu kämpfen haben. Und je eher wir sie in Angriff nehmen, desto besser geht es uns und den Menschen in unserer Umgebung. Unsere ungelöste Vergangenheit gefährdet unsere Zukunft, solange wir uns nicht damit beschäftigen. So ging es mir jedenfalls mit meinen unvollendeten Dingen und unbewältigten Themen. Es führte dazu, dass ich endlos lange in einem geradezu verrückten Tempo arbeitete und andere Menschen eher als Projekte betrachtete denn als Beziehungen. Ich wurde leistungsabhängig und Gott musste in dieses Vakuum hinein zu mir sprechen, damit ich die Gaben, die er mir gegeben hatte, endlich auf eine gesunde Weise einsetzte.

Christliche Therapeuten haben mir geholfen, dem auf den Grund zu gehen. Ich habe in den letzten fünfzehn Jahren an verschiedenen Punkten meines Lebens unterschiedliche Therapeuten in Anspruch genommen und sie alle spielten eine wichtige Rolle in meinem Heilungsprozess und für meine geistliche Prägung. Sie brauchen vielleicht nicht mehr als einen Therapeuten, aber bei mir war es sehr heilsam und befreiend, zum richtigen Zeitpunkt die richtige Perspektive geschenkt zu bekommen.

Warum empfehle ich gut ausgebildete christliche Therapeuten? Erstens: Nicht alle sind in ihrem Beruf gut. Überprüfen Sie also die Qualifikationen und Referenzen Ihres Therapeuten oder Ihrer Therapeutin. Lassen Sie sich von Freunden entsprechende Empfehlungen geben. Zweitens bevorzuge ich christliche Therapien nicht nur deshalb, weil ich selbst Christ bin, sondern auch deshalb, weil ich glaube, dass das Problem bei einem Burn-out im Grunde genommen geistlicher Natur ist. Wenn wir Jesus hier aus dem Spiel lassen, dann entgeht uns gerade das, was uns möglicherweise Heilung bringt.

Apropos Heilung: Wie finden wir einen Ausweg aus dem Burn-out? Ob Sie es glauben oder nicht, Sie können den Burnout überwinden. Und Sie können sich danach sogar lebendiger fühlen als je zuvor. So ging es jedenfalls mir und ich bin damit nicht der Einzige.

12

Die neue Normalität

Wie wir heute so leben können, dass es uns auch morgen noch gut geht

Mitten in meinem Burn-out fragte ich mich, ob es mir jemals wieder besser gehen würde. Ich wusste, dass schon viele vor mir diesen Weg bergab gegangen waren, und es jagte mir Angst ein, dass manche nicht wieder zurückgefunden hatten. Oder sie hatten zurückgefunden und waren nicht mehr dieselben wie vorher. Karrieren waren beendet. Berufungen wurden nicht mehr weiterverfolgt. Und manchmal war es mit dem betreffenden Menschen selbst zu Ende: Er fand die Hoffnung nicht mehr wieder und war auch nicht mehr die Person, die er vorher gewesen war.

Zu wissen, dass man Probleme hat, ist nicht dasselbe wie eine sanfte und tiefe Behandlung.

Auf keinen Fall wollte ich, dass es mir genauso erging.

Ich hatte in dieser Zeit viel über mich selbst gelernt, aber eine Diagnose ist noch keine Heilung. Zu wissen, dass man Probleme hat, ist nicht dasselbe wie eine sanfte und tiefe Behandlung. Jede Lebensgeschichte ist anders – darum sind die Gründe für einen Burn-out bei Ihnen wahrscheinlich nicht dieselben wie bei mir und sein Ausmaß kann auch unterschiedlich sein. Folglich wird auch Ihre Behandlung und Genesung anders aussehen.

Allmählich begann ich mich wieder zu erholen – dank der Liebe und Unterstützung durch meine wunderbare Frau, den Gemeindevorstand, unser Leitungsteam, gute Freunde, Familienangehörige, Therapeuten und einen sehr gnädigen Gott. Es dauerte ehrlich gesagt mehrere Jahre, bis ich das Gefühl hatte, wieder ganz an Bord zu sein. Im ersten Jahr kehrten meine Kräfte zu 80 bis 90 Prozent zurück. Die letzten 10 Prozent brauchten weitere drei oder vier Jahre.

Den Burn-out überwinden

Wie schafft man es, sich von einem Burn-out wieder zu erholen? Im Folgenden möchte ich zehn Faktoren aufzählen, die mir und vielen anderen dabei geholfen haben. Und danach werden wir uns ein paar Grundregeln ansehen, die uns helfen können, einen (weiteren) Burn-out zu vermeiden.

1. Darüber reden

Das fiel mir sehr schwer. Und so geht es vielen Führungskräften (vor allem den männlichen). Ich vermute, dass auch Ihnen hier der Stolz in die Quere kommt. Und er hat wahrscheinlich auch seinen Anteil daran, dass Sie überhaupt einen Burn-out erlitten haben beziehungsweise in Gefahr stehen, einen zu erleiden. Schlucken Sie Ihren Stolz hinunter und sprechen Sie mit jemandem, dem Sie vertrauen, über Ihr Problem. Ich weiß, das ist nicht einfach, aber wie wir bereits gesehen haben, kann nur die Demut uns von dem befreien, was der Hochmut uns eingebrockt hat.

Was auch immer Sie tun: Behalten Sie Ihren Verdacht auf einen Burn-out nicht für sich. Wenn wir uns isolieren, geht das nie gut aus. Der Weg heraus aus dem Burn-out führt durch die Gemeinschaft mit anderen, selbst wenn wir denken, dass die Gemeinschaft einer der Faktoren war, die uns in den Burn-out getrieben haben.

Es ist hart, aber das Gespräch mit jemand anderem ist der erste Schritt auf dem Weg zur Heilung. Wenn wir unseren Burn-out anderen gegenüber zugeben, dann werden wir ihn uns auch selber endlich eingestehen.

2. Sich mit einem Kreis von Helfern umgeben

Jemandem von unserem Burn-out zu erzählen ist etwas anderes, als Hilfe zu suchen. Unsere Freunde spielen für unsere Genesung zwar eine wichtige Rolle, aber sie haben keine diesbezügliche Ausbildung und sind vielleicht mit dem Ausmaß unserer Symptome überfordert.

Wir würden von unserem Freund, mit dem wir angeln gehen, ja auch nicht erwarten, dass er unsere Krebserkrankung behandelt. Und genauso ist es mit dem Burn-out. Darum brauchen wir Ärzte und Therapeuten. Aber unser Angelfreund kann uns auf dem Weg, der vor uns liegt, begleiten. Das ist ein ganz wichtiger Punkt. Wir schaffen das nicht allein. Wirklich nicht! Und manchmal bewirkt selbst eine kleine Geste sehr viel. Eines Tages in meiner Burn-out-Zeit besuchte mich ein Freund und sagte einfach nur: »Ich weiß, dass du das heute nicht spüren kannst. Aber die Sonne wird wieder aufgehen. Ganz bestimmt.« Sie glauben nicht, wie viel mir diese Worte an jenem Tag bedeuteten. Warum sind Freundschaften so wichtig? Weil wir Menschen brauchen, die an uns glauben, wenn wir den Glauben an uns verloren haben.

Warum sind Freundschaften so wichtig? Weil wir Menschen brauchen, die an uns glauben, wenn wir den Glauben an uns verloren haben.

3. Sich an Gott festhalten

Man sollte meinen, dass dieser Punkt, theologisch gesehen, als erster kommen müsste. Denn wenn es Gott wirklich gibt, dann sollte er schließlich an erster Stelle stehen, oder? Natürlich ist das so. Und doch gibt es hier zwei Probleme. Erstens: Wenn unsere Emotionen fehlgeleitet sind und wir uns völlig abgestumpft fühlen, dann spüren wir auch nicht, dass Gott da ist und uns beisteht. Wenn Gott aber zu schweigen scheint, dann heißt das nicht, dass er nicht da ist. Ich spürte Gott monatelang nicht mehr – weder als ich betete noch als ich in der Bibel las oder geistliche Lieder sang.

Zweitens: Je frömmer jemand ist, desto mehr könnte er der Versuchung erliegen zu glauben, dass er den Burn-out ganz privat mit Gott zusammen überwinden kann. Aber Gott wirkt durch *Menschen*. Manchmal erfahren wir Gottes Liebe am konkretesten durch die Liebe der Menschen, die ihn lieben.

Ich persönlich habe versucht, weiter an meinem Glauben festzuhalten. Ich las einfach weiter in der Bibel, betete und vertraute auf Gott selbst an den schlimmsten Tagen – vor allem an den dunkelsten Tagen, an denen mir am wenigsten danach war, Gott zu vertrauen. Ich bin dankbar, dass ich es trotzdem tat. In solchen entscheidenden Momenten halten wir uns entweder an Gott fest oder wir kehren ihm den Rücken. Ich möchte Sie ermutigen: Halten Sie an Gott fest, ganz fest. Selbst wenn Sie nichts dabei spüren. Ich habe es getan und das Gefühl der Verbundenheit mit Gott kam irgendwann wieder. Nur weil wir Gottes Liebe nicht spüren können, heißt das nicht, dass er uns nicht liebt.

Geben Sie also nicht auf. Was ich in jener Zeit gelernt habe, ist, dass der Gehorsam stärker ist als unsere Gefühle. Irgendwann werden diese ihm folgen. Wenn Sie allmählich genesen, werden auch Ihre Emotionen wieder so sein, wie sie sein sollten. Manchmal sogar noch besser als je zuvor.

4. Sich ausruhen

Ich war körperlich und seelisch tief erschöpft, als ich meinen Burn-out erlitt. Erst als mein Leben dadurch praktisch zum Stillstand kam, merkte ich, wie müde ich war. Im Juli jenes Jahres begriff ich dann endlich das ganze Ausmaß des Problems. Ich hatte inzwischen mit der Gemeindeleitung gesprochen, hatte mir professionelle Hilfe gesucht und arbeitete als der leitende Pastor unserer Gemeinde nur noch so viel, wie es unbedingt nötig war.

Im August hatte ich das Gefühl, dass ich mich nun endlich mit meinem Erschöpfungszustand befassen musste und es nicht länger aufschieben konnte. Anfang August begann ich jeden Tag etwa zehn Stunden zu schlafen und das setzte ich den ganzen Monat so fort. Dazu kamen ein paar kleinere Nickerchen zwischendurch. Ich brauchte diese Phase intensiver Ruhe, um endlich dieses Gefühl der Benommenheit loszuwerden und wieder etwas mehr Energie zu verspüren. Ich war so lange ständig mit Höchstgeschwindigkeit unterwegs gewesen, dass ich dieses Tempo nun einfach nicht mehr aufrechterhalten konnte.

In dieser Zeit erkannte ich, dass Schlaf so etwas Ähnliches ist wie Geld: Aus Defiziten werden Schulden und Schulden müssen abbezahlt werden. Also bezahlte ich meine »Schlafschulden« in jenem Monat ab und achte bis heute darauf, dass ich nicht wieder ein Defizit verursache. Wenn ich das ein oder zwei Wochen lang tue, dann muss ich es mit mehr Schlaf ausgleichen. Was niemanden unter uns überraschen sollte, auch uns unruhige Typen nicht: Wir sind so geschaffen, dass wir ein Drittel unseres Lebens im Schlaf verbringen, dazu noch ein Siebtel mit Ausruhen. Inzwischen achte ich streng auf ausreichenden Schlaf, egal ob ich zu Hause bin oder auf Reisen. Ich fliege zum Beispiel fast nie über Nacht, weil ich ein Morgenmensch bin und tagelang völlig aus dem Rhythmus gerate, wenn ich abends zu lange aufbleibe. Ich habe die Nickerchen schätzen gelernt, weil mir klar wurde, dass die meisten Menschen wie ein Smartphone sind: Sie fangen morgens mit einer Leistung von 100 Prozent an und müssen ihren Akku mehrmals am Tag wieder aufladen. Mit einem kurzen Mittagsschlaf kann ich danach wieder mehrere Stunden durch-

In dieser Zeit erkannte ich, dass Schlaf so etwas Ähnliches ist wie Geld: Aus Defiziten werden Schulden und Schulden müssen abbezahlt werden.

halten. Nachts sieben bis acht Stunden zu schlafen ist für mich ganz wichtig geworden, um tagsüber die beste Leistung bringen zu können.

Jemand hat einmal gesagt, dass eine gute Nachfolge Christi zu 70 Prozent aus ausreichendem Schlaf besteht. Dem könnte ich zustimmen. Wenn Sie so sind wie ich und fast alle anderen Leute auf diesem Planeten, dann sind Sie am freundlichsten, wenn Sie gut ausgeruht sind. Also ruhen Sie sich aus.

5. Vom Schmerz ablenken

Das Problem mit dem Schmerz ist, dass wir uns zu sehr auf ihn konzentrieren, wenn wir unser Tempo verlangsamen. Und der Schmerz ist sehr egoistisch; selbst wenn er seelischer Natur ist, fordert er unsere volle Aufmerksamkeit. Sie glauben das nicht? Dann lassen Sie mal einen Pflasterstein auf Ihren Fuß fallen und schauen Sie, ob Sie sich anschließend noch auf etwas anderes konzentrieren können. Ich wurde von dem Schmerz, den mein Burn-out verursachte, manchmal geradezu überwältigt. Ich wusste aber: Wenn ich meinen Blick immer nur auf ihn richtete, würde er immer mehr Raum in meinen Gedanken und meiner Seele einnehmen. Ich befürchtete, dass er mich für immer lähmen würde.

Was kann man dagegen unternehmen? Ablenkung kann ein wirksames Mittel sein, um auf andere Gedanken zu kommen. Schauen Sie einen Film an. Gehen Sie essen. Unternehmen Sie eine Wanderung. Gehen Sie zu einer Party. Zugegeben, es ist nicht leicht. Eines Abends hatten wir Gäste eingeladen; ich zog mich früh zurück und der Abend endete damit, dass ich im Schlafzimmer blieb und weinte. Doch immerhin hatten wir die Party veranstaltet. Sie lenkte mich eine Zeit lang von dem ständigen Kreislauf der Depression ab. Das Leben nicht aufzugeben half mir schlussendlich dabei, wieder ins Leben zurückzufinden.

6. Tun, was man kann

Vielleicht brauchen Sie eine längere Sabbatzeit, aber manchmal ist es auch hilfreich, wenigstens das zu tun, wozu man in der Lage ist. Ich nahm drei Wochen frei und ging dann wieder an die Arbeit. Bei einem Burn-out kann es leicht passieren, dass man sich zu sehr auf das konzentriert, was man nicht mehr kann – und an manchen Tagen scheint das so gut wie alles zu sein. Ich konzentrierte mich auf das, was ich tun *konnte,* nicht auf das, was mir nicht möglich erschien. In den Jahren nach meinem Burn-out unterhielt ich mich mit mehreren Ärzten aus meinem Bekanntenkreis. Sie alle sagten mir, dass diese Strategie für die Bewältigung eines Burn-outs genau richtig sei. Einer von ihnen erzählte mir, er gebe seinen Patienten manchmal ganz simple Anweisungen wie: »Ich möchte, dass Sie sich heute die Zähne putzen.« Das hört sich vielleicht banal an, aber wenn Depression und Erschöpfung einen Menschen im Griff haben, dann kommt ihm sogar das Zähneputzen unmöglich vor. Der springende Punkt? In Bewegung bleiben. Tun Sie, was Sie können.

Ich konzentriere mich auf das, was ich tun konnte, nicht auf das, was mir nicht möglich erschien.

Ich beschloss, am Ende der drei Urlaubswochen wieder zu predigen, denn ich hatte den Eindruck, dass meine Kräfte für den Entwurf einer Predigt ausreichten. Als ich meinen ersten Gottesdienst hielt (es war das erste Augustwochenende, der Monat also, in dem ich meine Schlafschulden zurückzahlte), sagten alle, die meine Situation kannten: »Wenn wir nicht gewusst hätten, wie schlecht es dir geht, hätten wir es nicht gemerkt. Es war eine wunderbare Predigt.« Ich selbst wusste ja, wie es mir ging, aber es tat gut zu wissen, dass ich anderen immer noch auf irgendeine Weise helfen konnte.

Was können Sie heute tun? Tun Sie es. Auch wenn Ihnen nicht danach ist.

7. Keine großen Entscheidungen treffen

Wie bereits weiter oben in diesem Kapitel beschrieben, geriet ich mehrere Male in Versuchung, etwas zu tun, das mein Leben ruiniert hätte. Ich hätte am liebsten meine Berufung an den Nagel gehängt und wäre von allem und jedem davongelaufen oder ich hätte mit allem Schluss gemacht. Es gab Punkte, da träumte ich von einem anderen Leben, wo ich Kisten stapelte, Autos wusch oder Gras mähte und damit meinen Lebensunterhalt verdiente. Anders als in meinem jetzigen Beruf hätte ich bei diesen Tätigkeiten immerhin jeden Tag sehen können, was ich geleistet hatte. Das alles schien mir weitaus einfacher als das, was ich in dem Moment gerade durchmachte.

Aber ich wusste auch, dass die wichtigste Entscheidung, die ich treffen konnte, lautete: keine großen Entscheidungen treffen. Punkt. Immer und immer wieder ermahnte ich mich selbst, meinen Beruf nicht aufzugeben, mich auf keine Affäre einzulassen und keinen Sportwagen zu kaufen. Durch die Gnade Gottes habe ich keines dieser drei Dinge getan. Die ersten beiden gehören auch heute nicht zu meinen Langzeitplänen, aber eines Tages würde ich gern einen Chevrolet Corvette von 1973 oder einen neuen Audi fahren.

Treffen Sie Ihre großen Entscheidungen an einem guten Tag. Und wenn Sie einen Burn-out haben, dann gibt es gerade nicht wirklich viele gute Tage. Stehen Sie vor einer größeren Entscheidung (einem Berufswechsel oder einem Umzug), dann sollten Sie sich den Rat guter Freunde und nahestehender Menschen einholen, die Ihnen dabei helfen können, unter Gebet einen Entschluss zu fassen, den Sie später nicht bereuen werden.

8. Verluste betrauern

Terry Wardle, einer meiner Mentoren, sagte einmal zu mir, der geistliche Dienst sei eine Serie von unbetrauerten Verlusten. Er hatte recht. Dasselbe gilt für unser ganzes Leben. Es kann eine Serie unbetrauerter Verluste sein.

Sicher würden Ihnen hier auch einige Beispiele einfallen. Ihre beste Freundin beschließt, in eine andere Stadt zu ziehen. Ein Onkel, den Sie sehr gemocht haben, stirbt. Bei der nächsten Beförderung werden Sie übergangen. Ihre Eltern lassen sich nach fünfundzwanzig Jahren Ehe scheiden. Ihr Auto, mit dem Sie eigentlich noch ein Jahr fahren wollten, landet auf dem Schrottplatz. Ihre Frau bekommt eine chronische Krankheit. Viele Leute tun so, als würden solche Verluste nicht wehtun; aber das Gegenteil ist der Fall. Schlimmer noch ist aber, dass wir oft nicht wissen, wie wir damit umgehen sollen. Also gehen wir einfach wieder an die Arbeit und führen unser Leben fort. Wenn ich in der Bibel von trauernden Menschen las, dann dachte ich viele Jahre lang nur: *Was haben die bloß? Warum müssen sie vierzig Tage lang um Mose trauern? Können sie nicht einfach zur Beerdigung gehen und nach dem Mittagessen wieder ins Büro zurückkehren?* Es dauerte lange, bis ich begriff: Uns Zeit zu nehmen für die Trauer um unsere Verluste, gehört zu den gesündesten Dingen, die wir tun können.

Uns Zeit zu nehmen für die Trauer um unsere Verluste, gehört zu den gesündesten Dingen, die wir tun können.

Wie bereits erwähnt, verbrachte ich im August 2006 ungeheuer viel Zeit mit Schlafen. In jenem Monat verbrachte ich jedoch auch ungewöhnlich viel Zeit mit Weinen. All die Verluste, die ich jahrzehntelang ignoriert hatte, ließen sich jetzt nicht mehr verdrängen. Ich war tief schockiert darüber, dass ich mit dem Weinen einfach nicht aufhören konnte. Irgendwann flossen allmählich weniger Tränen und irgendwann versiegten sie ganz und passten sich wieder dem normalen Tempo und Rhythmus des Lebens an. Als das Weinen aufhörte, konnte ich diese Phase abschließen und fand sogar Heilung. Heute achte ich viel mehr auf meine Verlustgefühle. Ich bete darüber. Ich verarbeite sie. Gelegentlich vergieße ich Tränen über die größeren Verluste. Und dann geht das Leben weiter.

Wenn Sie Ihre Verluste während Ihrer Genesungsphase nicht betrauern, verpassen Sie die einzigartige Gelegenheit, Ihre Vergangenheit hinter sich zu lassen. Dann wird sie Ihre Gegenwart und Ihre Zukunft sabotieren.

9. Das Herz wieder öffnen

Da zu den Symptomen eines Burn-outs auch der Verlust der Motivation, emotionale Benommenheit und Pessimismus gehören, besteht durchaus die Gefahr, dass Ihr Herz sich während Ihres Burn-outs zum größten Teil verschlossen hat. Es ist überaus wichtig, dass Sie es wieder öffnen.

Wie bereits in Teil 1 beschrieben, trug zu meinem Zusammenbruch auch das zerbrochene Vertrauen in mehreren Freundschaften bei. So verletzt ich mich fühlte und so pessimistisch ich zeitweise auch war, traf ich doch die bewusste Entscheidung, wieder neu Vertrauen zu fassen und mit offenem, nicht mit verschlossenem Herzen zu leben. Das war eine schwere Entscheidung und ein noch schwierigerer Prozess, weil gerade das offene Herz uns verletzbarer macht und die Gefahr erhöht, dass wir wieder so tief getroffen werden.

Doch die wunderbare Nachricht ist, dass eigentlich sehr viele Menschen vertrauenswürdig sind. Mehr noch – Gott ist *immer* vertrauenswürdig. Und das bedeutet, dass wir viele neue, tiefe Freundschaften schließen sowie alte Freundschaften neu aufleben lassen und pflegen werden. Wieder neu Vertrauen zu fassen, nachdem unser Vertrauen zerstört wurde, hält unser Herz frisch und lebendig und verleiht uns schlussendlich auch wieder neue Hoffnung.

Nun ist es über ein Jahrzehnt her, dass ich meinen Burn-out erlitt, und ich halte immer noch regelmäßig nach Alarmzeichen Ausschau, die einen erneuten Burn-out ankündigen könnten. Das ist zwar wichtig, aber wenn wir ständig in Alarmbereitschaft sind, ist es auch kein echtes Leben mehr. Wir müssen die Sache tiefer angehen.

10. Heute so leben, dass es uns auch morgen noch gut geht

Ich habe festgestellt, dass das beste Gegenmittel gegen den Burn-out sich für mich in einem Satz zusammenfassen lässt. Ich habe ihn während meiner Genesungsphase entdeckt: *Lebe heute so, dass es dir auch morgen noch gut geht*. Wenn ich gesund bleiben und einen weiteren Burn-out vermeiden will, dann muss ich heute so leben, dass ich mich auch morgen noch geistlich, seelisch, beziehungsmäßig, körperlich und finanziell gut weiterentwickeln kann.

Wie also können wir heute so leben, dass es uns auch morgen noch gut geht?

Kann man auch mal ein oder zwei Tage lang »schummeln« und nicht so sehr auf das eigene Wohlergehen achten? Klar kann man das. Aber ich habe gemerkt: Wenn ich eine Woche oder länger »schummle«, dann kommt die Klippe viel schneller in Sicht, als es mir lieb ist. Und außerdem: Was für einen Sinn macht es, unser Leben nur auf die Vermeidung einer Gefahr auszurichten? Warum sollten wir nicht lieber danach streben, uns positiv weiterzuentwickeln, statt die ganze Zeit im Überlebensmodus unterwegs zu sein?

Wie also können wir heute so leben, dass es uns auch morgen noch gut geht? Auf meine Gesundheit in allen fünf großen Lebensbereichen zu achten (geistlich, seelisch, beziehungsmäßig, körperlich und finanziell), ist für mich zu einer hohen Priorität geworden. Vor meinem Burn-out versuchte ich, jede Stunde und jeden Tag voll und ganz auszunutzen, und ich dachte, Gesundheit sei ein Luxus, den ich mir nicht leisten könne. Man könnte vielleicht meinen, dass es die eigene Effizienz und Produktivität *mindert*, wenn man sich jeden Tag Zeit für einen gesunden Lebensstil nimmt. Doch genau das Gegenteil war der Fall. Ich stellte zu meiner Überraschung fest, dass meine Effizienz und Produktivität sogar zunahmen. Ich habe in sieben Jahren vier Bücher geschrieben, poste regelmäßig Blogs, produziere zwei Podcasts, halte mehr Vorträge und habe mehr Zeit für meine Frau, Familie und Freunde. Darüber hinaus bin ich so gut in Form wie nie zuvor in meinem Leben. Außerdem hat sich meine Motivation vervielfacht. Ich habe jetzt mit Mitte fünfzig mehr Energie und Begeisterung für heute und morgen als jemals zuvor. Meine Freude ist viel tiefer und die Chancen, die sich bieten, sind so groß wie nie.

Niemand außer Ihnen ist für Ihre Gesundheit verantwortlich. Beten Sie, lesen Sie in der Bibel, pflegen Sie belebende Freundschaften, füllen Sie Ihren Energietank auf, essen Sie gesund, treiben Sie Sport und lieben Sie Ihre Mitmenschen von ganzem Herzen. All dies ist Nahrung für Ihre Seele. Wenn Sie es nicht tun, wird es niemand für Sie tun.

Ein Wort an alle, die es nicht wahrhaben wollen

Bei einem Burn-out trägt die Verleugnung zur weiteren Verschlimmerung bei. Vielleicht denken Sie, Sie seien stärker als der Burn-out. Doch sehr wahrscheinlich sind Sie das nicht. Denken Sie daran: Sie haben nur so lange die Kontrolle, bis Sie von der Klippe stürzen. Dann haben Sie nichts mehr im Griff.

Oder vielleicht denken Sie, Sie seien einfach nur müde oder die Regeln gälten nicht für Sie. Dann viel Glück! Jeder Tag, den Sie damit verbringen, Ihre Symptome zu leugnen, lässt Ihren Burn-out *wahrscheinlicher* werden, nicht unwahrscheinlicher. Statt für sich zu sorgen und die Probleme anzugehen, machen Sie einfach weiter wie bisher und steuern immer mehr auf den Abgrund zu.

Hier wäre noch wichtig anzumerken, dass es einfacher ist, das eigene Tempo zu reduzieren, als die Lasten loszuwerden, die man trägt. Ihr Tempo können Sie relativ einfach zurückschrauben. Nehmen Sie sich einen Tag frei. Schalten Sie Ihr Handy aus. Sagen Sie ein paar Termine ab. Nehmen Sie Urlaub. Legen Sie die Füße hoch. Und schon haben Sie Ihr Tempo angepasst.

Doch die Ruhe an sich nimmt Ihnen die Last des Lebens oder der Leitungsverantwortung nicht ab. Die Last des Lebens ist schwer. Und dieses Gewicht *spüren* Sie. Es ist das Gefühl der enormen Verantwortung, das viele Menschen selbst dann nicht ablegen können, wenn sie freihaben. Es ist der Druck, den sie in vielen Bereichen spüren: Ehe, Kinder, Finanzen, die persönliche Weiterentwicklung, zwischenmenschliche Probleme, die Dynamik in beruflichen Teams, Krankheiten, Lebenskrisen und vieles mehr.

Stolz und Furcht spielen beim Umgang mit dem Burn-out ebenfalls eine interessante Rolle. Wie wir bereits gesehen haben, redet der Stolz uns ein, wir könnten alles bewältigen. Doch irgendwann kommt der Punkt, an dem wir erkennen, dass wir es nicht schaffen werden. Und genau hier schaltet sich die Gefährtin des Stolzes ein: die Furcht. Sie sorgt dafür, dass wir niemandem erzählen, dass wir es nicht bewältigen können. Stolz und Furcht sind die beiden größten Schurken in der Burn-out-Geschichte. Sie halten uns erst davon ab, unsere Situation einzugestehen, und dann, sie anderen mitzuteilen. Beide reden uns ein, Burn-out, Angst und Depressionen seien noch viel zu große Tabus, als dass andere gern darüber reden wollen.

Ich hoffe, dieses Kapitel wird zu einem weiteren Sargnagel für die Furcht und den Stolz. Geben Sie also zu, dass Sie betroffen sind. Lesen Sie dieses Kapitel gemeinsam mit einem Menschen, der Sie liebt; lassen Sie sich von ihm oder ihr zum Arzt begleiten und in eine Therapie schicken, und bitten Sie diese Person, für Sie zu beten, wenn sie dazu bereit ist.

Das Negative zerbrechen

Ich *hasste* meinen Burn-out. Wenn Sie in jenen ersten paar Monaten meiner Abwärtsspirale mit mir gesprochen hätten, dann hätte ich Ihnen gesagt, ich sei überzeugt, dass Gott mich verlassen hatte. Oder dass er mich quälen wolle. Wenn Sie einmal Ähnliches erlebt haben wie ich, dann wissen Sie, wovon ich rede.

Gott eröffnete mir neue Bereiche meiner Seele, die ich nie zuvor gesehen hatte.

Wenn man die Dinge später aus dem Rückspiegel betrachten kann, ist das ein großes Geschenk. Denn heute sehe ich, was Gott mitten in meinem Burn-out tatsächlich getan hat. Er nahm mir das, was gegen mich selbst, gegen ihn und gegen andere gerichtet war. Und das tat weh. Gott eröffnete mir neue Bereiche meiner Seele, die ich nie zuvor gesehen hatte. Er vergab mir und half mir dabei, mir selbst zu vergeben. Außerdem half er mir, bessere Beziehungen zu anderen aufzubauen. Er machte mich zu einem besseren Vater, Ehemann, Leiter und Freund.

Das nennt man, wie bereits gesagt, *Heiligung* – einen lebenslangen Prozess. *Heilig* hört sich wie ein mystischer Begriff an, den man nicht definieren kann. Er bedeutet im Grunde genommen so viel wie »beiseitegenommen werden«. Heiligung ist ein Prozess, bei dem wir so verändert werden, dass wir nicht mehr so sind wie früher, sondern weit mehr vom Charakter und vom Wesen Christi widerspiegeln. Mehr Demut, weniger Hochmut. Mehr Liebe, weniger Gleichgültigkeit. Mehr Güte, weniger Härte. Ganz unabhängig von ihren religiösen Überzeugungen würden die meisten Leute sicherlich der Aussage zustimmen, dass eine bescheidene, liebevolle und freundliche Person einen positiveren Beitrag in der Welt leisten kann als jemand, der stolz, gleichgültig und aggressiv ist.

Oft haben wir die Vorstellung im Kopf, dass Gott nur perfekte Menschen gebrauchen kann; dass wir alle irgendwie bescheiden, liebevoll und uneingeschränkt freundlich sein sollten und dass Gott uns nur dann, wenn das so ist, gebrauchen wird. Doch wenn wir etwas tiefer schürfen, merken wir, dass diese Auffassung grundsätzlich falsch ist. Gott gebraucht nämlich am liebsten Menschen, die zerbrochen sind. Solche Menschen sind mit sich selbst am Ende und haben gelernt, dass an ihnen schon von vorneherein nicht viel dran war. Sie sind an dem Punkt angekommen, wo sie ihre eigene innere Armut erkannt haben und wissen, dass sie außerhalb von sich selbst nach Erneuerung und Kraft suchen müssen. Ich bin überzeugt, dass Gott mich in meinem Leben und in meinen Leitungsämtern durchaus gebraucht hat, bevor er mich durch meinen Burn-out in den Zerbruch führte. Aber ich glaube auch (und andere würden dem wahrscheinlich zustimmen), dass ich nun viel empfänglicher für Gott bin, weil mein eigenes Ich ihm weniger im Weg steht. Das bewirkt die Zerbrochenheit.

Vielleicht glauben Sie, dass Gott Sie in der dunklen Nacht Ihrer Seele alleingelassen hat. Aber das hat er nicht. Vielmehr ist er wie ein Arzt am Operieren. Und wenn Sie das zulassen, dann wird daraus viel Gutes für Sie selbst und zur Ehre Gottes entstehen. Diese Zeit in Ihrem Leben muss nicht in einer Niederlage enden. Wenn Sie sich Christus anvertrauen, wird das nicht geschehen, egal wie Sie sich im Augenblick fühlen.

Tief gehen und lange genug aushalten, bis die Dankbarkeit sich einstellt

Vor ein paar Jahren besuchte mich Jeff, ein Freund aus den Vereinigten Staaten. Wir verbrachten eine gemeinsame Zeit in einem schönen kanadischen Einkehrzentrum, etwa eine Fahrstunde nördlich von meinem Wohnort. Jeff leitet eine große Gemeinde in den USA und zu der Zeit war er in den Burn-out abgeglitten. Wie so viele andere hatte er es nicht kommen sehen.

Nun hatte Jeff eine einmonatige Sabbatzeit genommen und war entschlossen, am Ende des Monats wieder zu hundert Prozent einsatzfähig zu sein. Am fünfzehnten Tag seiner Sabbatzeit trafen wir uns und seine brennenden Fragen lauteten: »Carey, wann ist das endlich vorbei?« und: »Wie schnell kann ich gesund werden?« Und dann fügte er hinzu: »Das dauert ewig.«

Wenn Gott operiert, dann deshalb, weil er uns heilen will.

Solche Fragen stellen sich alle, die auch so unruhige Typen sind wie ich. Ich dachte lange darüber nach und auch über meinen langsamen Heilungsprozess und wie Gott in jener Zeit an mir wirkte. Wir beteten miteinander. Und schließlich sagte ich zu Jeff: »Versuch nicht, das Ganze zu beschleunigen oder zu bremsen. Lass es so lange dauern, wie es dauert. Eines weiß ich nämlich genau, Jeff: Wenn Gott bei dir tief gehen will, dann deshalb, weil er dich hinterher weit führen möchte.« Je mehr ich über diese Einsicht nachdenke, desto klarer sehe ich, wie wahr sie ist.

Ich selbst hätte einen oberflächlichen Zerbruch durchaus bevorzugt, wenn ich dadurch schneller gesund geworden wäre.

Wenn der Schmerz so tief geht, ist es ganz normal, über alle möglichen Fluchtwege nachzudenken. Erst heute kann ich sehen, wie gnädig, weise und barmherzig Gott war, weil er diesen Prozess bei mir so tief gehen ließ. Er wusste, was noch vor mir lag. Ich nicht. Ich kenne immer noch nicht alles, was vor mir liegt, aber Gott kennt es.

Unter dem Schmerz liegt auch eine Verheißung. Wenn Gott operiert, dann deshalb, weil er uns heilen will. Es ist ein Zeichen seiner Liebe. Lassen Sie Gott also so tief gehen, wie es nötig ist. Wenn er an die Wurzel Ihrer Krankheit gelangt ist, werden Sie als eine neue Schöpfung daraus hervorgehen. Sie sind dann immer noch Sie selbst, aber anders, Christus viel ähnlicher.

Und noch etwas Wichtiges geschah bei Jeffs Besuch. Als wir zum See hinuntergingen und er mir Fragen zu meinem Burn-out stellte, erzählte ich ihm einiges von dem, was ich in diesem Kapitel aufgeschrieben habe. Und dann stellte sich bei mir ein seltsames Gefühl ein, das ich bisher noch nie gehabt hatte, wenn ich über meinen Burn-out nachdachte oder darüber sprach. Ich spürte *Dankbarkeit*, ja, echte Dankbarkeit, dass Gott so gnädig gewesen war, mich in den Zerbruch hinein- und hindurchzuführen. Es hatte neun volle Jahre gedauert, bis ich in der Lage war, für das Geschehene dankbar zu sein. Die Tränen strömten mir übers Gesicht, als wir unseren Spaziergang beendeten.

Wo auch immer Sie gerade stehen – ob Sie nie in einen Burn-out geraten werden, weil Sie ihn haben kommen sehen; ob Sie mit einem leichten Burn-out zu kämpfen haben; ob Sie sich ganz unten im Abgrund befinden oder schon auf dem Weg der Besserung sind – ich möchte Ihnen sagen, dass Gott *nicht* abwesend ist.

Er ist sogar sehr anwesend. Und wenn Sie bereit sind, mit ihm zusammenzuarbeiten, wird er etwas Großes in Ihrem Leben bewirken. Es lohnt sich, den Gedanken noch einmal zu wiederholen: Wenn Gott bei Ihnen tief gehen will, dann deshalb, weil er Sie hinterher weit führen möchte.

Und weil das so ist, werden auch Sie ihm vielleicht eines Tages dankbar sein.

Teil VII
Leere

13

Wenn all deine Träume wahr werden

Warum Geld, Macht und Erfolg in uns eine Leere hinterlassen

Ich weiß noch ganz genau, wie ich mich am 29. Juni 2015 fühlte. Es ist eigenartig, dass man die Emotionen eines bestimmten Tages in allen Einzelheiten nachempfinden kann. Ich könnte Ihnen sogar sagen, was ich an jenem Tag Stunde für Stunde gemacht habe, und mich genau an die Gefühle erinnern, die ich dabei empfunden habe. In vielerlei Hinsicht war es der Tag, an dem meine Internet-Träume wahr wurden. Jeder, der jemals etwas online geschaffen hat (und sei es nur der persönliche Account in den sozialen Medien), kennt die tägliche Anspannung, die mit der Hoffnung verbunden ist, dass ein paar Leute das Gepostete lesen werden. Selbst wenn wir nicht versuchen, ein großes Online-Publikum oder -Unternehmen aufzubauen, kennen wir alle das niederschmetternde Gefühl, ein Foto gepostet zu haben, auf dem wir etwas tun, was uns besonders wichtig ist – nur um dann festzustellen, dass es ganzen drei Leuten gefallen hat.

Wenn Ihnen solche Gefühle vertraut sind, dann verstehen Sie, was einen Online-Autor bewegt. Ich bin ein sehr zielorientierter Mensch, von daher war die Zahl der Aufrufe und der

Besucher meines Blogs für mich ein faszinierendes Thema (um nicht zu sagen: ein beherrschendes).

An jenem Tag im Jahr 2015 riefen innerhalb von 24 Stunden 436.000 Leute meinen Blog auf. Falls Sie sich nun fragen, ob das für jemanden wie mich eine normale Menge ist, dann kann ich nur antworten: Nein! Wenn man nicht gerade Beyoncé heißt oder bei der *New York Times* beschäftigt ist, dann ist das ganz und gar nicht normal. Für einen durchschnittlichen Sterblichen wie mich ist das eine völlig irre Zahl von Lesern. Es ist so, als ob ein Großteil der Einwohner von Duisburg an meiner Haustür geklingelt hätte, um zu erfahren, was ich zu einem bestimmten Thema geschrieben hatte. Oder als würde man das Münchner Olympiazentrum rund 6,3-mal füllen, um die Leute alle unterzubringen. Total verrückt! Zum ersten Mal begriff ich, was es bedeutet, wenn etwas *viral geht.*

Es war natürlich ein ziemlich aufregender Moment. Wenn ein Autor oder eine Autorin erzählt, es ginge hier nur darum, sich selbst auszudrücken, und die Leserschaft spiele überhaupt keine Rolle, dann lügt diese Person entweder oder sie macht sich selbst etwas vor. Selbstverständlich wünschen wir uns, dass die Leute das lesen, was wir geschrieben haben; sonst wären wir keine Autoren.

Aber eine so große Anzahl? So etwas hatte ich noch nie erlebt. Schon einmal hatte mir einer meiner Blogeinträge 24.000 Aufrufe an einem Tag beschert und auch das war für mich schon unfassbar gewesen. Doch an jenem Sommertag, als ein beträchtlicher Anteil der Internetnutzer auf meiner Website auftauchte, wurden meine Augen immer größer und mein Herzschlag immer schneller, sooft ich den Status meines Blogs überprüfte. Am Ende jener Woche hatte ich über eine Million Leser erreicht und mehr als eine Viertelmillion hatten den Blog mit anderen geteilt.

Was machte diese Art von Erfolg mit mir?

Überraschenderweise hielt meine Hochstimmung nicht annähernd so lange an, wie ich gedacht hatte.

Denn zum einen besuchten in der darauffolgenden Woche

nicht mehr eine Million Leute meine Internetseite, als ich neue Inhalte postete. Sie hatten bekommen, was sie brauchten, und kehrten wieder zur Tagesordnung zurück. Sicherlich war meine Leserschaft etwas gewachsen und die regelmäßigen Leser waren weiterhin dankbar. Doch die meisten derer, die zur vorübergehenden viralen Verbreitung meines Blogs beigetragen hatten, gingen wieder ihrer Wege.

Zum anderen entstand bei mir das Gefühl, dass ich vielleicht schon am Gipfel meiner Karriere angekommen war oder dass ich das Ganze nur einem Zufall zu verdanken hatte. Die Wahrscheinlichkeit, dass ich in Kürze wieder so viele Leser haben würde, war gering. Würde ich damit zufrieden sein, wieder wie bisher für »nur« fünf- oder zehntausend Leute pro Tag zu schreiben? Es fühlte sich alles so ... enttäuschend an.

Es fühlte sich alles so ... enttäuschend an.

Und drittens stellte ich mir die Frage, was für ein totaler Egomane ich eigentlich war. Ich habe viele Freunde, die ebenfalls Blogs schreiben, und weiß, dass ich nicht der Einzige bin, der sich an Zahlen berauschen kann. Die meisten von uns checken regelmäßig die Anzahl ihrer Aufrufe und man kann ganz allgemein behaupten, dass die meisten auch lieber mehr Leser haben als weniger. Ist das nicht einfach nur menschlich? Dennoch sorgte diese Erfahrung dafür, dass ich mich hinterher viel leerer fühlte. Dieses Gefühl hätte ich nie erwartet, wenn mir jemand vorhergesagt hätte, dass eines Tages eine Unmenge Leute meinen Blog aufrufen würden. Bald schon dachte ich nur noch mit einem Schulterzucken daran zurück. *Ach ja, damals haben tatsächlich unheimlich viele Leute meine Homepage besucht.* Es war der Traum eines Autors, der wahr geworden war. Aber der Traum hinterließ bei mir schon bald dieses eindeutige Gefühl der ... Leere.

Erkennen Sie sich hier wieder?

Für mich ist es nicht überraschend, dass sich das Gefühl der Leere mehr als einmal in meinem Leben einstellte, meistens nach einem großen Erfolg. Das passierte, nachdem ich mein Jurastudium erfolgreich beendet hatte, nachdem unsere Gemeinde zu einer der größten unserer Denomination geworden war und nachdem wir Bauprojekte im Umfang von mehreren Millionen Dollar umgesetzt hatten.

Doch verstehen Sie mich bitte nicht falsch: Ich bin für all dies dankbar. Sehr dankbar. Und ich weiß, dass ein Teil dieser Emotionen durch meine Unsicherheit bedingt war, an der ich weiterhin arbeite. Aber das Gefühl der Unsicherheit (»Ich gehöre hier nicht dazu; ich habe das nicht verdient«) ist etwas anderes als das Gefühl der Leere. Letzteres habe ich bei überraschend vielen erfolgreichen Leuten beobachtet. Es führt dazu, dass Rechtsanwälte, die Berge von Geld verdienen, sich ein Lotterielos kaufen und ihren Angestellten zurufen: »Wenn ich hier gewinne, dann werdet ihr mich nie wiedersehen.«

Tatsächlich ist die Leere, die so viele Menschen in ihrem Leben spüren, im Erfolg viel größer als im Misserfolg. Wer gescheitert ist, für den gibt es nur noch eine Richtung: nach oben. Doch wenn man ganz oben ist, wenn man das getan hat, wovon andere nur träumen können, und man sich immer noch nicht super fühlt – was dann? Viele unter uns denken: *Wenn ich in einer bestimmten Position angekommen bin oder etwas Bestimmtes in meinem Leben erreicht habe, dann beginnt das Leben erst richtig, dann bin ich endlich glücklich und erfüllt.* Doch leider funktioniert das so nicht. Wir schließen unser Studium erfolgreich ab und merken, dass eine innere Stimme uns immer noch sagt, es müsse doch noch mehr geben. Wir finden unseren Traummann oder unsere Traumfrau, heiraten und bekommen Kinder. Das ist zwar wunderbar, aber ist da nicht immer noch diese innere Stimme, die uns sagt, es müsse doch noch mehr geben? Wir bekommen einen Job, machen Karriere und gelangen an unsere Traumposition, und trotzdem nagt es immer noch in uns und wir denken, es sei nicht alles so, wie wir es uns vorgestellt haben. Egal was wir uns vorgenommen haben – freie Zeit, Urlaub oder eine bestimmte Summe Geld, die wir uns zusammengespart haben –, diese Höhepunkte sind immer nur von kurzer Dauer. Und wenn wir so weitermachen, dann sind wir unversehens an dem Punkt, wo wir uns einreden, dass der Ruhestand dieses Loch ausfüllen wird, das durch nichts anderes ausgefüllt werden konnte. So geht das Spiel immer weiter.

Und es ist ein Spiel, das wir verlieren werden. Wir haben alles getan, was wir konnten, alles, was uns endlich Zufriedenheit verschaffen sollte, und wir fühlen uns immer noch leer. Woran liegt das?

Der reichste Mensch auf Erden

Die meisten von uns spielen irgendwann einmal in ihrer Fantasie durch (wenn auch nur kurz), was passieren würde, wenn sie mehr Geld hätten, als sie je ausgeben könnten – wenn sie nur mit den Fingern schnippen müssten und schon würde das, was sie sich wünschen, erscheinen. Dann wären wir endlich glücklich, oder nicht?

Vielleicht würden wir uns ja nicht so leer fühlen, wenn wir so viel Geld hätten, dass wir uns keine Sorgen mehr machen müssten. Oder wenn wir unser Traumhaus hätten, den Sportwagen unserer Wahl und einen persönlichen Chefkoch, der uns jeden Morgen wunderbare Omeletts brät und uns abends Speisen präsentiert, deren Bezeichnung wir nicht einmal aussprechen können. Und bei diesem Szenarium würden wir natürlich auch nicht mehr im Stau stehen, weil unser privater Helikopter oder Jet uns über all das erheben würde.

Wir alle haben unterschiedliche Vorstellungen davon, wie ein tolles Leben aussehen könnte.

Wir alle haben unterschiedliche Vorstellungen davon, wie ein tolles Leben aussehen könnte. Vielleicht sind Ihre Visionen eher künstlerischer Natur, altruistisch oder voller Abenteuer. Sie würden zum Beispiel Ihren Job aufgeben, sich einen alten Wohnwagen kaufen und um den Kontinent reisen (oder mit dem Rucksack um die ganze Welt) und der Mainstream-Kultur Adieu sagen. Stellen Sie sich einmal einen Moment lang vor, Sie könnten hier die Leerzeilen ausfüllen mit dem, was Sie unter Paradies verstehen: irgendwo in Asien unter freiem Himmel schlafen, die ganze Zeit Extremsportarten betreiben, mit Ihrem besten Freund/der besten Freundin jeden Tag den ganzen Tag zusammen sein oder einen endlosen Sommer an einem weißen Sandstrand verbringen, umgeben von kristallklarem Wasser. Ich denke, Sie verstehen, was ich meine ...

Ganz gleich, wie ein idyllisches Leben aus Ihrer Sicht aussieht – in jeder Generation muss es irgendwo irgendjemanden geben, den man als den reichsten, mächtigsten Menschen der Welt bezeichnen kann. Vor dreitausend Jahren war das ein Mann namens Salomo. Er führte nicht nur einen Tag oder zwei Tage lang die Hitliste an. Er *war* die Hitliste. Er hatte so viel Geld, dass durch seinen persönlichen Überfluss das Silber damals seinen Wert verlor.

Er war ein Mann der Renaissance, noch bevor es die Renaissance überhaupt gab. Er war in der ganzen Welt bekannt als Experte für Botanik, Geschichte, Philosophie, Architektur, Musik, Kunst und Astronomie. Salomo war so etwas wie Benjamin Franklin, Warren Buffett und Albert Einstein zusammengenommen. Caligula sollte man vielleicht ebenfalls noch dazunehmen, denn Salomo hatte auch siebenhundert Ehefrauen und dreihundert Konkubinen (und Sie dachten, *Ihre* Ehe sei schon kompliziert genug).

Wenn jemand wirklich alles besaß, dann war das Salomo. Herrscher aus aller Welt kamen und saßen ihm zu Füßen, und wenn sie gingen, sagten sie: »Das war sogar noch besser als das, was wir über ihn gehört haben.« Wie oft kommt so etwas vor? Richtig: nie.

Aber wenn Salomo allein zu Hause war, dann war alles ganz anders. Am Ende seines Lebens zog Salomo Bilanz, und was für ihn dabei herauskam, schockiert mich wirklich.

Am Ende seines Lebens zog Salomo Bilanz, und was für ihn dabei herauskam, schockiert mich wirklich.

Mein *Verstand* weiß, dass Salomo im Grunde recht hat, aber innerlich möchte ich am liebsten schreien: »Nein, das kann nicht sein! Gebt mir die Chance zu beweisen, dass er nicht recht hat. Ich nehme sein Geld und seine Macht und dann bin ich glücklich. Bestimmt! Versprochen!«

Salomo zeichnet seinen Aufstieg zu Macht, Reichtum, Ruhm und Weisheit nach und ebenso seinen Versuch, in all dem Erfüllung zu finden. Er beginnt mit ein paar interessanten Ausführungen:

> Alles ist vergänglich und vergeblich ... nichts hat Bestand, ja, alles ist vergebliche Mühe!
> Der Mensch plagt sich ab sein Leben lang, doch was bringt es ihm ein? Hat er irgendeinen Gewinn davon? Generationen kommen und gehen, nur die Erde bleibt für alle Zeiten bestehen! Die Sonne geht auf und wieder unter, dann eilt sie dorthin, wo sie aufs Neue aufgeht. Der Wind weht bald von Norden, bald von Süden, ruhelos dreht er sich und kommt dann wieder aus der alten Richtung. Unaufhörlich fließen die Flüsse, sie alle münden ins Meer, und doch wird das Meer niemals voll. Nichts kann der Mensch vollkommen in Worte fassen, so sehr er sich auch darum bemüht!

Seltsam, ein Gespräch so zu beginnen, oder? Es ist, als hätten sich Salomos soziale Fähigkeiten im Alter alle verflüchtigt oder als müsse man ihm raten, Kapitel 1 meines Buches zum Thema Pessimismus zu lesen. Und dennoch ist das, was er schreibt, ungeheuer wertvoll. In diesem Abschnitt nimmt er uns mit bei seinem unerbittlichen Aufstieg zum Erfolg, den er wie kein anderer bewältigt hat, und er sagt uns, wie dieser Weg und das Ziel tatsächlich aussahen.

Die klügste Person im Raum

Viele Leute setzen ihre ganze Energie dafür ein, so intelligent und clever wie möglich zu sein, entweder auf ihrem bevorzugten Fachgebiet oder ganz allgemein. Ich selbst weiß durchaus, was es bedeutet, viel zu lernen, denn ich habe drei Universitätsabschlüsse (in Geschichte, Rechtswissenschaften und Theologie). Erst mit 31 Jahren wurde ich zu einem vollständigen Mitglied der erwerbstätigen Bevölkerung, so lange dauerte meine Ausbildung. Wie leicht kommt man auf den Gedanken, dass *Wissen* der Schlüssel zu einem erfüllten Leben sei. Noch einen Kurs belegen. Noch mehr Bücher lesen. Sich mit intelligenten Leuten umgeben. Unser Wissensdurst kann unersättlich sein und für manche ist genau das der Kick. Aber befriedigt uns das Ergebnis am Ende so, wie wir es uns erhofft haben? Salomo war in vielerlei Hinsicht brillant und er kam zu folgendem Ergebnis:

> Ich gab mir viel Mühe, alles auf der Welt mit meiner Weisheit zu erforschen und zu begreifen. Doch was für eine große Last ist das! Gott hat sie den Menschen auferlegt, sie sollen sich damit abmühen! …
> Ich überlegte und sagte mir: »Ich habe große Weisheit erlangt und viel Wissen erworben, mehr als jeder andere, der vor mir in Jerusalem regierte.« Dann dachte ich darüber nach, was die Weisheit eigentlich ausmacht und worin sie sich von Unvernunft und Verblendung unterscheidet. Doch ich musste erkennen: Wer das begreifen will, kann genauso gut versuchen, den Wind einzufangen!
> Denn je größer die Weisheit, desto größer der Kummer; und wer sein Wissen vermehrt, der vermehrt auch seinen Schmerz.

Salomo wusste aus eigener Erfahrung, dass Wissen sowohl ein Segen ist als auch ein Fluch. Mehr zu wissen macht uns nicht glücklicher; ja, seiner Beobachtung nach macht es uns sogar trauriger. Das trifft zu, wenn wir einen hohen IQ haben, aber auch, wenn wir mehr über die menschliche Existenz erfahren. Je mehr wir über Menschen wissen, desto komplexer und herausfordernder wird unser Leben. Wenn wir zum Beispiel unserem fünfjährigen Kind ein Fahrrad gekauft haben, könnte darauf die Erkenntnis folgen, dass es Leute gibt, die Fahrräder stehlen – was uns wiederum traurig macht, nicht nur wegen unseres Kindes, sondern auch wegen der Person, die so etwas getan hat.

Salomos Wissen machte ihn klug und trug zu seinem Erfolg bei. Er erwarb Reichtum, einen ausgezeichneten Ruf und so ziemlich alles, was diese Welt zu bieten hat. Es ist bemerkenswert, dass Salomo uns darin einweiht, wie er die Insignien der Macht und des Einflusses einsetzte, um sein inneres Vakuum zu füllen. Er nutzte viele seiner umfangreichen Ressourcen als Selbst-Medikation gegen die quälende Leere, die er inmitten seines Erfolgs verspürte. Dieses Muster habe ich immer wieder bei Menschen beobachtet, besonders bei erfolgreichen. Man muss nicht der reichste Mensch der Welt sein, um dieses Problem zu verstehen. Montag bis Freitag reicht Ihnen nicht? Nun, es gibt noch andere Optionen. Salomo kostete diese in ihrer ganzen Fülle aus.

Party machen

Frustriert durch die mangelnde Befriedigung, die Wissen und Macht ihm gebracht hatten, kam Salomo zu dem Schluss, dass Spaß haben eine vernünftige Alternative wäre. Offen gesagt ist das eine Option, die viele Leute in Betracht ziehen. Etwa 70 Prozent der Beschäftigten in den USA sind in ihrem Job unzufrieden – sie hassen ihn sogar. Und was tut man, wenn man seinen Job hasst? Das, was die meisten Leute tun: Man lebt nur noch für das Wochenende.

Salomo versuchte das auch. Seine Wochenend-Aktionen waren ziemlich beeindruckend. Er machte es jedoch nicht wie wir, die das Wochenende in einem Haus ihrer Freunde an einem

See verbringen und auf einem fünfundzwanzig Jahre alten Jet-Ski herumfahren, der nur funktioniert, wenn das Aufladekabel richtig eingesteckt wurde. Wenn man Geld hat, so wie Salomo, dann lässt man den Spaß zu sich kommen. Man lädt Freunde ein, lacht, entspannt sich und tut so, als sei jeder Abend ein Freitagabend, um sich ein bisschen abzulenken. So war es auch bei Salomo:

> Ich sagte mir: »Ich will es mit den Freuden des Lebens versuchen und herausfinden, was sie zu bieten haben!« Doch ich merkte, dass auch dies vergeblich ist und keine Erfüllung bringt. Immer nur lachen ist töricht, und das Vergnügen – was hilft es schon? Ich nahm mir vor, mich mit Wein aufzuheitern und so zu leben wie die Unverständigen – doch bei allem sollte die Weisheit mich führen. Ich wollte herausfinden, was für die Menschen gut ist und worin sie in der kurzen Zeit ihres Lebens Glück finden können.

Party machen ist eine sehr verbreitete Form der Selbstmedikation. Dadurch wird der dumpfe Schmerz effektiv betäubt. Sammle Freunde um dich, dreh die Musik auf, köpfe eine Flasche und zünde dir an, was immer dir schmeckt – und schon hast du all deine Sorgen vergessen. Ich will damit nicht sagen, dass das gut ist, sondern nur, dass es jedes Wochenende millionenfach passiert, weil die Leute nicht wissen, was sie sonst machen sollen.

Salomo hatte das begriffen. Ist Ihnen klar geworden, was er mit dem letzten Satz sagen will? Es ist nämlich leicht zu übersehen. Er sagt, das einzige Glück, das viele Menschen in diesem Leben erfahren, sei ein Rausch am Wochenende. Ständig Party zu machen ist ein Hinweis darauf, dass im Leben etwas fehlt. Und tatsächlich wissen die meisten Partygänger gar nicht, warum sie das eigentlich tun. Manchmal beginnt die Selbstmedikation bereits, bevor die Diagnose feststeht. Wenn aus unserem einen Glas Wein drei geworden sind (oder die ganze Flasche), dann spielen wir Apotheker mit einer Medizin, die nicht mehr nach Rezept eingenommen wird. Oder wir hoffen, dass unser Land bald das legalisiert, was wir uns da gönnen. Das alles sind klare Anzeichen dafür, dass wir eine tief sitzende Angst mit eigenen Mitteln bekämpfen wollen.

Salomo erkannte erst den Schmerz und wandte das Party-Pflaster später an. Aber viele Leute machen zunächst einmal Party und entdecken erst später, worin ihr Schmerz besteht. Und manchmal finden sie nie heraus, wie sie dorthin gekommen sind, wo sie sich jetzt befinden. Es ist, als würde Jack Nicholson die Gedanken Salomos umschreiben, wenn er fragt: »Besser geht's nicht?« Viel zu viele Leute meinen, besser ginge es in diesem Leben nicht, als betrunken oder high zu sein. Wenn alles andere in ihnen nur eine Leere hinterlässt, dann spüren sie es zumindest für ein paar Stunden nicht mehr. Salomo machte eine Zeit lang Party, entfernte sich dann aber im Lauf der Zeit wieder von dieser Szene, denn er merkte, dass auch das keinen Sinn ergab. Er wandte sich anderen Dingen zu.

Hast du schon meine Autokollektion gesehen?

Party machen ist nicht die einzige Flucht aus der Leere. Kaufen kann auch eine Art von Selbstmedikation sein, die mittlerweile sehr etabliert ist. Erfolgreiche Menschen haben die Möglichkeit, viel in ihrem Leben zu kaufen und anzuhäufen, und Salomo besaß mehr Geld, als er ausgeben konnte. Dennoch wollte er die Probe aufs Exempel machen.

Und das führt uns zu weiteren faszinierenden Überlegungen. Vor langer Zeit erklärte mir jemand einmal, wie Erfolg und das Anhäufen von Besitz sich steigern. Es ist einfach, aber nur allzu wahr. Fast alle Leute betreiben das in irgendeiner Form und je mehr Geld sie haben, desto zutreffender ist dieses Modell.

Bereit? Wenn Sie das Prinzip einmal verstanden haben, erkennen Sie es überall wieder:

- mehr
- besser
- anders

Das ist die Steigerung. Wir beginnen mit *mehr*, gehen zu *besser* über und enden bei *anders*. Ich will es Ihnen erklären.

Wenn wir so viel Geld haben, dass wir uns mehr leisten können als Essen und ein Dach über dem Kopf, dann ist das Erste, was wir tun: mehr anschaffen. Unser sparsamer Vierzylinder-Hybrid wird zum Zweitwagen degradiert und wir nehmen einen SUV als Familienauto dazu (die meisten Stadtbewohner fahren einen SUV, weil man ja nie wissen kann, ob man nicht irgendwo doch mal auf eine mit Kies gefüllte Einfahrt trifft). Wir ziehen aus unserer ersten Wohnung aus und suchen uns eine mit mehr Quadratmetern. Die Garderobe wird erweitert. Ebenso die Vorratskammer, weil wir uns jetzt zwei Tüten Chips leisten können (was auch erklärt, warum unsere Garderobe erweitert werden muss). Der erste Schritt in Richtung Erfolg ist *mehr*.

Doch bald schon merken wir, dass auch die anderen mehr haben, und wir fragen uns, wie wir uns von ihnen abheben können. Also gehen wir von *mehr* zu *besser* über. Wir sagen unserem SUV von vorletztem Jahr Adieu und legen uns einen zu, der fabrikneu und mit der neuesten Technik ausgestattet ist. Das größere Zuhause muss einem moderneren weichen. Wir schaffen uns einen besseren Fernseher mit einem schönen Heimkino an. Statt mehr Chips kaufen wir welche aus biologischen Zutaten. (In unserem vornehmen Bioladen haben sie die Bezeichnung »Handgefertigte Käse-Chips mit natürlichen Zutaten aus regionalem Anbau«, wodurch sie gleich fünf Euro mehr wert sind). Wir haben *mehr* durch *besser* ersetzt. Aber das genügt immer noch nicht, denn unsere Freunde besitzen jetzt auch bessere Sachen.

Die letzte Sprosse auf der Leiter heißt *anders*. Andere mögen mehr und Besseres haben, aber das hier ist einzigartig, speziell und rar. Ein Golfklub, dem man nicht einfach so beitreten kann;

man braucht eine Einladung. Immer derselbe Tisch im Restaurant, den man drei Monate vorher reservieren muss. Ja, das ist eine frühe Ausgabe des *Hobbit*, sogar eine Erstauflage. Davon gab es im September 1937 nur 1.500 Exemplare. Ach ja, und hast du schon meine Autokollektion gesehen?

Wenn man das mit dem *anders* wirklich gut beherrscht, dann ist alles im Leben selten oder eine Sonderanfertigung. Selbst unser Hund muss eine ganz ausgefallene Hütte haben. (Habe ich dir schon erzählt, dass das Inlay aus brasilianischem Walnussholz gefertigt wurde?)

Wenn wir die Erfolgsleiter hoch genug erklommen haben, dann führt mehr zu besser und besser zu anders. Und wohin führt uns anders?

Wenn wir die Erfolgsleiter hoch genug erklommen haben, dann führt *mehr* zu *besser* und *besser* zu *anders*. Und wohin führt uns *anders?* Wenn man Salomo Glauben schenkt, der *anders* besser konnte als jeder andere auf der Welt, dann führt es uns in die *Verzweiflung*. Hier berichtet er, wie es bei ihm mit *mehr, besser* und *anders* verlief:

> Ich schuf große Dinge: Ich baute mir Häuser und pflanzte Weinberge. Ich legte Ziergärten und Parks für mich an und bepflanzte sie mit Obstbäumen aller Art. Ich baute große Teiche, um den Wald mit seinen jungen Bäumen zu bewässern. Zu den Knechten und Mägden, die schon seit ihrer Geburt in meinem Haus lebten, erwarb ich noch weitere hinzu. Ich besaß größere Rinder- und Schafherden als alle, die vor mir in Jerusalem regiert hatten. Meine Schatzkammern füllte ich mit Silber und Gold, mit Schätzen aus anderen Königreichen. Ich ließ Sänger und Sängerinnen an meinen Hof kommen und hatte alle Frauen, die ein Mann sich nur wünschen kann.
>
> So wurde ich reicher und berühmter als jeder andere, der vor mir in Jerusalem regiert hatte, ohne dabei meine Weisheit zu verlieren. Ich gönnte mir alles, was meine Augen

> begehrten, und erfüllte mir jeden Herzenswunsch. Meine Mühe hatte sich gelohnt: Ich war glücklich und zufrieden. Doch dann dachte ich nach über das, was ich erreicht hatte, und wie hart ich dafür arbeiten musste, und ich erkannte: Alles war letztendlich vergebens – als hätte ich versucht, den Wind einzufangen! Es gibt auf dieser Welt keinen bleibenden Gewinn.

Das könnte man als die universale Beschreibung der Erfolgsleiter bezeichnen. Und dabei geht es nicht nur um die Leere, die *Dinge* in uns hinterlassen. Wir arbeiten uns vom Praktikanten hoch bis zur Chefetage – ein rascher, gefeierter Aufstieg, und doch bleibt nach all den Beförderungen und dem Erfolg am Ende ein Vakuum zurück. Das Seltsame daran ist, dass gerade das, was uns Erfüllung bringen sollte, eben keine Erfüllung bringt. Dabei sind wir nicht undankbar. Vielmehr haben wir Schuldgefühle, weil unser Erfolg von einer solchen Leere begleitet wird. Ja, wir *sind* dankbar und wissen, dass wir es besser haben als viele andere, aber die bohrende Frage bleibt: *War's das wirklich schon?* Diese Kombination von »Ich weiß, ich sollte dankbar sein, und bin es auch« und »Wirklich?« ruft tiefgehende Ängste in uns hervor.

Wir wissen, dass wir glücklicher sein sollten, als wir es wirklich sind. Warum also fühlen wir uns immer noch so leer? Warum bringt all das Erreichte uns nicht das, was wir uns erhofft haben? Warum empfinden wir dies alles als so hohl? Salomo konnte das nachempfinden und ich vermute, dass sein Nettowert und sein Aufstieg bis zum Gipfel den unseren weit übertrafen. Er war ganz oben angekommen. Und fand nichts als Leere vor.

Ein grausamer Teufelskreis

Tragischerweise endet das, was viele Leute unternehmen, um Zerstörtes wiederaufzubauen, in weiterer Zerstörung. Die Lösungen, die wir verfolgen, bringen nur neue Probleme mit sich. So wie wir Hunderttausende Euro und Jahrzehnte unseres Lebens mit *mehr, besser* und *anders* verschwenden können und immer noch nicht genug haben, so versuchen Menschen auch, den Schmerz ihrer Leere durch Dinge zu betäuben, die das Vakuum größer und nicht kleiner machen. Es gibt auf diesem Gebiet viel mehr falschen als echten Trost. Ich möchte zwei dieser falschen Optionen näher beleuchten, bevor wir uns dem Gegenmittel zuwenden – nicht um Sie zu deprimieren, sondern um das zu identifizieren, wovon wir uns Hilfe versprechen, sie aber selten bekommen.

1. Mehr Arbeit

Auch wenn Sie sich nicht in der Partyszene bewegen, weil Sie Ihr Leben nicht durch Drogen, triviale Beschäftigungen oder andere Ablenkungen ins Chaos befördern wollen, müssen Sie immer noch einen Weg finden, mit der inneren Leere umzugehen. Wie leicht kann es dann passieren, dass man sich noch mehr in die Arbeit oder in andere zeitintensive Aktivitäten stürzt!

In diese Falle bin ich selbst leider auch getappt. Als Christ und Pastor waren für mich Drogen oder Alkohol keine ernsthaften Optionen, um der Leere zu entfliehen, meine Arbeit aber schon. Workaholics sind in unserer heutigen Gesellschaft nämlich die Abhängigen, die am meisten belohnt werden. Man kann seinen Job verlieren, wenn man zu viel trinkt, aber wenn man zu viel arbeitet, wird man befördert. Und es gibt eine Gehaltserhöhung.

Mir wird klar, dass meine verrückten Arbeitszeiten nur die Leere überdecken sollten, die ich empfand, wenn ich zu arbeiten aufhörte.

Wenn ich heute auf meine ersten zehn Jahre als Gemeindeleiter zurückblicke, wird mir klar, dass meine verrückten Arbeitszeiten nur die Leere überdecken sollten, die ich empfand, wenn ich zu arbeiten aufhörte. Eine große Furcht bestand bei mir darin, wie Blaise Pascal es ausdrückte, mit meinen Gedanken allein zu sein. Ich liebte den Kick, den ich hatte, wenn ich sehr beschäftigt war, gebraucht wurde und unsere Gemeinde wachsen sah. Auch zu Hause brauchte ich Menschen um mich herum und ständige Aktivität. Wenn ich allein war, wollte ich immer irgendetwas zu tun haben. Ich sorgte dafür, dass andauernd Musik lief. Alleinsein und Stille bereiteten mir Unbehagen und offenbarten recht schnell meine innere Leere. Es ist eigenartig, wie die äußere Stille die innere Unruhe an den Tag bringt.

Bei mir trugen die vielen Arbeitsstunden entscheidend zu meinem Burn-out bei (wie bereits in Teil VI beschrieben). Doch damals war mein schneller Lauf in die Zukunft eine einfache Flucht vor der Leere. Natürlich nur so lange, bis ich gegen die Wand lief.

Falls auch Sie viel zu viele Stunden arbeiten – wissen Sie, warum Sie das tun? Vielleicht lautet Ihre Antwort: »Ach, es ist einfach eine Zeit, in der viel los ist.« Aber betrügen Sie sich nicht selbst. Ich habe diesen Satz ständig gesagt. Eine »Zeit« hat nämlich einen Anfang und ein Ende. Wenn Ihre »Zeit« das nicht hat, dann ist es keine Zeit, sondern Ihr Leben. Denken Sie daran: Arbeiten ist gesund, aber zu viel arbeiten nicht.

2. All you can eat

Zu viel essen ist auch eine zerstörerische Form der Selbstmedikation, die unsere Kultur von ganzem Herzen verinnerlicht hat. Und wenn ich »zerstörerisch« sage, meine ich das nicht im übertragenen Sinn. Global gesehen kostet das Übergewicht nämlich mehr Menschenleben als die Unterernährung. Und selbst wenn es uns nicht umbringt, kann es unsere Lebensqualität doch entscheidend beeinträchtigen. Übergewichtig oder sogar fettleibig zu sein ist in vielen Kreisen unserer westlichen Kultur schon fast zum Normalzustand geworden.

Als jemand, der sein Gewicht genau beobachten muss (meistens beobachte ich, wie es mehr und mehr wird), kann ich das alles gut verstehen. Ich esse furchtbar gern und esse auch lieber, als dass ich Sport treibe. Das Problem ist, dass zu viel essen gesellschaftlich einigermaßen akzeptiert ist. So wie zu viel Arbeit zur Beförderung führt, wird zu viel essen ebenfalls belohnt. Oder wann waren Sie das letzte Mal auf einem Fest, bei dem die Gastgeberin Ihnen Sojabohnensprossen und Tofu serviert und Sie aufgefordert hat, weniger zu essen, als Sie auf Ihrem Teller hatten? Das ist bestimmt nie vorgekommen.

Im Gegenteil: Wir fühlen uns wohl in Gesellschaft von anderen, die so wie wir ihren Wünschen nachgeben. Ich auch. Gourmetrezepte, verlockende Grillabende und das Dessert – das darf niemals fehlen. Sogar in der Gemeinde machen wir das. Das gemeinsame Mittagessen, bei dem jeder etwas mitbringt, ist nichts anderes als gesellschaftlich sanktionierte Völlerei. Für viele Christen ist Essen die Droge ihrer Wahl. Im Grunde genommen steckt hinter dem vielen Essen dasselbe Problem, das Salomo beschrieben hat, nur in anderer Form. Voll zu sein kuriert unsere Leere auch nicht.

Appetit auf Verführung

Was aber treibt den Teufelskreis der Selbstmedikation und des unersättlichen Verlangens nach mehr an? Hinter der ständigen Jagd nach mehr (mehr Arbeit, Alkohol, Tabletten, Essen, Sex usw.) steckt ein *Appetit*. Und mit dem Appetit ist es ganz seltsam.

So ist es mit jeder Form der Selbstmedikation: Sie lässt uns nach mehr verlangen.

Denken wir einmal darüber nach: Unser Appetit lässt uns mit dem, was wir haben, unzufrieden sein. Dann überzeugt er uns davon, dass das, was als Nächstes kommt, uns befriedigen wird. Wir sollen das, was wir eigentlich als falsch erkannt haben (»Meine Bedürfnisse wurden nie wirklich erfüllt«), doch für wahr halten (»Aber das nächste Mal werden meine Bedürfnisse befriedigt«). Salomo hat diese Spannung sehr treffend zum Ausdruck gebracht: »Das Auge sieht sich niemals satt, und auch das Ohr hat nie genug gehört.« Wie wir bereits gesehen haben, ist essen ein klassisches Beispiel für diese Dynamik. Egal ob wir dazu neigen, zu viel zu essen oder nicht – wenn uns etwas gut schmeckt, wollen wir sofort mehr davon, weil wir glauben, dass es unseren Appetit stillt.

Manchen Leuten gelingt es, damit aufzuhören, den meisten jedoch nicht. Und dann geraten wir in einen durch unseren Appetit verursachten Teufelskreis. Die Realität ist, dass mehr zu essen uns nach mehr verlangen lässt. Und wenn wir dem oft genug nachgeben, dehnt sich unser Magen buchstäblich aus, um noch mehr aufnehmen zu können, und wir werden zu einem Vielesser. An diesem Punkt essen wir bereits mehr als bisher und *immer noch* ist unser Verlangen nicht gestillt. Das ist eine ungeheuer zerstörerische Kombination. Und so ist es mit jeder Form der Selbstmedikation: Sie lässt uns nach mehr verlangen.

Das Problem mit *mehr* ist, dass es keine Obergrenze gibt. Es ist kein Limit in Sicht. Wie viel Arbeit ist genug? Wie viele Beförderungen? Wie viel Essen, Sex, Geld oder Macht sind nötig, um unseren Appetit zu stillen? Wie viele Tabletten? Wie viel Alkohol? Wenn unsere Antwort hier schlichtweg *mehr* lautet, dann brauchen wir eine bessere Antwort.

Selbstmedikation oder Selbstfürsorge?

Wenn Sie bisher zur Selbstmedikation gegriffen haben, was sollten Sie dann tun? Falls Sie eine Sucht entwickelt haben, dann wäre es natürlich das Beste, sich Hilfe zu holen. Gehen Sie zu Ihrem Arzt und suchen Sie medizinischen Rat. Tun Sie, was nötig ist, um den unaufhörlichen Drang der Abhängigkeit zu überwinden. Auch eine seelsorgerliche Begleitung kann sehr hilfreich sein. Wenn Sie nicht wissen, was Sie in die Sucht getrieben hat, besteht die Gefahr, dass es immer wieder passiert.

Doch was geschieht als Nächstes, nachdem die Abhängigkeit überwunden ist? Hier kommt nun die Selbstfürsorge ins Spiel.

Einige Aspekte davon haben wir schon an anderer Stelle in diesem Buch behandelt, wollen hier aber noch ein paar mehr betrachten. Ich persönlich habe festgestellt: Immer wenn ich anfange, zur Selbstmedikation zu greifen (bei mir ist das gewöhnlich zu viel Arbeit und zu viel Essen), hilft mir die Selbstfürsorge.

Selbstmedikation hat meistens ihre Ursache darin, dass wir einige unserer fundamentalen Bedürfnisse ignorieren, die wir eigentlich nicht vernachlässigen sollten. Wie wir bereits gesehen haben, ist Selbstfürsorge ein wesentlicher Bestandteil eines echten Lebens. Die Leere unseres Lebens treibt uns in die Selbstmedikation und wenn wir dort angekommen sind, ist Selbstfürsorge ein wichtiger Schritt auf dem Weg aus der Krise. Sie kann uns auch von vorneherein vor dem Absturz bewahren, denn wer Selbstfürsorge betreibt, braucht selten Selbstmedikation.

Was muss ich tun (oder was muss ich vermeiden), um heute so zu leben, dass es mir auch morgen noch gut geht?

Wenn wir uns also wirklich um unsere Bedürfnisse kümmern wollen, dann sollten wir uns täglich diese Frage stellen: Was muss ich tun (oder was muss ich vermeiden), um heute so zu leben, dass es mir auch morgen noch gut geht? Diese Frage kann als Filter dienen, damit wir uns ausruhen, wenn wir müde sind; dass wir aufhören zu essen, wenn wir satt sind; Sport treiben, wenn es erforderlich ist; unseren Appetit bremsen, unser Herz erneuern und alles tun, was sonst noch notwendig ist, damit es uns gut geht.

Die Selbstfürsorge kann zwar die Selbstmedikation stoppen, sie kann jedoch nicht das grundlegende Problem des Menschen lösen: das Gefühl der Leere. Worin aber besteht die Lösung für dieses Problem? Ich möchte Ihnen nun gern das weitergeben, was ich als den einzigen Weg erkannt habe.

14

Mein Reich komme?

Sich selbst zu überwinden ist nicht so furchterregend, wie es klingt

Viele von uns haben eine berufliche Back-up-Lösung parat. Sie wissen schon – Plan B; das, was wir machen werden, wenn unser derzeitiger Job sich in Luft auflöst oder wir ihn eines Tages wütend hinschmeißen. Wahrscheinlich haben Sie auch eine. Ich selbst habe Dutzende davon und weil Rockstar nicht infrage kommt, denke ich manchmal über Marketing nach. Wenn alle Stricke reißen würden, könnte ich vielleicht in einem Werbeunternehmen arbeiten und versuchen, gelangweilte Leute für neue Produkte zu begeistern.

Aufgrund dieses persönlichen Interesses verfolge ich schon seit Jahren Marketing-Theorien und -Trends. Einer der absoluten Grundsätze, die es im Marketing zu beachten gilt, wird mit dem Kürzel WIFM umschrieben: »What's in it for me?« – »Was habe ich davon?« (Ausgesprochen wird es »wiffim«.) Jeder gute Werbestratege weiß: Wenn ein Produkt sich erfolgreich verkaufen lassen soll, dann muss die WIFM-Frage überzeugend beantwortet werden.

Diesen Gedanken kann wohl jeder nachvollziehen. Der einzige Grund, warum wir als Konsumenten ein Produkt kaufen (ganz gleich, ob es sich um ein Waschmittel oder einen neuen Laptop handelt), ist dieser: Wir glauben, es werde unser Leben besser machen. Die Antwort auf die WIFM-Frage ist unserer Meinung nach, dass dieses Produkt seinen Preis entweder wert ist oder ihn übersteigt. Wenn etwas, das wir gekauft haben, unser Leben nicht besser macht oder weniger wert ist, als wir dafür bezahlt haben, dann wollen wir es zurückgeben. Und wenn das nicht möglich ist, nehmen wir uns felsenfest vor, es nie wieder zu kaufen.

Um den WIFM-Faktor zu beschleunigen, nimmt die Werbung uns auf eine seltsame Reise mit. Wie bereits weiter oben festgestellt, schaffen Werbestrategen bei uns eine Unzufriedenheit mit dem, was wir haben. Unser derzeitiges Hemd (oder Smartphone oder Kühlschrank oder Auto) ist nicht mehr gut genug. Es ist zu alt, zu langsam, zu ausgeblichen oder zu schwerfällig und folglich brauchen wir etwas Neues, das schneller, bunter, eleganter und besser ist. Also kaufen wir es uns und alle unsere Probleme sind gelöst. Bis zum nächsten Jahr. Dann bringt der Hersteller eine *bessere* Version auf den Markt und das, was wir gerade gekauft haben, ist jetzt auch zu alt, zu langsam, zu ausgeblichen oder zu schwerfällig. Und so geht der Kreislauf wieder von vorne los.

Unser ganzes Leben lang haben wir alles durch den »Ich-Filter« laufen lassen und sind trotzdem nicht glücklich.

Haben Sie erraten, welches Gefühl dies alles bei uns hinterlässt? Ständige Unzufriedenheit. Und wenn wir nicht aufpassen, können wir dabei sogar pleitegehen. Nichts ist längere Zeit gut genug. Diese Unzufriedenheit führt zu einem Gefühl der Leere. Unser ganzes Leben lang haben wir alles durch den »Ich-Filter« laufen lassen und sind trotzdem nicht glücklich.

Schlimmer noch: Weil die WIFM-Formel unsere ganze Kultur durchdringt, setzt sich diese Mentalität bei allem durch, was wir tun. Selbst in unserer Ehe. Die Frage, die wir uns insgeheim in Bezug auf unseren Partner stellen, lautet: »Was habe ich davon?« Diese Frage kann sogar auf unser Elternsein übergreifen, weshalb wir uns nicht nur über unsere Kinder ärgern, wenn sie ihr Leben vermasselt haben, sondern uns auch Sorgen machen, wie uns das vor unserer Familie und unseren Freunden dastehen lässt. Unsere Kinder liefern uns nicht den konstanten Strom der Freude, den wir uns erhofft haben. Und wenn sie es tun, dann kommen wir uns vor unserer Familie und unseren Freunden ganz toll vor, was uns geradewegs wieder in den Klauen des Hochmuts landen lässt.

Die traurige Unzufriedenheit nimmt kein Ende, wenn wir uns selbst zur Mission unseres Lebens machen. Kein Job konnte uns bisher das geben, was wir uns erhofft hatten. Vielleicht eine Weile, aber jedenfalls nicht lange. Selbst unsere Freundschaften veralten schnell, denn was haben sie uns in letzter Zeit überhaupt gebracht? Wenn WIFM schließlich auch noch zu unserem geistlichen Filter wird, sollten wir erst recht auf der Hut sein. Dann wird nämlich keine Gemeinde oder Kleingruppe für uns gut genug sein und auch Gott erscheint uns nur in dem Maße gut, wie er sich in letzter Zeit um uns gekümmert hat. Das alles hinterlässt in uns ein schreckliches Gefühl der Leere, Enttäuschung und Niedergeschlagenheit. (Wenn ich es mir so recht überlege, würde ich vielleicht doch keinen so guten Werbestrategen abgeben. Dieses Kapitel ist also eher gleichbedeutend mit dem frühzeitigen Ende einer hoffnungsvollen Karriere.)

All diese Überlegungen führen uns jedoch auch zum Gegenmittel gegen die Leere. In vielerlei Hinsicht ist dieses ein riesiger Sargnagel für die WIFM-Mentalität.

Sind Sie bereit, es zu erfahren? Wenn wir die Leere überwinden wollen, dann müssen wir *eine Mission finden, die größer ist als wir*. Solange es in unserem Leben nur um uns selbst geht, werden wir eine Situation der Leere nach der anderen erleben. Doch wie bei den meisten wertvollen Dingen im Leben ist dieser Gedanke zwar leicht zu verstehen, aber schwer zu leben. Was bedeutet das genau, eine Mission zu haben, die größer ist als wir selbst? Routinemäßig wird praktisch alles in uns gegen etwas arbeiten, das größer ist als wir. Es ist bereits in vollem Gange. *Wenn ich mich nicht um mich selbst kümmere*, denken wir, *wer wird es dann tun?*

Doch das Problem geht noch tiefer. An jedem einzelnen Tag

unseres Lebens sind wir immer mit uns selbst aufgewacht. Wir sind der gemeinsame Nenner bei allen Erfahrungen, die wir gemacht haben. Und folglich filtern wir alle Erlebnisse, Lernerfahrungen, Beziehungen und alles andere, was uns in diesem Leben begegnet ist, durch unsere Brille.

Genau das ist der Grund, warum wir aufhören sollten, uns selbst zu unserer Mission zu machen. Wir brauchen eine Mission, die weitaus größer ist als wir. Mag sein, dass wir in den Jahren nach dem Studium auf dem Selbstverwirklichungstrip waren, aber jetzt muss ein größeres Ziel her. Auf welche Weise äußert sich die Notwendigkeit, eine größere Mission zu finden, in unserem Leben? Wenn wir genau hinschauen, sehen wir es an allen Ecken und Enden.

Niemand will für uns arbeiten

Einer der Gründe, warum 70 Prozent der Beschäftigten mit ihrer beruflichen Tätigkeit unzufrieden sind, besteht darin, dass sie keinen größeren Sinn oder eine begeisternde Vision dahinter sehen, und die meisten Manager und Führungskräfte machen nie den Versuch, die Menschen für etwas Größeres zu motivieren. Wenn ein Angestellter sich selbst als die Mission betrachtet und die Managerin auch nur sich selbst sieht, dann ist der Konflikt vorprogrammiert.

Menschen möchten etwas Gutes bewirken. Sie wollen die Welt zu einem besseren Ort machen.

Vor vielen Jahren packte mich plötzlich der Gedanke: *Niemand will wirklich für mich arbeiten.* Das soll nicht heißen, dass niemand für *mich* arbeiten will. Ich hatte das Glück, großartige Teams leiten zu dürfen, viele davon jahrelang. Doch selbst als ich mich in den Spitzenpositionen einer Organisation befand, erkannte ich, dass die höchste Motivation der Leute nicht darin bestehen kann, für *mich* zu arbeiten. Mir zu dienen ist keine große Berufung. Auch nicht, Ihnen zu dienen. Wissen Sie, was Menschen dazu motiviert, sich in ihrem Beruf intensiv zu engagieren? Eine Mission, eine Vision, einen Inhalt, größer als Sie und ich – und die sie morgens aus dem Bett treibt. Menschen möchten etwas Gutes bewirken. Sie wollen die Welt zu einem besseren Ort machen. Sie möchten im Universum eine positive Spur hinterlassen. Und wenn ich als ihr Leiter ihnen *dabei* helfen kann, dann bekomme ich ein Team, dessen Motivation Jahre anhält.

Egal ob Sie gerade ein Start-up-Unternehmen gegründet haben, in einem Schnellimbiss die Schicht überwachen, eine große Abteilung leiten oder Geschäftsführerin eines der größten Unternehmen im Land sind – wenn das Einstreichen des Gehaltsschecks das Hauptziel Ihrer Angestellten ist, dann werden sie eines Tages von Bord gehen. Wenn es bei ihrer 40-Stunden-Woche nur darum geht, Kosten zu senken, die Bilanz zu verbessern und den Aktionären einen tollen Quartalsabschluss zu bescheren, verlieren sie irgendwann die Lust.

Geld ist nicht die Mission. Geld *finanziert* die Mission.

Sie selbst sind auch nicht die Mission. Ihre Aufgabe besteht darin, den Leuten ihre Mission zu zeigen – eine Mission, die es wert ist, dafür einen großen Teil ihrer Lebenszeit einzusetzen.

Geben Sie den Menschen einen Sinn, eine Vision, das Ziel, die Welt zum Guten zu verändern, anderen Menschen zu helfen, und sie werden sofort mit an Bord sein. Lassen Sie sie wissen, dass ihre Bemühungen das Leben eines anderen Menschen verbessert haben, und sie werden sich jeden Morgen aufs Aufstehen freuen.

Fast jedes Unternehmen ist deshalb entstanden, weil seine Gründer ein Problem lösen wollten – sei es, verstopfte Abwasserrohre zu einem fairen Preis frei zu machen, einen köstlichen Kaffee in einer schicken Atmosphäre zu kochen oder Menschen zum Mars zu schicken. Es geht um eine Sache, die größer ist als die Arbeit für den Boss oder das Erzielen eines Gewinns. Eine solche Mission bringt das Beste in uns hervor, sie bewegt uns dazu, etwas Größeres zu tun. Doch wie leicht vergessen wir mitten im Alltag, dass genau das die Menschen motiviert.

Warum kann ein solcher Lebenssinn uns auf eine Weise motivieren, die das *Ich* nie zustande bringt? Warum endet der Versuch, unsere eigenen Bedürfnisse zu befriedigen, am Ende immer unbefriedigend? Ich denke, das alles hängt mit dem wahren Sinn unseres Lebens zusammen. Etwa tausend Jahre, nachdem Salomo seine Beobachtungen über die Vergeblichkeit all dessen niedergeschrieben hat, zeigte Jesus uns den tieferen Grund für all den Frust, den wir empfinden, und er schlägt eine ziemlich radikale Lösung vor: »Wer sich an sein Leben klammert, der wird es verlieren. Wer aber sein Leben für mich aufgibt, der wird es für immer gewinnen.« Mit anderen Worten: Genau das, was wir am meisten fürchten – die Kontrolle über unser Leben abzugeben –, ist der Schlüssel zum wahren Leben.

Unser wahres Ich finden wir nur in der Beziehung zu Christus, der uns das Leben schenkt.

Wenn wir aber versuchen, das Leben zu finden – es für uns selbst zu beanspruchen, zu bauen, zu erwerben, aufzuhäufen, Erfolg zu haben, zu erfinden und zu erschaffen, in der Hoffnung, dadurch tiefe Erfüllung zu bekommen –, dann verlieren wir das Leben, wenn unser Ziel die Selbsterfüllung ist. Doch genau dann, wenn wir unser Leben hingeben, finden wir es wirklich. Die Worte von Jesus haben mehrere Bedeutungsebenen. Erstens sind sie eine klare Einladung, ihm als Retter unser Leben anzuvertrauen. Er lädt uns ein, ihn zum Retter und Leiter unseres Lebens zu machen. Meiner Ansicht nach ist das die wichtigste Entscheidung, die wir in unserem Leben treffen können. Unser wahres Ich finden wir nur in der Beziehung zu Christus, der uns das Leben schenkt.

Doch die Worte von Jesus gehen noch weit über das hinaus. Wenn wir ihm vertrauen und Christen werden, aber dabei stehen bleiben, dann werden wir bald wieder in das Königreich des Ichs zurückgleiten. Dann werden sich unsere Beziehung zu Christus und unser Lebensstil auch wieder um die Frage drehen, was wir davon haben: *Was hat Gott in letzter Zeit für mich getan? Was wird Christus mir als Nächstes schenken?* Es kann leicht passieren, dass wir das Geschenk mehr lieben als den, der es uns gegeben hat, und unser Leben in eine Suche nach dem Glück verwandeln, wobei Gott nur ein weiterer Pfeil in unserem Köcher ist. Das erklärt, warum so viele Christen desillusioniert sind und sich abwenden. Gott als eine Art Automat zu betrachten ist eine ganz schlechte Theologie, vor allem, wenn wir unsere Münzen hineinwerfen und der Schokoriegel nicht herauskommt.

Es erklärt auch, warum so viele Menschen, die sich selbst nicht als Christen bezeichnen würden, über die Selbstzentriertheit von solchen Christen frustriert sind, die eindeutig ihre eigenen egoistischen Interessen verfolgen. Sie mögen vielleicht in den Himmel kommen, doch vorher wollen sie noch so viel wie möglich von dieser Welt und von anderen mitnehmen. Sie haben sich nicht einer höheren Mission verschrieben. Sie leben nicht für eine Sache, die größer ist als sie selbst.

Wo und wie auch immer Sie zu Glaubensfragen stehen – stellen Sie sich doch einmal die Frage: *Für welches Königreich lebe ich?* Wenn wir uns darüber keine Gedanken machen, dann werden wir immer für unser eigenes Reich leben. Selbst als Christen kann es uns passieren, dass unser Gebetsleben und unser Alltag schnell zu einem »*Mein* Reich komme, *mein* Wille geschehe« werden. Wenn Sie das nicht glauben, dann brauchen Sie nur einmal an einer christlichen Gebetsgemeinschaft teilzunehmen. Die Liste der Bitten ist oft lang und umfasst alles, was wir von Gott wollen. Es klingt so, als müssten wir ihn informieren, beraten und korrigieren, weil er eindeutig mehr Informationen braucht. Wir sind uns nicht sicher, ob wir ihm vertrauen können, deshalb ist unsere Liste lang.

Natürlich möchte Gott, dass wir ihm sagen, was wir brauchen, oder sogar, was wir von ihm wollen. Aber diese Bitten zu äußern sollte nicht im Zentrum unserer Beziehung zu ihm stehen. Das Gebet ist kein Knopf, den wir drücken; es ist eine Beziehung, die wir pflegen.

Wenn ich darum bitte, dass mein Wille geschehe, bekomme ich nur mehr von mir selbst. Wenn meine Bitten aber über das hinausgehen – wenn ich darum bitte, dass Gottes Wille geschieht –, dann bekomme ich mehr von Gott. Also, mal ganz ehrlich: Wonach streben Sie?

Eine furchterregende Alternative (die Sie bereits kennen)

Die Alternative zu einem Leben für sich selbst ist: sich selbst zu sterben. Eine seltsame und etwas sperrige Formulierung, ich weiß. Ich weiß, dass es sich außerdem erschreckend anhört. Für mich auch.

Aber wenn wir etwas tiefer darüber nachdenken, erkennen wir sofort, dass wir damit ein ziemlich gutes Geschäft machen. Deshalb bin ich immer wieder bereit, mich dem zu unterziehen. Immerhin sind die Leute, die wir am meisten bewundern, niemals *egoistisch*. Egoismus ist nur in den Augen der Menschen attraktiv, die selbst egoistisch sind, so wie Hochmut immer nur auf die Hochmütigen anziehend wirkt. Die Demut bringt uns das ein, was der Hochmut uns nie verschaffen wird: die Zuneigung der anderen. Und ähnlich ist es auch mit der Selbstlosigkeit. Menschen fühlen sich von Natur aus zu denen hingezogen, die für etwas leben, das größer ist als sie selbst.

Die Demut bringt uns das ein, was der Hochmut uns nie verschaffen wird: die Zuneigung der anderen.

Wenn wir diesen Gedanken zu Ende denken, lautet die logische Schlussfolgerung: Es gibt nur eine Sache, die furchterregender ist, als sich selbst zu sterben – für sich selbst zu leben. Erinnern wir uns, wohin ein selbstbezogenes Leben letztendlich führt? Genau – in die Einsamkeit. Die egoistischen Menschen, die wir kennen, wirken auf andere abstoßend. Der Egoismus zerstört Ehen, zerbricht die Beziehungen zwischen Eltern und Kindern, ruiniert Freundschaften und macht uns am Arbeitsplatz zu einem Vorgesetzten, dem niemand folgen will. Und die ganze Zeit fragt man sich voller Selbstmitleid, warum die anderen einen nicht leiden können.

Wenn wir aber uns selbst sterben, dann entsteht etwas Größeres. Wenn es nicht mehr nur um uns selbst geht – wenn wir also über uns selbst stehen und über uns selbst hinausleben –, dann gelangen wir am Ende an einen Platz, an dem Gott uns gebrauchen kann und an dem andere Menschen gern mit uns zusammen sind.

Denken wir zurück an die Beerdigungsszene, die wir uns in Kapitel 3 vorgestellt haben (die Szene, in der Ihre Familie Ihr ganzes Leben auf ein paar Absätze und schließlich auf einen einzigen Satz reduziert). Wissen Sie, woran Familien am ehesten denken? »Oh, er war so selbstlos gegenüber unserer Mutter« oder: »Sie hat so vieles geopfert, damit wir alles hatten, was wir brauchten.« So wird es auch mit Ihren Angestellten sein. Diese werden sich nicht an Sie erinnern, weil Sie außergewöhnlich gute Quartalsbilanzen vorgelegt haben, sondern weil Sie freundlich zu ihnen waren. Weil Sie sich um sie gekümmert haben. Weil Sie ihnen geholfen haben. Weil Sie ihre besten Eigenschaften gefördert haben, um gemeinsam mit ihnen etwas zu erreichen, das größer war als Sie alle zusammen.

Das Königreich des Ich ist ein armseliges Reich. Und eines, das ein entsetzlich leeres Gefühl in uns hinterlässt.

Ein Leben, das größer ist als wir selbst

Als Gemeindeleiter hatte ich, ehrlich gesagt, immer das Gefühl, auf unfaire Weise im Vorteil zu sein, wenn es darum geht, einen Inhalt zu finden, der größer ist als ich selbst. Und zwar deshalb, weil ich davon überzeugt bin, dass wir als Gemeinde den besten Auftrag der Welt haben. Egal wie man es umschreiben mag, die Mission der Gemeinde lässt sich im Grunde genommen mit einem Satz zusammenfassen: Menschen dabei zu helfen, eine Beziehung zu Jesus Christus zu finden und darin zu wachsen. Die meiste Zeit meines Erwachsenenlebens hatte ich das große Vorrecht, mich dafür zu engagieren und anderen zu helfen, dies ebenfalls zu tun.

Und wie steht es mit Ihnen? Wie finden Sie eine Mission, bei der es nicht um Sie selbst geht? Ich möchte Ihnen Mut machen, Jesus Christus zum Mittelpunkt Ihrer Mission zu machen. Vielleicht tun Sie das ja schon oder Sie sind noch nicht so ganz an diesem Punkt. Aber eines weiß ich genau: Die Leere, die Sie innerlich empfinden, wird erst verschwinden, wenn Sie den Entschluss fassen, Ihr Leben nicht um Sie selbst herum aufzubauen. Sie brauchen etwas, das größer ist als Sie.

Was auch immer das ist – sobald Sie sich selbst sterben, wird etwas Größeres entstehen. Die Stille wird Ihnen nicht mehr bedrohlich vorkommen, sondern als etwas ungeheuer Spannendes. Sie werden Zeit haben nachzudenken, zu beten, zu träumen und sich eine bessere Welt vorzustellen.

Sie brauchen etwas, das größer ist als Sie.

Ihr Umgang mit anderen Menschen wird sich spürbar verbessern, weil Sie mehr darüber nachdenken werden, was Sie anderen geben können, als was Sie von ihnen bekommen. Die Selbstfürsorge wird für Sie viel attraktiver sein als die Selbstmedikation. Bei Ihrem Besitz wird es weniger darum gehen, diesen selbst zu genießen, und mehr darum, ihn anderen zugutekommen zu lassen. Und auch Ihre beruflichen Erfolge werden enger an die Erfüllung Ihrer Mission gebunden sein als bisher.

Während Sie Ihr Leben verschenken, werden Sie es finden.

SCHLUSSGEDANKEN

Calvin meets Hobbes

Vielleicht gibt es ja doch eine Alternative zu Thomas Hobbes' zuvor erwähnter Beobachtung, das Leben sei »ein einsames, kümmerliches, rohes und kurz dauerndes«. Ich hoffe, dieses Buch hat Ihnen einen Weg zu dieser Alternative zeigen können. Doch wie lässt sich all dies miteinander verbinden? Wie können wir sicherstellen, dass wir die Leere, den Beziehungsverlust, den Pessimismus und all das andere, was wir in diesem Buch betrachtet haben, tatsächlich kommen sehen, wenn es zu uns unterwegs ist? Wie vermeiden wir, dass Hobbes' Aussage zu unserem Lebensmotto wird?

Vor mehreren Hundert Jahren hat ein anderer Jurist namens Johannes Calvin versucht, den Sinn des Lebens zu beschreiben, und begann seine Abhandlung über den christlichen Glauben und die Religion unter der Überschrift: »Ohne Selbsterkenntnis keine Gotteserkenntnis«. Es ist faszinierend, dass ein Mann, der für seine Theologie berühmt geworden ist (sein Gedankengut wurde später als Calvinismus bezeichnet), mit der *Selbst*erkenntnis beginnt. Calvin war der Auffassung, dass ein Mensch, der sich selbst nicht kennt, auch Gott nie voll und ganz erkennen wird.

Das ist eine Herausforderung für uns alle, die wir uns Christen nennen. Manchmal neigen Christen nämlich dazu, das Leben zu sehr geistlich zu betrachten. Es ist viel einfacher, nach oben oder nach außen zu schauen als nach innen. Wenn wir nach innen schauen – unser Leben im Spiegel betrachten –, kommen unsere Fehler in der Tiefe zutage und offen gesagt nehmen die meisten von uns lieber die Fehler der anderen in den Blick. Aber Calvin begann seine Überlegungen genau hier. Er schrieb, dass wir uns selbst erkennen müssen, wenn wir jemals Gott erkennen wollen.

Lassen Sie mich daher eine Frage stellen: Wie gut kennen Sie sich selbst? Kennen Sie sich wirklich? Natürlich könnten Sie, nachdem Sie dieses Buch gelesen haben, sagen: »Ich kenne mich jetzt besser als vorher.« Und das wäre ja schon ein guter Anfang. Aber Calvin geht es um etwas viel Tieferes. Die Selbsterkenntnis führt uns in die Tiefen unserer Existenz. Sokrates hat es so ausgedrückt: »Das unerforschte Leben ist nicht lebenswert.« (Wer hätte gedacht, dass er und Calvin sich so nahestehen?)

Was also wird Ihnen helfen, es kommen zu sehen? Selbst wenn es dabei um Themen geht, die nicht in diesem Buch behandelt werden, und um Probleme, an die Sie nie gedacht haben? Ganz einfach: Selbstwahrnehmung in Kombination mit einer engen Verbindung zu Gott. Wenn wir uns unserer eigenen Gefühle und Neigungen intensiv bewusst sind und ein tiefes Verständnis für die Wege Gottes haben, ist die Chance auch größer, dass wir es kommen sehen – was auch immer *Es* ist. Menschen mit einer gesunden Selbstwahrnehmung sind sich ihrer Motive, Wünsche, Gefühle und Charakterzüge bewusst. Ihnen ist auch klar, wie sich ihr Verhalten auf andere auswirkt. Je mehr Selbstwahrnehmung wir besitzen, desto wahrscheinlicher ist es, dass wir die Dinge kommen sehen.

Je mehr Selbstwahrnehmung wir besitzen, desto wahrscheinlicher ist es, dass wir die Dinge kommen sehen.

Vor Jahren rüttelte Daniel Goleman die Welt mit einer neuen Theorie auf: Unsere emotionale Intelligenz sei für unseren Erfolg genauso wichtig oder sogar noch wichtiger als unsere intellektuelle Intelligenz. Er war der Meinung, dies gelte sowohl im Alltag als auch in Führungspositionen. Seine Theorie von der emotionalen Intelligenz hat die Welt der Unternehmen umgekrempelt (und vielleicht sogar die Welt an sich). Goleman nannte fünf Hauptkomponenten für die emotionale Intelligenz, wobei er Selbstwahrnehmung für die wichtigste hielt. Tatsächlich führt eine gewachsene Selbstwahrnehmung dazu, dass die anderen vier Faktoren (Selbstmanagement, Motivation, Empathie und soziale Fähigkeiten) leichter zu beherrschen sind.

Was Menschen mit einer bewussten Selbstwahrnehmung anderen voraushaben

Die Frage lautet also: Wie gut kennen Sie sich selbst? Eine Möglichkeit, unseren Level an Selbstwahrnehmung herauszufinden, besteht darin, uns zu überlegen, was Menschen mit einer bewussten Selbstwahrnehmung anderen voraushaben. Was wissen sie, das die anderen nicht wissen? Meiner Erfahrung nach sind es vier Dinge. Diese scheinen eigentlich selbstverständlich zu sein, aber überraschenderweise leben viele Menschen Tag für Tag, ohne sich dessen bewusst zu sein.

1. Die Wirkung auf andere

Von allen Kennzeichen eines Menschen mit gesunder Selbstwahrnehmung ist dieses das sympathischste. Wer eine gute Selbstwahrnehmung besitzt, versteht nicht nur seine eigenen Gefühle und Verhaltensweisen, sondern auch deren Auswirkungen auf andere Menschen. Nehmen wir den Beziehungsverlust als Beispiel. Mein Hauptproblem war, dass ich nicht merkte, was es bedeutete, auf der anderen Seite von mir selbst zu stehen.

Das hört sich simpel an, aber die Folgen sind verblüffend. Denken wir einmal darüber nach. Wie oft schon hatten Sie einen schlechten Tag, ohne zu wissen, woran es lag? Und wie oft hatte Ihr mysteriöser schlechter Tag negative Auswirkungen auf Ihren Ehepartner, die Kinder oder Ihre Kollegen? Viel zu oft, stimmt's? Bei mir ist das auch so. Und hier setzen die Selbstwahrnehmung und die emotionale Intelligenz an. Sie stoppen dieses Verhalten. Menschen mit einer ausgeprägten Selbstwahrnehmung lassen es nicht zu, dass der schlechte Tag, den sie innerlich spüren, nach außen zu den anderen dringt. Und selbst wenn das doch passiert ist, erkennen sie, dass sie andere Menschen verletzt haben, entschuldigen sich oder unternehmen andere Schritte, um den Schaden wiedergutzumachen.

Wenn wir aufhören, unsere eigenen Emotionen als den einzigen Filter zu benutzen, durch den wir unsere innere Einstellung und unser Handeln verarbeiten, dann entwickeln wir uns als Person positiv weiter. Wir üben uns in Selbstbeherrschung und interessieren uns mehr für andere Menschen als für uns selbst. Wenn wir unsere emotionale Intelligenz steigern wollen, dann sollten wir uns der Wirkung bewusst sein, die unsere Gefühle auf andere Menschen haben.

2. Die eigenen Schwächen

Niemand gibt seine Fehler gern zu, aber wir alle haben welche. Je länger ich lebe, umso deutlicher erkenne ich, dass meine wirklich tollen Seiten relativ klein sind. Es gibt nur ein paar Dinge, die ich richtig gut kann, und alles andere liegt eindeutig darunter. Wenn wir unsere Schwächen kennen und respektieren, dann ist die Zusammenarbeit mit uns viel leichter und wir sind wertvoller für die Menschen in unserer Umgebung. Wir alle kennen Leute, die unbedingt in der Band singen wollen, aber keinen Ton richtig treffen. Wer eine gute Selbstwahrnehmung besitzt, kennt seine eigenen Schwächen und begrenzt seine Aktivitäten auf den Gebieten, wo ihm die Begabung fehlt. Ein solches Verhalten bewirkt zweierlei:

Je länger ich lebe, umso deutlicher erkenne ich, dass meine wirklich tollen Seiten relativ klein sind.

- Es schafft Raum, damit andere auf diesem Gebiet glänzen können.

- Es hilft anderen, dass sie die meiste Zeit dort investieren können, wo ihre Stärken liegen.

Bedenken wir, welche guten Auswirkungen das Eingestehen unserer Schwächen allein schon auf unsere Familie haben könnte. Und dann übertragen wir das Ganze auf unseren Beruf. Es braucht echte Demut, wenn Menschen zugeben, in welchen Bereichen sie nicht so stark sind. Aber es macht sie umso sympathischer.

3. Die eigenen Stärken

Zwar brauchen wir Demut, um unsere Schwächen einzugestehen, aber umgekehrt bedeutet das Anerkennen unserer eigenen Stärken nicht, dass wir hochmütig wären. Wir alle haben Gaben, Talente, Fähigkeiten und Fertigkeiten und es wäre selbstsüchtig, sie nicht einzusetzen. Wenn wir unsere Gaben als Teil einer größeren Mission und zum Nutzen anderer gebrauchen, vermeiden wir das Gefühl der Leere, das so viele Menschen plagt.

Es gibt auch Hinweise darauf, dass Menschen, die nicht aus ihrer Begabung heraus wirken, im Privatleben und in Führungspositionen leichter Schiffbruch erleiden. Top-Führungskräfte, die Affären haben oder Geld unterschlagen, sind oft Leiter, die in einer Position arbeiten, in der sie ihre Stärken nicht voll und ganz zum Einsatz bringen können. Wenn wir regelmäßig das tun, wozu wir geschaffen sind, dann ist die Wahrscheinlichkeit für uns geringer, dass wir pessimistisch oder hochmütig werden, Beziehungs- oder Bedeutungsverluste erleiden.

Und wie war das noch mal mit der Demut? Nun ja, Menschen mit einer guten Selbstwahrnehmung wissen, was sie am besten können, aber sie prahlen nicht damit. Sie tun es einfach.

4. Die eigenen Grenzen

Einer der tödlichsten Fehler, die wir begehen können, ist, unsere eigenen Grenzen zu missachten. Bei mir war genau das ein wichtiger Faktor, der zu meinem Burn-out beitrug. Sosehr wir auch versuchen, unsere Grenzen auszudehnen, sind sie doch immer noch da. Menschen mit einer gesunden Selbstwahrnehmung haben ein realistisches Gespür für das, was sie tun und was sie nicht tun können, wo sie enden und die anderen anfangen sollten. Wenn sie eine Pause brauchen, dann nehmen sie sich eine. Wenn sie müde sind, geben sie es zu und sorgen dafür, dass sie Ruhe finden. Und wenn sie wieder aufgetankt sind, bringen sie den vollen Einsatz, egal was es gerade zu tun gibt.

Unsere Grenzen zu kennen, statt uns ihrer nicht bewusst zu sein, lässt uns weitaus effektiver arbeiten.

Das wirkt sich, wie bereits gesagt, auf alle positiv aus: auf Kollegen, Freunde und sogar auf die Familie.

Paradoxerweise schöpfen Führungskräfte, die ihre Grenzen kennen, ihr Potenzial viel besser aus als solche, die keine Ahnung haben, wo ihre Grenzen liegen. Unsere Grenzen zu kennen, statt uns ihrer nicht bewusst zu sein, lässt uns weitaus effektiver arbeiten.

Wohin führt uns eine gesunde Selbstwahrnehmung?

Eine vertiefte Selbstwahrnehmung, so schreibt Calvin, führt uns letztendlich weg von uns selbst und zurück zu Gott, weil wir dadurch anfangen, »uns selber zu missfallen«. Calvin war überzeugt: Je tiefer wir in uns selbst blicken, desto verzweifelter werden wir.

Während meines Burn-outs drang ich in die Tiefen meines Herzens und meiner Seele vor wie nie zuvor in meinem Leben. Ich kam zu der ernüchternden Erkenntnis, dass ich dort drinnen nicht annähernd so gut war, wie ich immer gedacht hatte. Ich spürte ein Gefühl der Sinnlosigkeit, das mich beunruhigte, und mir wurde mehr denn je zuvor bewusst, dass ich nicht die Kraft besaß, mein Leben nachhaltig zu verändern.

Calvin schreibt, dass genau dies uns zurück zu Gott treibt. Allerdings habe ich am Anfang nur die Hälfte seiner These angeführt. Hier die Fortsetzung: »Ohne Selbsterkenntnis keine Gotteserkenntnis. ... Ohne Gotteserkenntnis keine Selbsterkenntnis.«

Dorthin führt uns also nach Calvins Anschauung unsere tiefe Selbsterkenntnis: Wir strecken uns wieder nach Gott aus. Wenn wir uns selbst nie wirklich erkennen, so Calvin, dann sind wir mit unserem Können und unseren Fähigkeiten zufrieden. Wir werden nie das Bedürfnis nach Gott haben.

Vielleicht zeigen uns ja die Mauern des Pessimismus, der falschen Kompromisse, des Beziehungs- und Bedeutungsverlustes, des Hochmuts, des Burn-out und der Leere, wie armselig unser Leben fern von Gott ist. Bei mir ist es jedenfalls so. Im Wesentlichen sind das die Dinge, die ich zustande bringe, wenn ich nicht von Gott erlöst bin – unberührt durch die Gnade und das heilende Wirken Gottes. Folglich kann man sagen: Wenn wir die Augen offen halten nach dem, was als Nächstes kommt, ist das vielleicht der beste Weg, um dem Gott nahezubleiben, zu dem wir gerade erst gefunden haben oder den wir immer tiefer zu lieben beginnen. Es ist ein Weg, auf dem wir unsere Schwäche eingestehen, unsere Unfähigkeit, uns in der Komplexität eines Lebens zurechtzufinden, das wir nicht geschaffen haben. Es bedeutet, dass wir den Retter inständig um seine Führung bitten. Und ich kann für mich persönlich sagen, dass die Gegenwart und das Wirken von Jesus in meinem Leben das Einzige ist, was mich lebendiger und motivierter sein lässt als je zuvor in meinem Leben.

So schließt sich also der Kreis. Ohne Selbsterkenntnis keine Gotteserkenntnis. Und ohne Gotteserkenntnis keine Selbsterkenntnis.

Wenn sich der Kreis auf diese Weise schließt, sind wir viel eher in der Lage zu sehen, was auf uns zukommt.

Und das Beste dabei ist: Wir werden mit dem, was kommt,

fertigwerden, nicht allein, sondern gemeinsam mit einem Gott, der uns geschaffen hat und uns zutiefst liebt.

DANK

Ein Buch ist kein Solo-Unterfangen. Obwohl auf dem Cover nur ein einziger Name steht, verbirgt sich dahinter eine ganze Gruppe von Menschen, die alle dazu beigetragen haben, dass die Botschaft dieses Buches viel besser wurde. Schon vor Jahren habe ich gelernt, dass es im Leben nicht so sehr darum geht, was wir tun, sondern mit wem wir es tun. Ich habe das Glück, dass ich mit einigen der besten Leute zusammenarbeiten kann.

Mein erster Dank gilt meiner Frau Toni. Du hast fast alles, was ich in diesem Buch erzähle, miterlebt und bist einer der Hauptgründe, warum ich all das durchstehen konnte. Gott gebraucht dich immer wieder als die Gnade in meinem Leben, die Stärkung auf meinem Weg und als die beste Freundin, die ich mir je hätte vorstellen können. Die Zeit, die wir gemeinsam verbracht haben, ist die reichste, die ich je hatte. Gott allein weiß, wie sehr du gefordert wurdest, als ich zu viel arbeitete, zu Vorträgen verreist war oder mich in Projekte wie dieses Buch vertiefte. Doch wie die Liebe es tut, lässt du mich immer wieder deine Güte erfahren. Du hast auch jedes Wort dieses Buches gelesen und die besten Vorschläge unterbreitet, um dessen Botschaft noch stärker werden zu lassen. Danke. Dieses Leben ist ein Abenteuer und ich bin überaus gespannt, was noch alles vor uns liegt.

Ich danke auch meinen beiden Söhnen Jordan und Sam, die ebenfalls vieles, was in diesem Buch beschrieben wurde, miterlebt haben und meinen Lernprozess aus erster Hand verfolgen konnten. Alex, inzwischen meine Schwiegertochter, ist auf diesem Weg ebenfalls mitgegangen, seit sie in der 9. Klasse war. Ich genieße unsere langen Gespräche und eure neue Rolle nicht nur als meine Kinder, sondern nun auch als Freunde und Weggefährten.

Es gäbe bestimmt noch fünfhundert Menschen, bei denen ich mich auch bedanken müsste. Worte können gar nicht genug zum Ausdruck bringen, wie dankbar ich bin, dass mein Leben reich erfüllt ist mit so vielen Familienmitgliedern, Freunden und Kollegen, die es jeden Tag noch besser werden lassen.

ENDNOTEN

1 Siehe Matthäus 16,26.
2 Prediger 1,18.
3 Thomas Hobbes: *Leviathan*. Zürich und Leipzig: Rascher Verlag, 1936. http://www.welcker-online.de/Texte/Hobbes/Leviathan.pdf, S. 117.
4 Jean-Paul Sartre: *Geschlossene Gesellschaft*. Reinbek bei Hamburg: Rowohlt Taschenbuch Verlag, 1986, 56. Auflage Januar 2020, S. 59.
5 Stephen R. Covey: *The 7 Habits of Highly Effective People. Powerful Lessons in Personal Change*. New York: Simon and Schuster, 2004, S. 103–105.
6 Römer 7,15.18-19.21-24.
7 Blaise Pascal: *Gedanken*. Stuttgart: Philipp Reclam jun. Verlag, 1956, S. 58.
8 Matthäus 7,14.
9 Matthäus 7,12.
10 Römer 7,24-25.
11 »10 Research Findings About Deception That Will Blow Your Mind.« *Liespotting*, http://liespotting.com/2010/06/10- research- findings - about- deception- that- will- blow- your- mind/; Travis Bradberry: »Sixty Percent of Your Colleagues Are Lying to You.« Huffington Post (Blog). 14. Februar 2016. www.huffingtonpost.com/dr- travis- bradberry /sixty- percent- of- your-col_b_9044758.html.
12 Selbst bei einer rein oberflächlichen Lektüre der Bibel wird deutlich, was Jesus unter geistlicher Reife verstand. Falls Sie trotzdem noch Zweifel haben, lesen Sie Johannes 13,34-35; 15,12; 17; 1. Korinther 13.
13 Richard Alleyne: »Welcome to the Information Age – 174 Newspapers a Day.« *Telegraph*, 11. Februar 2011, www.telegraph.co.uk/news/science/science-news/8316534/Welcome-to-the-information-age-174-newspapers-a-day.html.
14 Tim Elmore: »What Really Cultivates Self Esteem in Stu-

dents?« *Psychology Today*, 19. September 2013, www.psychologytoday.com /blog/artificial- maturity/201309/what-really-cultivates-self-esteem-in-students.

15 Thomas Edison, zitiert in Nathan Furr: »How Failure Taught Edison to Repeatedly Innovate.« *Forbes*, 9. Juni 2011, www.forbes.com/sites/nathanfurr/2011/06/09/how-failure-taught-edison-to-repeatedly-innovate/#11134a5865e9.

16 Siehe Philipper 2,3.

17 Persönliches Gespräch mit John Ortberg im November 2017. Siehe auch John Ortberg: *Hüter meiner Seele: Ordne die verborgene Welt deiner Seele – sie ist das Wertvollste, das du hast*. Aßlar: Gerth Medien, 2015, S. 23–24.

18 Rick Warren: »How to Stay Relevant.« *TEDx talk*, 31. Oktober 2012, 12:41 min, www.youtube.com/watch?v=LFdRFhVQwvU.

19 Jacqueline Howard: »Here's How Your Taste in Music Evolves as You Age, According to Science.« *Huffington Post*, 21. Mai 2015, www.huffingtonpost.ca/entry/taste-in-music-age_n_7344322.

20 Siehe Howard: »Here's How Your Taste in Music Evolves.«

21 Ich habe zu dem Thema sogar ein Buch geschrieben: *Leading Change Without Losing It*. Cumming, Georgia: reThink Group, 2012.

22 Scott Anthony: »Kodak's Downfall Wasn't About Technology.« *Harvard Business Review*, 15. Juli 2016, https://hbr.org/2016/07 /kodaks- downfall- wasnt- about- technology.

23 Steven Pressfield hat ein hervorragendes Buch geschrieben über den Widerstand, den Menschen gegenüber den Veränderungen empfinden, die sie vornehmen wollen: *Do the Work! Overcome Resistance and Get Out of Your Own Way*. North Egremont, Massachusetts: Black Irish Entertainment, 2011.

24 Timothy Keller auf Twitter (@timkellernyc), 12. September 2014, 14:25 Uhr, https://twitter.com/timkellernyc/status/5105396148186 80832?lang=en.

25 Bobby Ross Jr.: »Sex, Money . . . Pride? Why Pastors Are Stepping Down.« *Christianity Today*, 14. Juli 2011, www.christianitytoday .com/ct/2011/julyweb- only/sexmoneypride.html.

26 John Piper: »John Piper's Upcoming Leave.« *Desiring God*, 28.

März 2010, www.desiringgod.org/articles/john- pipers- upcoming - leave.
27 John Piper: »I Act the Miracle.« *Desiring God*, 24. Februar 2011, www.desiringgod.org/messages/i- act- the- miracle.
28 Jakobus 3,13-18.
29 Siehe Römer 12,15.
30 Terry wurde mein Mentor aufgrund eines Projektes mit dem Titel *Pastors of Excellence*, das mittlerweile nicht mehr aktiv ist. Eine Kostprobe von Terrys Leitungsstil finden Sie in seinen Büchern, zum Beispiel in: *Identity Matters. Discovering Who You Are in Christ*. Abilene, Texas: Leafwood, 2017.
31 Siehe 1. Könige 10,21.
32 Prediger 1,2-8.
33 Prediger 1,13.16-18.
34 Carmine Gallo: »70% of Your Employees Hate Their Jobs.« *Forbes*, 11. November 2011, www.forbes.com/sites/carminegallo/2011/11/11 /your- emotionally- disconnected- employees.
35 Prediger 2,1-3.
36 Prediger 2,4-11.
37 Stephen Adams: »Obesity Killing Three Times as Many as Malnutrition.« *Telegraph*, 13. Dezember 2012, www.telegraph.co.uk/news /health/news/9742960/Obesity- killing- three-times- as- many- as - malnutrition.htm
38 Prediger 1,8.
39 Lukas 9,24.
40 Johannes Calvin: *Unterricht in der christlichen Religion. Institutio christianae religionis*. Nach der letzten Ausgabe übersetzt und bearbeitet von Otto Weber. 6. Aufl. der einbd. Ausg. Neukirchen-Vluyn: Neukirchner Verlag, 1997, S.1. www.calvin-institutio.de/display_page.php?elementId=3
41 Siehe Daniel Goleman: *Emotional Intelligence: Why It Can Matter More Than IQ*. New York: Bantam, 1995. Deutsch: *EQ. Emotionale Intelligenz*. 2. Auflage. München: dtv Verlagsgesellschaft, 1997.
42 Diese Formulierung verdanke ich meinem Freund Jeff Henderson. Um seine eigene Selbstwahrnehmung zu fördern, pflegt

er den Menschen in seiner Umgebung eine außergewöhnliche Frage zu stellen: »Wie ist es, wenn man sich auf der anderen Seite von mir befindet?«

43 Siehe Stephen Mansfield: *10 Signs of a Leadership Crash*. Nashville: Blackwatch Digital, 2017.

44 Johannes Calvin: *Unterricht in der christlichen Religion. Institutio christianae religionis*. S. 1.

45 Ebd.